基金项目：教育部人文社科青年基金项目《马克思的现代性理论与当代中国》

马克思的现代性与中国社会转型

邢 荣／著

中央编译出版社
Central Compilation & Translation Press

图书在版编目（CIP）数据

马克思的现代性与中国社会转型/邢荣著.
—北京：中央编译出版社，2015.10

ISBN 978-7-5117-2797-8

Ⅰ.①马… Ⅱ.①邢… Ⅲ.①新马克思主义-研究
②社会发展-研究-中国　Ⅳ.①B089　②D668

中国版本图书馆 CIP 数据核字（2015）第 234192 号

马克思的现代性与中国社会转型

出 版 人：	刘明清
出版统筹：	董　巍
责任编辑：	王丽芳
责任印制：	尹　珺
出版发行：	中央编译出版社
地　　址：	北京西城区车公庄大街乙 5 号鸿儒大厦 B 座（100044）
电　　话：	（010）52612345（总编室）　（010）52612349（编辑室）
	（010）52612316（发行部）　（010）52612317（网络销售）
	（010）52612346（馆配部）　（010）55626985（读者服务部）
传　　真：	（010）66515838
经　　销：	全国新华书店
印　　刷：	北京中兴印刷有限公司
开　　本：	787 毫米×1092 毫米　1/16
字　　数：	198 千字
印　　张：	16.5
版　　次：	2015 年 10 月第 1 版第 1 次印刷
定　　价：	68.00 元

网　　址：	www.cctphome.com　　邮　箱：cctp@cctphome.com
新浪微博：	@中央编译出版社　　　微　信：中央编译出版社（ID：cctphome）
淘宝店铺：	中央编译出版社直销店（http://shop108367160.taobao.com）　（010）52612349

本社常年法律顾问：北京嘉润律师事务所律师　李敬伟　问小牛
凡有印装质量问题，本社负责调换。电话：（010）55626985

前　言

现代性问题在当下成为显学，有其现实层面和理论层面的双重渊源。现实层面主要指由高度工业化和现代化带来的诸多负面影响，人们开始对理性支撑的现代化进程产生怀疑；而理论层面上，现代性成为学界论争的焦点是由于后现代理论的兴起，以及思想界对现代化进程的总体反思。西方现代性大多沿着理性批判与理性重建的路径来探讨现代性问题，本书则透过历史与现实的相互映照，探究马克思独辟蹊径的现代性思想，追溯它所源出的西方社会历史现实，关注其后一百多年的现实与理论的互动，探讨马克思剖析现代社会的独特视角及其优越性，甄别马克思的西方传人的现代性言说对马克思的传承与误解，发展与偏颇，并以此为启示，关照在历史的时空重叠错位的特殊历史情境下，中国的社会转型与现代性的建构之路。

马克思的现代性思想立足鲜明的现代唯物主义立场，进而具有深刻的实践性和批判性。他彻底变革了以理性为核心来探讨现代性的传统，代之以唯物的眼光来界定和看待现代性。首先，在对"现代"的界定问题上，马克思独树一帜地以生产方式来划分时代。现代生产本质上是一种社会规模的商品生产，它以大工业及其广泛的分工为基础，以现代科技为动力，在促进社会生产力以前所未有的速度向前发展的同时，也展现出现代生产的矛盾性和自身对抗性。其次，在深入研究现代性问题时，马克思以市民社会这一"全部历史的真正发源地和舞台"为现代性的实践领地，超越了西方现代性的理性研究路数：通过对市民社会与国家关系的探讨，马克思阐明现代国家与市民社会的分离是现代性确立的重要标志；通过对市民社会经济领域的考察，马克思发现了现代性社会"物质生活关系总和"的秘密；在对市民社会进行全面探究后，马克思看到市民社会的局限与矛盾，从而提出超越市民社会，从政治解放到人类解放的共产主义理想。这里，市民社会又成为马克思的现代性批判与超越的基础。市民社会理论几乎完整地代表了马克思的思想历程及其对现代性的辩证态度，从肯定市民社会的历史意义，到解剖市民社会揭示现代性诸多悖谬的根源，从而提出超越市民社会的理想，马克思一步步地揭示出资本主义的全部社会生活，从而阐明了现代性的发生、发展及其命运。最后，马克思抓住资本逻辑来透视现代性的基本特征。在马克思看来，现代性是奠基于现代生产方式之上的，而现代生产从本质上说是以资本为轴心的生产。正是以资本为轴心的现代生产方式赋予了现代性以世界性、加速度与流动性、矛盾性等突出特征。正是因为马克思对现代生产方式以及市民社会的深刻剖析，因其抓住资本逻辑而对现代社会的深刻检视，使得马克思的现代性理论带有鲜明的实践性和批判性。马克思始终关注现实问题，并采取辩证的态度，既肯定现代性的成就，又批判其造成的社会矛盾和异化，同时坚持现代性理想，指出现代社会的发展方向。所以，以当代的视角来看，马克思的思想具有现代性主旨和后现代意蕴。

与当代西方马克思主义的现代性理论对比来看,马克思的现代性思想仍是无法从根本上超越的。对于正处于从前现代社会向现代社会转型期的中国来说,马克思的现代性思想具有不可替代的指导意义。

目 录

导言：现代性之千年聚焦 ………………………………… 1
  一、"现代性"问题的提出 ……………………………… 1
  二、"现代性"论争 ……………………………………… 2
  三、研究思路与论纲 …………………………………… 7

第一章　"现代性"的一般考察 ………………………… 22
  一、"现代性"的词源考察 …………………………… 23
  二、哲学"现代性"及其相关概念 …………………… 25
    （一）现代性 …………………………………………… 27
    （二）现代性与现代化 ………………………………… 31
    （三）现代性与现代主义 ……………………………… 33
  三、现代性理论演化的两个方向 ……………………… 34
    （一）理性线索：启蒙现代性 ………………………… 35
    （二）感性线索：审美现代性 ………………………… 37
    （三）启蒙现代性与审美现代性的关系 ……………… 40
  四、西方现代性的反话语 ……………………………… 41
    （一）人文主义的反理性思潮 ………………………… 42
    （二）后现代理论 ……………………………………… 48

第二章　马克思的现代性批判理论 …… 57

一、现代生产与现代性的界定 …… 60

二、市民社会与现代性的命运 …… 69

（一）市民社会与国家 …… 72

（二）市民社会的政治经济学解剖 …… 85

（三）超越市民社会 …… 104

三、资本逻辑与现代性的基本特征 …… 110

（一）世界性 …… 111

（二）加速度与流动性 …… 113

（三）矛盾性 …… 115

第三章　马克思思想的现代性主旨与后现代意蕴 …… 125

一、马克思思想的现代性主旨 …… 126

（一）启蒙思想的滋养 …… 126

（二）现代社会的深切关注 …… 128

（三）共产主义的价值理想 …… 129

二、马克思思想的后现代意蕴 …… 132

（一）反对传统形而上学 …… 133

（二）批判精神 …… 135

（三）"问题"意识 …… 140

（四）实践的观点 …… 141

三、马克思的思想与后现代理论的本质差别 …… 144

（一）后现代理论对马克思的批评 …… 144

（二）关注点不同 …… 148

（三）对现代性的态度不同 …… 149

（四）理论倾向不同 ……………………………………… 150

第四章　现代性问题：马克思的西方传人 ……………… 154

　一、社会批判理论与马克思的遗产 ……………………… 155
　　（一）社会批判理论与现代性 …………………………… 157
　　（二）马克思的遗产 ……………………………………… 166
　二、启蒙之祸与现代性理论的转折 ……………………… 171
　　（一）韦伯理论的影响 …………………………………… 171
　　（二）启蒙之祸 …………………………………………… 175
　　（三）背离马克思 ………………………………………… 184
　三、哈贝马斯与现代性的重建 …………………………… 191
　　（一）传统批判理论的现代性理论困境之根源 ………… 192
　　（二）现代性理论重建的规范基础 ……………………… 194
　　（三）现代性的病理与重建 ……………………………… 197
　　（四）现代性之哈贝马斯与马克思 ……………………… 207

第五章　现代性之中国现实：社会转型 ………………… 223

　一、转型的方向：传统与现代的两难 …………………… 224
　二、转型的视野：全球化之差异与融合 ………………… 228
　三、转型的保障：市民社会与社会建设 ………………… 234

主要参考文献 ……………………………………………… 243
后记 ………………………………………………………… 250

导言　现代性之千年聚焦

一、"现代性"问题的提出

哲学总是要对它所处的时代进行反思。当西方世界开始了工业化进程的时候，人类开始进入了一个新的时代——有人称它为工业时代，有人称它为资本主义时代，有人称它为现代或者近代。从文艺复兴运动到启蒙运动再到高度现代化的今天，思想家们在不断反思现代化进程。跨过新千年的门槛后，当我们回望历史的画面的时候，有几多绚丽，又有几多灰色呢？鸿雁传书、家书抵万金的古人，怎么也想象不到今天远隔重洋的亲人就如同近在咫尺，我们随时可以看到他的影像，倾听他的声音。科学技术带给人类的物质生活的丰富享受是毋庸置疑的，也不需赘述，其发展速度更是让人目不暇接，用"日新月异"这个词，我们觉得没有充分表达现代社会的发展速度，而"瞬息万变"却早已烂熟得没有了新意。几个世纪的时间在人类的历史长河中不过是一瞬而已，而这一瞬人类创造的地球奇观却令我们自己惊愕不已。人类，真的成了地球的主人?!

然而，就进入新千年前的最后一个世纪来看，西方发达工业社会的各种矛盾与问题进一步发展。在20世纪前半期，在短短30年内爆发了两次世界性的帝国主义战争，人类生灵惨遭涂炭。还有以现代性的名义带给人类的诸多后果：极权的增长，经济增长机制的崩溃，生态环境的破坏，核冲突，大规模的战争……人类还没有为从神权的统治下解放出来高兴多久，就惶然地发现没有信念支撑的生活摇摇欲坠。而当人类终于找到科技理性这一看似坚固的、永久的支撑的时候，理性的光辉却在两次世界大战的硝烟和自然界的累累伤痕中黯淡了。在千年回望的关口，面对以进步的名义带给人类的一切苦难，我们没有理由盲目乐观。面对资本主义社会在促进人类文明进步的同时带来的巨大而深刻的社会矛盾，目睹人类在资本主义阶段遭受的新的痛苦，几百年来思想家们一直在对现代社会进行深刻的剖析与反思。

现代性正是这种历史的苦难和反思的结果。具体来说，现代性问题成为多方关注的焦点，有其现实层面和理论层面的双重渊源。现实层面主要是高度工业化和现代化带来的诸多负面影响，危及人类生存环境甚至直接危及人类及地球的生命安全，人们开始对科技理性支撑的现代化进程产生怀疑：现代化到底带给我们的是福是祸？现代化进程到底要达到什么样的目标？把我们带向何方？而理论层面上，现代性成为学界论争的焦点是由于后现代理论的兴起，以及思想界对现代化进程的反思。而当人类带着疑惑和憧憬跨过新千年的门槛后，先是亚洲金融危机，接着是源自美国进而席卷全球的金融危机，使得伤痕累累的西方现代性再次受到重创，怀疑与质询的目光再次聚焦现代性，怀有深切的责任感的学者们不禁再度审视现代社会的方方面面。现代性，走向何方？

二、"现代性"论争

西方世界先于东方迈进了现代的门槛，因而早在康德、黑格尔的时代，对现代性的思考就已经开始了。但是，那时现代性并未充分展开，现代性问题只是以一种抽象的形式隐含在敏感的哲学家的沉思中。而随着现代化进程的推进，启蒙时代的乐观的进步观念受到了现实的沉重打击，现代性问题日益突显出来。及至20世纪六七十年代，后现代主义的兴起，现代性问题就一直是学界激烈争论的焦点，这便是旷日持久的现代性与后现代性之争。在这一旷日持久的争论中，产生了数以千计的研究文献，涌现出一批现代性的以及后现代性的理论家。这一理论争论实际上是西方工业社会以及后工业社会历史进程的缩影，它涵盖了自文艺复兴以及启蒙运动以来西方历史的高歌猛进与矛盾纠结，有断裂和迷茫，也有延续和捍卫。这一论争的理论与经验对于处于现代化进程中的我们来说弥足珍贵。

虽然后现代理论家们研究的问题十分庞杂，着眼点各不相同，观点各异，但他们的矛头和目标是一致的，那便是现代性。在后现代家族中，主要有德里达的解构主义，福柯的后现代理论，利奥塔的后现代主义，詹姆逊的晚期资本主义的文化逻辑，等等。德里达的名字与"反逻各斯中心主义"和"解构"这两个词紧紧联系在一起，这是他的学术思想的关键词。他从颠覆言语和文字之间的关系入手，拆解西方传统中的各种"逻各斯中心主义"或"在场形而上学"，主张意义的不确定性和多样性。福柯一生的著述都围绕"权利"、"真理"、"主体"这几个概念，对现代性和人本主义进行批判，其无论是对"人已消亡"的宣告，还是对现代权力与知识形式已结成同盟而形成一种新的统治形式的批判，都给当时以及其后的思想界以极大震动。利奥塔的《后现代状态：一项关于知识的报告》影响极广，几乎成了"后现代"的宣言，它在很大程度上使得"后现代"概念以及与之相关的新术语得以广泛流行。其后现代论说的矛头直指现代性中以"普遍真理"或"人类解放"为宗旨的种种理论及其在现代社会中的实践后果，他把"拒斥形而上学"不再局限于自然科学领域而延伸到一般文化现象,发展成对种种元叙事的否定。在后现代状态下,包括科学在内的种种叙述都可以看作是语言游戏,语言游戏是后现代状态下的知识或文化特征,科学知识的合法性根据出现危机。在理论上的反基础主义在政治上相应的反权威主义,既然作为政治权威之基础的元叙事已不复存在,那么政治权威的合法性也就成了问题。利奥塔的政治观是反对西方的种种理论权威、尤其是以理性为名义的理论权威的现代政治体系。只有充分地承认和体现不同意见的政治才有可能是公正的。利奥塔所想象的政治及其公正概念主要是否定性和批判性的,确切地说是对现代西方的普遍主义、权威主义政治的否定和批判。利奥塔已经成了猛力攻击总体化和普遍化的理论与方法,捍卫一切理论领域及话语中的差异性与多元性的一面旗帜。

而现代性的捍卫者中最著名的当属久负盛名的德国哲学家和社会理论家——尤尔根·哈贝马斯。另外还有从社会学、政治学、美学、文学等层面论述现代性的,如吉登斯、罗尔斯、沃尔夫等。哈贝马斯回应了后现代理论家对于理性所作的激进的批判,为此,他重新梳理了自黑格尔以来的现代性的哲学话语,宣布意识范式的终结,批判以主体为中心的理性,以及它所促进的对自然、社会和自我的支配。但是,哈贝马斯没有彻底解构和放弃理性,而是主张用新的理性,即用交往理性取代以主体为中心的理性。哈贝马斯坚决捍卫启蒙理想,在他看来,真正的问题不是过多的启蒙,而是启蒙远远不够;不是理性过度,而是理性不足,启蒙的缺陷只能靠进一步的启蒙来解决。

综上我们看到,在现代性与后现代性的论争中,理论家们承袭西方哲学和文化传统,处在发达工业社会的社会、经济、政治、文化背景下,对现代性进行反思解构、捍卫或者重建。概括说来,国外论者基本上是沿着理性这一线索立论的，把现代性问题归结为理性问题，把高度现代化造成的各种危机归结为科技理性的滥觞。因此，后现代主义者致力于解构理性，而现代性的捍卫者致力于理性的重建。

在众多的现代性言说中，马克思是独具特色的一位，他颠覆了社会研究的西方理性主义传统，不是以理性为出发点和归宿来探讨现代性，而是以现代生产方式来定义现代性，从对现代社会的生产方式的分析中，沿着资本的逻辑，紧紧抓住现代性的矛盾来分析、批判资本主义现代性，并在唯物主义的基础上追寻现代性理想，指出现代社会的发展方向。马克思始终关注现实问题，并采取辩证的态度，既肯定现代性的成就，又批判其造成的社会矛盾和异化，同时坚持现代性理想。当人类跨入了新千年的门槛后，尤其是源自美国的金融危机在全球蔓延的时候，西方各界不约而同地把目光再次投向马克思，再版他的著作，研究他的思想，穿越历史的时空与他对话。因为马克思犀利的目光穿越一百五十年的历史时空，看到了西方现代社会今天的危机。这不能不令人震惊！震惊之余，许多人拾起已被扔到故纸堆里的马克思的著作重新研读。

对于处于特殊历史情境的中国来说，全面了解西方现代性的功过得失，深刻理解马克思的现代性思想，具有特殊重要的意义。如果从1840年鸦片战争算起，中国的现代化已走过了一百七十个年头，在历经了九死一生的曲折之后，改革开放后终于步入正轨。中国在追赶西方现代化的步伐，西方在不断反思现代化的足迹。于是哲学以及各文化领域就有了异常突出的现代性问题。现代性作为一个问题，既具有历史性，又不乏当下性；既是地域性的问题，更是全球性的难题。尤其是处在特殊历史情境下的中国，更有一种时空叠加之后的两难。因为中国正处于从传统社会向现代社会的转型期,从鸦片战争开始的艰难的现代化历程正在加速前进,但是仍面临重重束缚和困难,这时正应大力弘扬现代性的理性精神,但是,在现代与后现代之争中,理性已经成为众矢之的,并成为现实一切矛盾和危机的罪魁祸首,这不能不给现代化进程带来负面影响。所以,对于身处现代化关键进程中的我们来说,现代性就更不是一个毫不关己的外部问题。现代性作为一个问题,在中国已无可回避。

  国内对现代化研究由来已久,但关注现代性问题却要晚得多。这和中国的现代化起步艰难,又步履维艰,经历了一百多年的曲折才走上正轨有关。在新中国改革开放前,在现代化步入正轨前,中国还不可能对现代化进程进行反思。国人开始关注现代性问题已近千年之交了。初时对这一问题译介较多,研究较少,尚处于介绍西方现代性以及对现代性话语的熟悉过程,基本是站在西方哲学的领域内,研究西方的传统和问题,对于马克思与现代性的关联研究甚少。而当跨过新千年的门槛后,像打开了思维的闸门,在不到十年的时间里,现代性已成为国内各学科关注的焦点问题,对于马克思与现代性的关联也成为越来越多的学者们关注的重心,大量译著涌现,同时出现大量的学术文章,但深度研究的专著仍不很多见。在2000年之前(1980—1999年)的二十年时间里,国内学术期刊以现代性为主题的文章有1925条,在哲学领域研究现代性的文章只有184条,与马克思相关的现代性文章仅仅有97条;而2000年之后(2000—2009年6月)的九年里,以现代性为主题的文章则猛增到16424条,哲学领域有1522条,与马克思相关的现代性文章有1431条。也就是说,进入新千年后的几年时间出现的现代性论说要比这之前二十年的总数还要多很多,其涉及学科之广,增长速度之快,引起的关注程度之高,是其他主题所难以比拟的。关于马克思现代性理论的研究，论题的内容也从马克思是否有现代性理论，怎样定义马克思的现代性理论等初期的问题，发展到出现了马克思现代性理论研究的几个基本的问题域，如马克思现代性思想的特点、视角、方法论特征，马克思的思想与后现代理论的关系，以及马克思现代性理论对于当代中国现代性建构的意义等。当然，从这些基本问题域的论说我们也看到，国内学者虽然对于马克思现代性理论关注度越来越高，但目前仍缺乏更深入、系统的研究，尤其是缺乏深入学理又高度关注中国经验及其走向的，把马克思的现代性理论放在全球化与多元现代性的背景下的深度研究。

三、研究思路与论纲

本书将把马克思的现代性思想放到西方现代性理论演化的背景中，追溯它所源出的西方社会历史现实，关注其后一百多年的现实与理论的互动，探讨马克思剖析现代社会的独特视角及其优越性，甄别马克思的西方传人的现代性言说对马克思的传承与误解，发展与偏颇，并以此为启示，关照在历史的时空重叠错位的特殊历史情境下，中国的社会转型进程与现代性的建构之路。因此，本书将肩负这样的任务：一、呈现现代性的源起和理论演化。二、以现代性的哲学话语为背景，研究马克思截然不同的现代性理论和对待现代性的辩证态度。三、鉴别马克思的身份，现代的还是后现代的。四、马克思的西方传人的现代性理论。五、马克思的中国传人对现代性的理解，以及中国现代性的建构。

全书共分为五章，把马克思的现代性思想放到当代现代性理论的背景中，从纵向和横向两个层面探讨马克思的现代性思想及其影响。首先阐述了现代性这一歧义颇多、尚无定论的概念及本书对现代性的界定，并考察了马克思现代性思想的时代背景和理论背景。

接着探讨马克思的以市民社会为实践领地对现代性命运的言说，以及以资本逻辑为核心对现代性基本特征的概括。然后，从当代的理论视角出发，站在马克思思想之外，评价马克思思想的现代性主旨和后现代意蕴。之后，在马克思现代性思想的基础上，进一步分析马克思的西方传人——西方马克思主义的现代性思想及其对马克思现代性思想的传承与背离。最后在西方现代性与马克思的现代性思想的双重关照下，探讨中国社会转型的方向、视野与保障。

（一）"现代性"的一般考察

西方史学家往往把从文艺复兴以来的西方历史称为现代史，但是，这一编年史上的"现代"概念并没有揭示现代性特有的文化内涵和人们对它的态度。在编年史上，人们往往把文艺复兴、宗教改革和地理大发现作为现代性的开端。而在哲学和思想史上，人们往往把18世纪启蒙运动作为现代性的开端。因为现代性固然首先是一个时间概念，但更重要的是，这个概念所表征的时代的基本原则和特征。当人们开始反思现代状况的时候，现代性便获得了它的意义。

所谓"现代性"，简单说来，就是指现代社会生活的特质。至于此特质确切是什么，有赖于思想家的界定及诠释，而不是自明之理。因而到目前为止还呈现众说纷纭、莫衷一是的局面。本书认为，现代性是一个动态的概念，其中交织着理想与现实的矛盾，涵盖着几百年的社会历史变迁。现代性在经济层面上主要表现为市场经济的出现、工业化、都市化、科学技术产业化等的发展；在政治层面上主要表现为民族国家、民主制度、官僚体系等的出现；在文化层面上主要表现为世俗化和现代主义等的产生。

归结起来，目前现代性理论有两个演化方向：一是沿着理性线索发展的启蒙现代性。后现代主义和人文主义传统所批判的就是启蒙现代性。二是沿着感性线索发展的审美现代性。它与文学艺术领域的现代主义密切相关，它是后现代主义的源头之一。启蒙现代性与审美现代性是内在于人和人的社会的两个方面，缺一不可。这两种现代性的矛盾，既是人自身分裂的显现，是人的理性与感性的斗争与张力的显现，又是现代社会经济与文化原则分裂的呈现。两种现代性的并存体现出现代性的一种内在的张力，以及它自身不可避免的反思性和自我批判。所以说现代性是一种内在的矛盾态度，一种既爱又恨的两难困境。在现代性问题的研究中不可回避的两位大师——马克思和韦伯都对现代性抱着这种矛盾的态度。马克思对资本主义现代性的批判首先揭示了这种两难：一方面，资本主义生产力的发展，是人类历史的巨大进步，但它同时又造成了空前的阶级压迫；另一方面，资本主义的发展又使这种压迫难以为继，使得社会主义成为可能。韦伯亦复如此，他从另一个角度揭露了这种两难：现代性一方面造成了社会生活的合理化，以及管理的科层化，提高了发展速度和效率；另一方面，又不可避免地造成了压制和服从，使得合理化变成僵死的"铁笼"。

对现代性的批判主要来自两大思潮：一是人文主义的反理性思潮。它谴责理性主义埋没感情的自发性、人的个性、天才的灵感，肯定人的自然欲念，注重感性的直观；反对片面追求物质财富而忘记人的精神家园，关注人的现实生存处境，反对主客二分的世界观；为科学方法划界，反对科技对人文世界的僭越。二是后现代理论。它虽然门派众多，观点各异，对现代性的态度也不尽相同，其中有激进的后现代主义，也有重建的后现代主义。但概括来看，后现代主义主要批判的是现代性的两大基础——理性和主体。同时，后现代主义也对马克思提出了尖锐的批评，指责马克思的理论为宏大叙事，并批判其中的解放、进步的观念，还原主义倾向和生产主义逻辑。

(二) 马克思的现代性批判理论

马克思的现代性理论具有鲜明的唯物性和批判性。马克思虽然没有使用过"现代性"这样的词汇，但是终其一生都在研究"现代社会"即"资本主义社会"，所以，我们把马克思对现代资本主义社会的研究与探讨作为其现代性理论的蓝本。综观马克思的著作，我们看到他的现代性理论带有鲜明的唯物性和批判性。他彻底变革了以理性为核心来探讨现代性的传统，代之以唯物的眼光来界定和看待现代性。

首先，在对"现代"的界定问题上，马克思独树一帜地以生产方式来划分时代。这种新时代的生产方式以新兴工业为龙头，以地理大发现为契机，以科技革命为动力，实现了生产方式上的一场重大革命，它比以往任何生产方式都有助于解放社会生产力。现代生产方式本质上是商品生产，这意味着自然经济的解体和历史向世界历史的迈进；它也是以机器大工业为基础的生产，具有最广泛的分工；它还是以科学技术为动力的生产，这意味着前现代社会不可想象的劳动生产率。但是，现代生产方式自身包含着难以克服的矛盾，商品生产、分工和科技最大限度的推广，也使得现代社会呈现出前所未有的异化状态，社会关系以及人自身都受到物的统治。马克思认为现代资本主义社会的经济体系就是一个巨大的交换价值生产体系。通过对这一交换价值生产体系的运作过程的剖析，马克思认识到，虽然它造就了前所未有的巨大成就，给予人类前所未有的自由和平等，但是，在这样一个交换价值生产体系中，作为手段的交换价值越来越成为生产的目的，使得手段与目的发生了颠倒，交换关系本身在人与人的关系中起支配作用，人与人的社会关系被异化了，从而使得在这一经济生产过程中个人的生存状况也发生了空前的异化与颠倒，每个人都变成了他人的工具，个人从属于像命运一样存在于他们之外的社会生产，但社会生产却不属于把这种生产当作共同财富来对待的个人。人的个性和人的尊严消失在现代经济的抽象统治中，成为这一体系的奴隶。从而使得从封建社会解放出来获得的自由和平等只具有形式上的意义。总之，马克思的现代性批判理论就是在矛盾分析中层层展开的，而现代社会也正是在现实的重重矛盾中向前发展的。

其次，在深入研究现代性问题时，马克思以市民社会为现代性的实践领地，超越了从思想到思想，仅在意识领域探讨实践问题的藩篱。马克思颠倒了黑格尔关于国家与市民社会关系的论断，赋予市民社会以更加基础的、决定性的地位。马克思正是从市民社会出发，通过对《莱茵报》时期遇到的重大现实问题的思考以及对黑格尔法哲学的批判发现了"市民社会"（bürgerliche Gesellschaft）——这一"全部历史的真正发源地和舞台"。从此，市民社会理论就成为马克思现代性理论的重要基础：通过对市民社会与国家关系的探讨，马克思阐明现代国家与市民社会的分离是现代性确立的重要标志；通过对市民社会经济领域的考察，马克思指出市民社会是现代性发展的真正的实践领地；在对市民社会进行全面探究后，马克思看到市民社会的局限与矛盾，从而提出超越市民社会，从政治解放到人类解放的共产主义理想。这里，市民社会又成为马克思的现代性批判与超越的基础。市民社会理论几乎完整地代表了马克思的思想历程及其对现代性的辩证态度，从肯定市民社会的历史意义，到解剖市民社会揭示现代性诸多悖谬的根源，从而提出超越市民社会的理想，马克思一步步地揭示出资本主义的全部社会生活，从而阐明了现代性的发生、发展及其命运。

最后，综观现代性的基本特征，马克思抓住资本逻辑这一资本主义社会的灵魂来透视现代性。在马克思看来，现代性是奠基于现代生产方式之上的，而现代生产从本质上说是以资本为轴心的生产。正是资本生产这一巨大的原动力，使得我们生活的星球发生了翻天覆地的变化，他给人类带来了自信与高傲，同时也使人类感到前所未有的迷惑。正是以资本为轴心的现代生产方式赋予了现代性以世界性、加速度与流动性、矛盾性等突出特征。正是因为马克思对现代生产方式以及市民社会的深刻剖析，因其抓住资本逻辑而对现代社会的深刻检视，使得马克思的现代性理论带有鲜明的实践性和批判性。

马克思对资本主义现代性虽持彻底的批判态度，但他毕竟与韦伯不同，他不是从悲观的角度看待现代性。马克思是用辩证的观点来考察现代社会的。现代社会的分工、抽象理性的统治，虽然造成了人的片面化，但细致的分工、社会发展的丰富性也给人的多方面发展提供了可能。阶级的分化使得阶级剥削异常鲜明，但也造就了无产阶级这一资本主义制度的掘墓人，使得推翻资本主义制度成为可能。资本主义条件下异化越来越全面而深刻，但物质生产的发展，物质条件的积累，为未来社会做好了物质方面的准备。马克思在处理现代性这一事关现代人命运的重大问题时，所持的是一种辩证的立场：他既是现代性价值信念的信奉者，又是现代性传统的批判者，同时还是现代性理想的重建者，并且这种多元的立场在马克思那里完全有机地结合在一起，使马克思的现代性思考富于思想的张力和开放的空间，从而成为今天探讨现代性问题的丰富资源。

（三）马克思思想的现代性主旨与后现代意蕴

在现代性理论的视野中，马克思的身份是个难以解开的谜题。在"传统—现代"的思维框架中，马克思的思想因其反"传统"而被认为属于"现代"的，但他同时又因为其对现代现象的深刻批判而被认为是"反现代"的；而在"现代—后现代"的思维框架中，马克思的思想因其现代性批判的立场常常被认为是"后现代"的始作俑者，但又因其"宏大叙事"、"基础主义"等本质而被排斥在后现代阵营之外。由于马克思所处的时代背景以及马克思对现代资产阶级社会的总体批判的态度，使得他的身份模糊不清。他是"现代"里面的"后现代"，又是"后现代"里面的"现代"，这样纠结不清的身份反映出马克思思想的复杂性，因为在马克思的理论中，"现代"的以及"后现代"的特征都是那样鲜明而突出。作者认为马克思主要是一位现代性思想家。马克思的思想基础深深植根于启蒙与现代思想背景中，他探讨的主题是现代社会，关注的焦点是现代性的命运。马克思对共产主义社会的理性构想，也是出于对现代性理想的坚持。所以，马克思的思想具有现代性主旨。

与此同时，也不能不承认，马克思的思想具有后现代意蕴。当后现代主义审视和反思现代、现代性以及现代主义时，马克思对资本主义的批判便在后现代语境中凸现出来。马克思对后现代主义所谓"元叙事"，即对黑格尔式思想传统和法国启蒙主义思想传统的批判、对资本主义异化状态的批判、对资本主义的问题意识和危机意识，亦即对现代性及其负面效应的批判，都与后现代主义具有某种程度的一致性。从后现代主义的理论先驱海德格尔，到其核心人物德里达、福柯、利奥塔、罗蒂、杰姆逊等，都对马克思哲学给予了充分重视。在后现代语境之中，向来被传统的马克思主义哲学体系所忽略、抑制乃至遗忘的部分，如马克思哲学对形而上学的批判、批判精神、实践在马克思哲学中的存在论意义等，得到了彰显。

但是，具有后现代意蕴的马克思思想和后现代主义有着本质的不同。首先，从后现代理论对马克思思想的激烈批评中，我们看到马克思不属于后现代阵营，比如其总体化趋向，宏大叙事的性质，生产主义倾向，还原主义逻辑等。其次，马克思的思想与后现代的理论基础与关注点不同。马克思理论的基础与关注点始终是现实的社会实践，而后现代主义则注重观念和理论，它虽然最终对实践有所影响，但究其本质，还是局限于上层建筑领域，缺乏经济、政治和社会层面的批判。马克思主义则重视实践的现实性，后现代理论重视的则是理论和话语的可能性。马克思重视哲学的改变世界的功能，而后现代主义者则把理论的核心看作对文本的批判。再次，对现代性的态度差异巨大。马克思对待现代性始终抱持着辩证的批判立场，在深入批判旧世界之后，坚持建设一个新世界，在现代性的基础上追求人类的自由和解放，从后现代主义的角度看，马克思的思想属于"宏大叙事"。马克思依然主张历史的进步性，而后现代主义哲学则在客观上否定了进步观念，认为进步概念明显地意味着一种目的论，一种形而上学尺度。后现代主义坚决彻底地反对一切形而上学的遗迹，它对任何关于历史进步的言说都持怀疑态度，因为，历史进步论也是"宏大叙事"之一种。最后，二者的理论倾向不同。后现代主义不可避免地带有反辩证法的特点，它过分强调差异、不确定性、多样性，这就暗含着导致意义的崩溃和确定性的丧失的危险，同时也有陷入否定主义、相对主义、虚无主义、无政府主义的危险。马克思哲学始终带有唯物的辩证性特征，始终都会看到事物的另一面。所以，马克思哲学不会导向否定主义、相对主义或者虚无主义，相反，它始终都在和这些倾向作斗争。

马克思着眼于对资本主义的宏观状况的批判，而后现代主义着眼于对资本主义的微观领域的剖析；马克思着眼于对资本主义经济基础和社会制度的批判，其目的在于从根本上推翻资本主义制度，而后现代理论主要是对资本主义主流意识形态的批判，较少涉及这种主流意识形态赖以滋生的经济基础，尤其是所有制关系。

后现代主义揭示了现代文明的病症,却为人类的前途开错了药方,走向反意义、反价值,以"游戏"、"调侃"的理论风格面对世界。马克思的现代理论则对人类的前途命运始终怀有深沉的终极关怀。马克思的理论"绝不提供可以适用于各个历史时代的药方或公式",但由于它致力于对时代的实际生活和活动过程的考察与批判,始终坚信人类社会的前景与未来,并主张实际地加入到推进人类历史前进的行列中去。

(四) 现代性问题:马克思的西方传人

　　本章可以说是马克思现代性思想的当代西方视野。这里选取马克思的西方传人——西方马克思主义中影响最大的法兰克福学派作为样本,来剖析西方马克思主义的现代性理论,探讨它如何承袭了马克思的现代性理论,又深受韦伯现代性理论的影响,背离马克思,否定启蒙,直至走向彻底的悲观主义,后又再次转折,经由现代性与后现代性的论争,在哈贝马斯的影响下进行现代性的重建的。之所以选取法兰克福学派的现代性理论作为样本,不仅因为这一学派的理论影响巨大,而且因为法兰克福学派的现代性理论浓缩了西方现代性及其理论的发展轨迹,从其理论的崛起、兴盛、转折、困境和重建的努力中,折射出的是整个20世纪西方的社会、文化和思想的历程。

　　法兰克福学派的社会批判理论家们在马克思的遗产和当代发达资本主义社会的双重语境下,从现代性的根本现实问题(即"西方文明究竟出了什么毛病?一方面是技术的高度进步,另一方面则是人性的倒退")出发,演化出其现代性理论的独特脉络。第一阶段,早期法兰克福学派继承了马克思现代性理论的鲜明的批判性特征,坚持理论的总体性和批判的实践性导向,以政治经济学批判为基础,对当代资本主义社会进行了跨学科的综合批判,这便是广为人知而又影响深远的意识形态批判、文化工业批判以及工具理性批判。而正是在对工具理性批判的深刻挖掘过程中，社会批判理论的现代性理论出现了转折，这便是以《启蒙辩证法》为转折点的第二阶段——启蒙之祸与现代性理论的转折。这一阶段的批判理论深受韦伯的现代性理论影响。韦伯的社会哲学是西方社会理论发展的重要里程碑，也是现代性思想发展的转折点。韦伯把合理化（rationalization）作为现代社会的特征，却又认为合理化最终导致自由和价值的失落。韦伯对于现代性的这种诊断深化了人们对现代性的认识，同时也改变了人们对启蒙和现代性的态度，所以从韦伯开始，悲观主义成了现代性话语中挥之不去的阴霾。法兰克福学派的现代性理论正是在韦伯思想的深刻影响下，展开针对理性以及启蒙的激烈批判。霍克海默和阿多尔诺从科学、道德和艺术等方面对现代性展开了全面的批判，认为启蒙理性已经堕落为工具理性，随着早期文化中的宗教和形而上学因素被根除，文化与社会之间失去了批判和调节的中介，文化已被社会同化，理性失去了曾经拥有的对现实的批判能力，启蒙和理性不再是人类拥有的正义之剑，它已经同权力同流合污，本身就已经成为统治和极权的工具。批判理论家们片面地把欧洲理性主义等同于工具理性，把人类灾难和现代性病态现象视为启蒙的自我毁灭倾向的结果，其理论不仅背离了马克思的批判理论，背离了现代性批判的初衷，而且使自己的批判陷入了自相矛盾而又悲观绝望的境地。第三阶段是哈贝马斯对现代性理论的重建。哈贝马斯认为社会批判理论的现代性理论陷入悲观困境的根源是意识哲学范式的枯竭，并不是现代性本身的失败。现代性危机不是由理性自身造成的，而是由于在资本主义的社会条件下，交往理性和工具理性、生活世界和系统之间的不平衡关系造成的。体现工具合理性的经济和行政系统凌驾于由交往行为作为再生产机制的生活世界之上，从而导致生活世界被非交往的力量侵蚀。哈贝马斯将这一现代性的病态现象称之为"生活世界的殖民化"。而现代性尽管备受诟病，它仍然具有解放的潜能，启蒙的价值和理想仍然是美好且可期的，因此，现代性是一项未竟的事业。以此为出发点，哈贝马斯开启了他的现代性理论重建的鸿篇巨制。他认为只有从主体哲学走向主体间哲学，由工具理性走向交往理性，由意识哲学范式转向语言哲学范式，才能使批判理论的现代性批判走出困境。为此，他把重建现代性理论的规范基础置于交往理性之上，认为交往理性可以克服工具理性的独断倾向。针对"系统对生活世界的殖民"这一现代性的病症，哈贝马斯在交往理性这一新确立的现代性的规范基础上，建立起交往行为理论和商谈伦理学，通过交往行为理论重建现代性的理性理想，把科学、道德和艺术同等程度地作为理性的表现形式，既可以克服工具理性批判的困境，又可以克服实证主义的片面性，以此扭转启蒙理性工具化带来的负面影响，从而找到生活世界与系统的平衡，进而重建现代性。

在对待现代性的基本态度上，哈贝马斯与马克思是相似的。哈贝马斯没有因为现代性的诸多病症以及后现代理论的一片嘘声而抛弃现代性理想，而是如马克思一般采取了辩证的立场。但是，二者在重大的基本问题上还是存在巨大差异。首先是理论基础不同。马克思的现代性理论奠基于物质生产实践的基础上，而哈贝马斯的现代性理论的核心是交往行动理论。就交往理论本身来说，马克思基于物质生产实践的交往思想，注重的是人与自然的物质变换过程中所形成的人与人之间的生产关系、经济关系、阶级关系以及由此决定的社会关系，凸显的是个人与个人、民族与民族、国家与国家之间的物质交往、利益交往和阶级交往关系以及所采取的与之相应的敌对和统治、贸易和战争等诸种交往形式。而哈贝马斯基于语言互动规范结构的社会交往行动理论，注重的则是人与人在话语交流过程中所形成的主体间在思想观念、语言符号、道德价值等精神方面的联系，凸显的是主体间的精神沟通、视界融合、道德同情等交往关系，以及在相互承认一定的语言有效性前提下的话语交流形式。其次是现代性发展的动力问题。马克思认为生产力是社会发展的最终的决定力量。虽然生产力的发展并不能直接变革制度和社会形态，但是交往与交往形式的发展及其所导致的制度变革，最终还是由生产力的发展所引起，并适应生产力发展的要求。而志在拯救生活世界的殖民化的哈贝马斯，则把语言符号的互动沟通模式作为包括劳动在内的人类"普遍行为"和社会进化的背景基础，通过揭示理解的普遍条件，以及强调语言互动或沟通在范畴和本体论原则上的优先地位，交往在语言方面的平等性、同一性和对话性，以及基于个体发生学基础上的语言交往模式的普遍性、规范性和非历史性，来建立交往行为理论和商谈伦理学，以解决生活世界的根本问题。在马克思看来，"普遍交往"和理想"共同体"的实现，归根到底有赖于"生产力的巨大增长和高度发展"，而不是理论演绎的结果。生产力的普遍发展是使狭隘地域性的个人为世界历史性的、真正的普遍个人所代替，各民族突破原始闭关自守状态向世界各民族人民之间的普遍交往，历史向世界历史转变的物质基础。生产力的普遍发展以及在此基础上建构起来的世界交往的普遍性是消除异化，达到人的全面发展和解放，实现共产主义的现实前提。哈贝马斯基于语言本体的社会交往理论，从基本理论上综合了当今社会出现的一些根本问题，其理论在国际上引起了很大的反响，占有举足轻重的地位。但是，他用"交往范式"来取代马克思的"生产范式"，既是建立在对马克思基本观点的错误的解释上，又是建立在他的片面的浪漫的理想的交往模式上，最终在现代发展的动力问题上陷入循环论证和理论的乌托邦。

（五）现代性之中国社会转型

中国正处于从传统社会向现代社会的转型时期，处于传统、现代、后现代三个历史向度的交汇处。西方社会在三百年间历时态地经历的这一系列的社会演变，在中国却共时态存在着，同时影响着中国的现代化进程。在这样复杂的历史情境和国际形势下，中国的社会转型遇到了诸多前无古人的问题。

首先是传统与现代的两难。对于后发外源性现代化的中国，在经历了一百七十余年的曲折现代化历程而今成为世界第一大经济体的中国，传统与现代之争从来也没有像今天这样醒目而深刻。中华文明是唯一未曾中断的文明，而经历五四运动、十年文化大革命以及市场经济的洗礼后，在西方强势文化的不断冲击下，中国传统文化已经明显断裂。在中国现代化的过程中，传统与现代之争常常表现为"中西之争"，中体西用或西体中用，全盘西化或闭关锁国都曾经历过，今天的中国社会转型需要的是冷静客观的态度，需要的是立足传统的现代化。其次，中国社会转型的全球化视野。在当今的全球化背景下，要接受现代性，就不可能完全回避由资本主义所主导的全球性；而接受了这种全球性，又可能造成不完善的现代性，这确实是发展中国家的一大难题。而且，全球化已经由资本逻辑主导的经济全球化向政治全球化与文化全球化推进。在政治层面上，虽然自由、民主观念日益取得了世界范围的价值认同，但是资本主义和社会主义在基本的政治制度方面还无法取得基本一致的认同；在文化层面上，强势的西方文化已经不同程度地遍布世界的各个角落，但是不同的文化就如同人的不同个性一样，无法也不应该整齐划一。就转型期中国的政治走向来说，重要的是区分全球化中"现代的"与"西方的"因素,实现政治的现代化,不能因为"现代的"来自"西方"而拒绝,从而错失政治现代化的良机,也不能认为"西方的"都是"现代的"。因而,中国特色社会主义注定是一条艰难的创新之路。就转型期的中国文化来说,重要的是中华文化传承与传统文化的现代化,前者需要"整理国故","找回自己",后者需要兼收并蓄,开放融合。两个方面结合起来,才是中国社会转型的全球化视野,即差异与融合。最后,中国社会转型的立足点与保障是公民社会建设。中国的社会转型已经进入关键时期:一方面,随着经济的快速增长,现代化取得了巨大成效;另一方面,社会发展又潜藏着较大危机,其危机主要体现为经济、政治、社会、文化发展不平衡,尤其是社会建设滞后。中国的现代化与改革开放都是自上而下地推动,如果这个"下"不能被真正地推动起来而现代化,那么中国的发展与现代化就失去了实践领地和根基,这个"下"便是公民社会。参照马克思的市民社会与现代性理论,以及西方公民社会实践发展的经验,中国的市民社会大致处于西方的第二阶段,即市民社会与政治国家的分离阶段,因此马克思对市民社会的分析对于社会主义市场经济条件下的中国社会建设具有重要的启示意义。首先,市场经济是市民社会的产生与发展使得政治与经济相分离,从而赋予国家与社会以现代性质的关键因素;其次,市民社会孕育和保护了自主的个人和社会组织,在人类自由和解放的历史上迈出了巨大的一步;再次,它自身蕴含的巨大矛盾和成就又使得超越市民社会成为必要和可能。中国拥有世界上最漫长的封建制度史,在无处不在的皇权之下一直没有发育出相对独立的社会。新中国成立之后,在传统计划经济模式下国家权力依然无所不包,社会淹没于国家之中。经济与政治没有分离的后果是,经济受到严重束缚而发展缓慢,而政治国家也不具备现代国家的结构与特征。改革开放之后,随着对市场经济的培育和发展,政府职能的转变,经济与政治在逐步、艰难地分离过程中。因此,在中国目前的历史条件下,首要的任务仍是建立健全市场经济体制,理顺与之相适应的各种制度和关系,进而推进政治体制改革。政府权力要从广泛的社会经济领域撤出,把市场的权力还给市场,把社会的权力还给社会。政府应着力解决职能界限内的事务,而不能逾越其界限管理所有社会事务。只有健全市场经济体制,推进政治体制改革,促进经济与政治的进一步分离,才能为社会发展和社会建设创造有利条件。为此,必须加强以改善民生为主的社会建设,培育公民社会。同时,促进社会与国家的良性互动,克服市民社会的内在矛盾。

第一章 "现代性"的一般考察

现代性是一个歧义颇多的概念,伴随着西方资本主义社会的沧桑巨变,现代性也在变幻中笼罩着一层朦胧而神秘的面纱,并且在不同时期呈现出不同的面貌。从18世纪启蒙运动以来,现代性话语在三百年的学术沧桑中沉浮,却始终没有离开中心位置。在20世纪80年代后现代主义思潮的冲击下,各种"终结论"层出不穷,哲学的终结,理性的终结,人的终结,而其实质就是现代性的终结。一般来说,后现代理论主流是以激烈批判、解构现代性为己任的,就是说它以现代性为对象,由现代性来确定自身含义,它是对现代性的某种反动。后现代话语一再返回现代性问题,引发了激烈的现代与后现代之争。而"现代性"自身就是一个尚未厘清的领域,于是对现代性的理解就成为解决问题的关键。然而,我们在梳理现代性话语时,发现现代性是一个矛盾重重的概念,不同学科有不同的现代性概念,它们的内容彼此错综纠结,甚至相互冲突。而且,在几百年的时间里,不同的思想大师从不同的角度对现代性作了各种深刻的剖析,不断拓展着现代性话语的深度和广度。更为重要的是,现代性与现实的现代化进程以及当今的全球化进程互相渗透,互为表里,增加了现代性问题的历史感和复杂性。现代性的难以捉摸,正如齐格蒙德·鲍曼所说:"我们发现这一概念充满着意义的不确定性，因为它的所指内涵不清，外延不明。"① 对于这样一个争议重重、内涵不断变化的问题，本书将从词源学入手，从源头开始考察其含义。

一、"现代性"的词源考察

现代性，顾名思义，乃"现代"之性质。那么，何谓"现代"？我们首先须了解作为"现代性"的词根的"现代"的含义。提到"现代"，人们首先想到的是一个特定的历史时期，尽管这个历史时期的起点和终点仍然众说纷纭。但是，人们还常常在另一种意义上使用"现代"一词。应该说明的是，作为历史时间的"现代"概念与作为问题的"现代性"概念是不同的。但是，为了说明现代性概念，还是有必要先考察"现代"的词源。哈贝马斯在《现代性——一项未完成的方案》一文中，引用了姚斯（Hans Robert Jauss）对"现代"一词的词源学考证，指出"现代"（modern）一词的拉丁文形式是"modernus"，首次使用是在5世纪末期，用来区别官方基督教时代的"现在"（present）和罗马及异教时代的"过去"（past）。随着时间、内容的变化，"现代"（modern）这一术语一再传达出与古代息息相关的新的时代意识，以显示出它是从旧时代到新时代过渡和转变的结果。② 这样，"现代"就是一个不断推移、不断更新、不断过渡的概念。通常人们总是用"现代"这一概念指称自己生活的时代。从这一意义来看，如果现代性暗含着一个时间段的话，那么这个时间段并不是凝固的，而是在不断漂移的，在这一时间段内

---

① [英] 齐格蒙特·鲍曼：《现代性与矛盾性》，邵迎生译，商务印书馆2003年版，第7页。

② [德] Habermas, "*Modernity—An Incomplete Project*", 载 *Interpretive Social Science: a Second Look*, edited by Paul Rabinow and William M. Sullivan, University of California Press, 1987, p.142.

的特定社会的特质也就具有变动不居的性质。应该说现代性的初始含义中有变动、挣脱的冲动和对世界、对自身的重新认识与定位的意思。波德莱尔就是在这个意义上理解"现代性"一词的:"现代性就是短暂性、飞逝性、偶然性;它是艺术的一半,艺术的另一半则是永恒性和不变性。对于每一位过去的画家都存在过一种形式的现代性。"①

一般认为,最早使用"现代性"一词的就是 19 世纪法国文学评论家波德莱尔。1863 年底,波德莱尔连续在《费加罗报》上发表了题为《现代生活的画家》的系列文章。其中第四篇的小标题就是"Modernite"。在这篇短文的开篇,波德莱尔对他所指称的"现代生活的画家"的形象作了一番抒情的描述:"就这样,他出发了,奔跑着,寻觅着。他在寻觅什么呢?可以肯定,这个我所描绘的人,这个秉有奔放的想象、一直在茫茫人海里穿行的人,有着一个比纯粹闲逛者更高的目标,一个更普遍的目标,而不是事物飘忽的快感。他所寻觅的,就是那个我们必须称之为现代性的东西。"② 在这里,"现代性"一词主要是用来表示人或事物所具有的一种性质或品质。但是,它不是某个特定时代及其这个时代的人或事物所固有的属性,而是事物的"当前存在"所具有的短暂性、飞逝性;眼前还属于"现代"的东西,很快就将变得不属于"现代",变成"过去"甚至"古代"。"现代性"永远都在不断消失的同时又在不断地再生;"现代性"就是每一个"新"事物或"新"时代所具有的那种特性。因

---

① [美] Krishan Kumar, *From Post Industrial to Post Modern Society*, Oxford: Blackwell, 1995, p. 90.

② 河清:《现代与后现代——西方艺术文化史》,生活·读书·新知三联书店 1994 年版,第 22—23 页。

此，才可以说，每一个时代都曾经有过它自己的"现代性"。①

二、哲学"现代性"及其相关概念

不过，今天人们常说的"现代"一词与上述用法并不相同，它常常指模糊的或清晰的历史分期。如在西方社会，有时候人们用"现代"一词来指称"20世纪"，例如纽约"现代艺术博物馆"收藏的基本上都是20世纪以来的艺术品。而在西方史学中，大尺度的历史划分是按照"古代—中世纪—现代"这样三段式划分的，这一"现代"大约起于16世纪，一般以1500年为界②。当然，关于"现代"到底起于何时，一直是个有争议的问题。有人把文艺复兴作为现代的开端，即最早始于13、14世纪③；有人把宗教改革与新大陆的开辟作为现代的开端，即始于16世纪；有人把启蒙运动作为现代的开端，即始于18世纪。其实上述说法各有其道理，著名历史学家汤因比在其闻世巨著《历史研究》开篇"历史研究的单位"中所列的英格兰历史的一个时间表④，会让我们一目了然各种划分的侧重点："从现代追溯到古代，其主要阶段可以说有这一些：

(1) 工业体系的建立（从1775—1800年开始）；

(2) 责任制议会政府的建立（从1675—1700年开始）；

---

① 参见谢立中：《"现代性"及其相关概念词义辨析》，载《北京大学学报》，2001年第5期。

② [美]参见斯塔夫里阿诺斯：《全球通史：从史前史到21世纪》（第7版修订版），北京大学出版社2006年版。

③ 关于文艺复兴的起始时间也是一个有争议的问题，而且的确欧洲各国的时间表各不相同。但文艺复兴首先兴起于意大利，大约自13世纪后期到16世纪中期。

④ 英国是世界上现代化最早，也最典型的国家之一，它的发展历程在西方具有代表性。

(3) 海外扩张（从 1550—1575 年的海盗行为开始，逐渐发展成为一个世界范围的国际贸易，热带属地的占有，在海外温带地方建立了新的使用英语的社会）；

(4) 宗教改革（从 1525—1550 年开始）；

(5) 复兴运动，包括这个运动的政治和经济、艺术和知识面貌方面（从 1475—1500 年开始）；

(6) 封建制度的建立（从 11 世纪开始）；

(7) 英格兰人从所谓英雄时代的宗教信仰到皈依西方基督教（从六世纪末年开始）。"①

从上述时间表我们可以清晰地看到，"复兴运动"、"宗教改革"和"海外扩张"这三大深刻改变人类社会面貌的历史事件都在大约 16 世纪开始，由此我们可以理解为什么西方史学家偏好 16 世纪这样的历史分期②。确定时间分期之所以重要，是因为时间与历史进程相连，不同的时间划分反映了思考视角的不同和对历史的不同取舍。尽管现代性并不仅仅是一个时间概念，但是它是在时间意识的基础上形成的历史意识，正如马泰·卡林内斯库分析的那样："只有在一种特定时间意识，即线性不可逆、无法阻止地流逝的历史性时间意

---

① ［英］汤因比:《历史研究》（上册），曹未风等译，上海人民出版社 1997 年版，第 2 页。

② 这里只谈论了西方的历史分期，因为现代性对于国人来说是舶来品，它始于西方。而中国与西方世界的历史分期是不同的，虽然中国历史也有三段式的划分，即古代—近代—现代，但这两个"现代"所包含的时间段却相差悬殊。西方的"现代"（modern time）几乎包括了中国的"近代"与"现代"之和，但是由于西方的"现代"太长，没有明显的下限，所以，西方历史中又把距离我们生活时代最近时期的历史划分成一个时段，称为"当代"（contemporary, present time）。在通常情况下，西方的"现代"相当于中国的"近代"，如，西方人所说的 Modern Philosophy 并不是中国人所说的"现代哲学"，它的时间段却相当于中国的"近代"，因此，这里的 Modern Philosophy 指的是"近代哲学"。本书中现代性之"现代"指的是西方历史的大尺度划分。

识的框架中,现代性这个概念才能被构想出来。在一个不需要时间连续型历史概念,并依据神话和重现模式来组织其时间范畴的社会中,现代性作为一个概念将是毫无意义的。"①

哲学与历史是不同的。虽然西方史学家往往把从文艺复兴以来的西方历史称为现代史,但是,这一编年史上的"现代"概念并没有揭示现代性特有的内涵和人们对它的态度。在编年史上,人们往往把文艺复兴、宗教改革和地理大发现作为现代性的开端。而在哲学和思想史上,人们往往把18世纪启蒙运动作为现代性的开端。因为现代性固然首先是一个时间概念,但更重要的是,这个概念所表征的时代的基本原则和特征。现代性作为一个问题域,有其非常广阔的哲学和社会背景。无论是现代性还是后现代性,都是对社会、生活巨变的反应。当人们开始反思现代状况的时候,现代性便获得了它的意义。

(一) 现代性

因此,尽管我们可以把16世纪前后称为现代早期,但只有到了18世纪,随着新兴工业体系的建立,专制主义向民主时代的过渡,人们的世界观才真正发生了深刻的变化,社会的特征不再以单一的价值系统为主导,这种变化带来了价值自主领域史无前例的多样化,社会的子系统日益分化,并且开始追寻它们自身内在的、独立的逻辑。只是到了这一时代,传统社会与现代社会之间的巨大差异才彻底显露出来,现代性才获得了其权威性的形式。

那么,什么是现代性呢?这真是一个旷古难题,因为无论怎样概括,都会有所偏颇,而无论怎样概括,都会有所遗漏,正如齐格蒙特·鲍曼的那个恰切的比喻:"和蝴蝶一样,当别针刺穿它们的身

---

① [美] 马泰·卡林内斯库:《现代性的五副面孔——现代主义、先锋派、颓废、媚俗艺术、后现代主义》,顾爱彬,李瑞华译,商务印书馆2002年版,第18页。

躯将它们固定一处时，它们是不能幸免于难的"。① 将一个流动的概念固定化，的确会产生许多问题，这也是现代性话语纷繁复杂的原因之一。几百年来，理论家们从各自不同的角度对现代性做了描述，哈贝马斯在梳理现代性的哲学话语时，认为黑格尔是第一位清楚地阐述现代概念的哲学家②，他在研究现代性的自我确证问题时，开启了现代性的理性话语，从此，理性精神就成为现代性的本质规定。此后，包括马克斯·韦伯及其后的绝大部分现代性的以及后现代的理论家都是这一线索的继承人，理性几乎成了现代性的代名词。在社会学领域，安东尼·吉登斯的概括最具代表性，他在《现代性的后果》一书中明确地写道："现代性指社会生活或组织模式，大约17世纪出现在欧洲，并且在后来的岁月里，程度不同地在世界范围内产生着影响"③ 它在制度或结构上包括资本主义、工业化、各种现代监督系统和由国家统一掌握的军事力量四个基本的维度。后来，吉登斯对现代性又做了进一步的概括："在其最简单的形式中，现代性是现代社会或工业文明的缩略语。比较详细地描述，它涉及：（1）对世界的一系列态度、关于现实世界向人类干预所造成的转变开放的想法；（2）复杂的经济制度，特别是工业生产和市场经济；（3）一系列政治制度，包括民族国家和民主。基本上，由于这些特性，现代性同任何从前的社会秩序类型相比，其活力大得多。"④吉

---

① [英]齐格蒙特·鲍曼：《现代性与矛盾性》，邵迎生译，商务印书馆2003年版，第8页。

② [德]于尔根·哈贝马斯：《现代性的哲学话语》，曹卫东等译，译林出版社2004年版，第5页。

③ [英]安东尼·吉登斯：《现代性的后果》，田禾译，译林出版社2000年版，第1页。

④ [英]安东尼·吉登斯，克里斯多弗·皮尔森：《现代性——吉登斯访谈录》，新华出版社2001年版，第69页。

登斯主要是从社会学的制度维度对现代性做了更加具体的概括和说明。而在文学、艺术、审美领域，现代性则代表了截然不同的含义，如前文所述波德莱尔的现代性，意指处于"现实性"和纯粹即时性中的现时，因而可以"被定义为一种悖论式的可能性，即通过处于最具体的当下和现时性中的历史性意识来走出历史之流"。① 实际上，文学现代性或审美现代性是对转瞬即逝的现代性时间意识的深刻体验，因而，它最具变化性，也充满批判性。在这层意义上现代性与后现代性的界限悄悄隐退了。

我们今天所谓的"现代性"，实际上有两个参照系，即传统与后现代。② 在最一般的意义上，现代性指由启蒙运动肇始的，以理性为核心的时代精神，及自由、民主、平等的价值取向，表现在经济、政治、社会、文化等各个方面。它既是一定的社会组织形式，也是一定的社会文化模式。在西方历史所指的"现代"时间段中，现代性有如下的表现形式：在经济层面上主要表现为市场经济的出现，工业化、专业化、科学技术产业化等等的发展；在政治层面上主要表现为民族国家、民主制度、官僚体系等等的出现与发展；在社会层面主要表现为城市化、福利化、市民社会的出现与发展；在文化层面上主要表现为世俗化和现代主义等等。如果深入探讨现代性的内涵，就会发现现代性本身是一个悖论式的概念，它包含了内在的

---

① ［美］马泰·卡林内斯库：《现代性的五副面孔》，顾爱彬，李瑞华译，商务印书馆2003年版，第56—57页。

② 我们把与传统社会相区别的现代社会的特质称为现代性，传统社会是个有着明确所指的历史现实。但是，实际上是否存在一个现实的后现代社会却是一个有争议的问题。一些学者认为，尽管进入现代之后，西方社会发生了巨大变化，对目前的西方社会有许多新的称谓，如"信息社会"、"知识社会"、"晚期资本主义社会"等，但是，这些概念所指称的那种新的社会状态尽管有许多新的特征，但在一些最基本的性质上并未超出现代的范畴（如吉登斯）。而另一些学者则认为，后现代已经不仅是一种思潮和运动，而已经是一种新的社会状态（如利奥塔）。

矛盾和张力。如经济、社会方面的现代性与文化方面的现代性常常是冲突的。在欧洲，现代性是和世俗化过程密切相关的，因此，它集中地表现为对理性的崇拜、对经济发展、市场体制和法律——行政体制的信仰、对合理化秩序的信念。但是，产生于同一个进程的现代主义文学却具有激烈地反资本主义世俗化的倾向。实际上，对资产阶级市侩心态的美学批判一直是德国浪漫主义的主要特征，19世纪欧洲现实主义文学和20世纪的现代主义文学都构筑了对现代本身的批判视野。另外，人们常说起的科学主义与人文主义、理性主义与非理性主义在现代时期的斗争，也显示了现代性的内在矛盾。因此，现代性在某种意义上是一个"自己反对自己的传统"。这一问题还将在下面进行进一步的阐述，在这里不再赘言。

我们称之为"现代社会"的西方社会在几百年的时间里已经发生了很大的变化，虽然它仍然归属"现代"时间段。相应地，现代性理论也发生了很大的变化。后现代理论就是这一变化的最激进反映，其次，还有许多理论家对现代性进行了分期，阐明现代性已经由"早期现代性"发展到"晚期现代性"[①]。再次，由于发展中国家尤其是"亚洲四小龙"的迅速崛起，东方文化背景下现代化的快速发展，使得不同于西方现代性的"东方现代性"渐渐吸引了人们的目光，人们从西方社会历史概括出来的"现代性"经常失效。因此，在全球化的大潮下，关于"多元现代性"的讨论日趋热烈。总之，由于"晚期现代性"、"东方现代性"、"多元现代性"和"后现代性"讨论的加入，现代性理论变得更加丰满而扑朔迷离。

---

① 对于现代性的分期问题，现代性理论家们意见并不一致，有的只分为两个阶段，即强调目前西方社会表现出的是晚期现代性（如吉登斯）；有的则明确划分为三个阶段，即早期现代性阶段（1500年至1800年之间）、高度现代性阶段（1900年左右至二战前）和晚期现代性阶段（二战后）（如佛纳斯）。参见谢立中，阮新邦主编：《现代性、后现代性社会理论：诠释与评论》，北京大学出版社2004年版，第25页。

（二）现代性与现代化

现代化是世俗化程度很高的一个词，人们对它非常熟悉，但是常常在不同的意义上来使用它：当人们说"实现现代化"的时候，是把现代化作为一个目标，指的是有待于我们去实现的一种社会状态，而这恰恰是现代性的主要含义。许多文献中确实用界定"现代化"一词的那些内容，如工业化、城市化、理性化、世俗化、民族国家等来界定"现代性"①。在这种情况下，现代性和现代化基本成了同义词；而当人们说"第二次现代化"的时候，"现代化"一词则实际上指的是一个过程，而不是已经实现了的"现代"状况本身。在学理上，一般认为从传统社会向现代社会的转变就是现代化。对于现代化概念，我国著名学者罗荣渠的概括既全面，又具有代表性："现代化作为一个世界性的历史过程，是指人类社会从工业革命以来所经历的一场急剧变革，这一变革以工业化为推动力，导致传统的农业社会向现代工业社会的全球性的大转变过程，它使工业主义渗透到经济、政治、文化、思想各个领域，引起深刻的相应变化"。②可见，现代化与现代性的关系是如影随形，现代化是一个不断走向现代性的动态过程，是现代性的实践历程，而现代性作为现代社会的特质或状态，则是现代化所追寻的目标，同时又是对现代化进程的反思。因此，当现代化进程高歌猛进的时候，现代性一直没有来自外部的挑战；而当现代化充分发育，出现负面影响，以至于导致某种社会紊乱的时候，也就是说当现代化找不到目标的时候，现代性才成了"问题"，才有了现代性与后现代性的论争。

---

① 这里的现代性主要指社会学层面的现代性。如前所述，现代性在各个层面上被定义，哲学层面是最抽象意义上的，而在社会学层面定义现代性的时候，通常要描述其表现形式。所以，如果人们把现代化当做目标时，它和现代性在这一层面的含义是重合的。

② 罗荣渠：《现代化新论》，北京大学出版社1993年版，第16—17页。

现代化作为现代社会运动过程，既在历史上早于现代性问题的提出，也在理论的阐述上早于现代性问题的论争。对于现代化的理论研究，在我国开始于20世纪30年代。而在世界范围内影响巨大、颇具权威性的现代化研究则是始于20世纪50年代，美国一批社会学家、经济学家和政治学家相继进行的现代化研究。其后这一时期的理论被称为经典现代化理论（Classical Modernization Theory）。经典现代化理论家所阐释的现代化目标实际上就是社会学层面的现代性，如，政治的民主化、法治化、科层化，经济的工业化、专业化，社会的城市化、福利化，文化的世俗化等。而其据此设立的一系列指标，可以衡量某个国家或地区的现代化程度，则是具体的现代化理论。

至20世纪70年代，经典现代化理论遇到了巨大挑战，因为现代化带来了环境危机、能源危机、经济危机等等始料未及的后果，还因为它不能回答发达工业社会的发展问题①。现代性与后现代的论争正是发生在这一时刻。这种情况的出现并不是偶然的。由现代化理论到现代性的追问是时代提出的更深刻的课题：当现代化出现方向性问题时，人们不得不追问，现代化发展的目标到底是什么。这便是现代性问题了。现代性追问是现代化理论从根本上深化的表现。在此之后，现代化理论也走出了经典时代，出现了后现代化理论、再现代化理论、第二次现代化理论等新的现代化理论，它们都是对西方发达工业社会出现的新情况的概括总结。如果说经典现代化是传统社会向工业社会的转变，那么后现代化或第二次现代化则是工

---

① 20世纪60年代西方发达工业社会出现了一些新现象，有人称之为"逆现代化"，即由经典现代化过程中的农业经济比重持续下降，工业经济比重不断上升，市场竞争日趋激烈，经济危机周期性爆发，自然资源与环境受到破坏，变为工业经济比重持续下降，环境保护受到更多重视，经济危机破坏性减轻，出现逆工业化和逆城市化，知识经济崛起等新现象。这时，经典现代化理论已经不能解释发达工业社会出现的新问题。

业社会向后工业社会或知识社会的转变。

综上所述,现代性与现代化是相辅相成的一对概念,现代性是现代化追求的目标与方向,现代化是现代性的现实化。没有现代性的现代化是盲目的,没有现代化的现代性只是空想。它们如同理想与现实的关系,理想可以规范现实,而现实又常常修正着理想。

(三) 现代性与现代主义

现代主义(modernism),是另一个与现代性有着很近的亲缘关系的概念,它主要是指文学、绘画、建筑上的风格或文化运动,它是现代性在文学、文化方面的表现形式。"现代主义"一词的历史可以追溯到18世纪,起初带有强烈的消极内涵。到20世纪早期,现代主义获得了两种专门的意义:除了现代主义/传统主义这种通常的术语对立外,现代主义还用于指艺术中各种革新和反传统的趋势[1]。在实际的文献当中,这个词的含义在许多人那里却是含混不清、不甚明确的。著名比较文学家卡林内斯库在《现代性的五副面孔》中详细追溯了现代主义这一概念的历史,它最初是贬义的,甚至被认为是"败坏英语的一个自明实例"。直到19世纪后期,才看到有意识地为"现代主义"正名或至少是使其论辩性含义中性化的尝试。所以,人们需要很长时间来对它进行认可。尽管追溯"现代主义"的历史是困难和混乱的,但它真正的含义至少有如下两点,即"忠实于当下"和"反传统"[2]。一般来说,"现代主义"指的是由波德莱尔在19世纪中期首先加以揭示,然后在从19世纪下半叶直到20世纪60年代之间的各种"先锋艺术"(印象主义、立体主义、未来

---

[1] [美]马泰·卡林内斯库:《现代性的五副面孔》,顾爱彬,李瑞华译,商务印书馆2003年版第346—347页。

[2] [美]参见马泰·卡林内斯库:《现代性的五副面孔》,顾爱彬,李瑞华译,商务印书馆2003年版第77—95页。

主义、达达主义、超现实主义、建构主义、表现主义、波普艺术、新现实主义、事件艺术、概念艺术等）以及相关的哲学与社会理论中得到体现和张扬的那样一种对"现代性"或"新奇性"永恒地加以追求的精神。它是一种永无止境的"先锋主义"，认为"现代"不是固定于某个时代的一种品质，而是永远都在不断地消失又不断地再生的，是每一个"新"事物或"新"时代所具有的那种特性。"现代性没有一个定性的内涵。它的内涵始终在变，随着时代的变化而变化。或者说，它的内涵就是'新'：新事物、新风格、新形式，真正绝对的新，独一无二的新，前所未有的新。"① 不断地批判和否定既存的"现代"，用新的"现代"来取代已经或即将成为"过去"的老的"现代"，就是"现代主义者"们的伟大追求。

在这里我们看到，现代主义的含义与现代性的初始含义非常接近，它是转瞬即逝的时间意识的反映，或者说，它是这种时间意识的体验，以直接的、感性的形式在文学、审美等领域表达出来。因此，现代主义也是对现代性的追寻，是对不断地"现代"的追寻，因而它与现代性一样，成为不断地"反对自身的传统"。

三、现代性理论演化的两个方向

现代性产生之初，整个西方社会正在从神学的统治下挣脱出来，曾一度稳固的社会秩序和思维模式正在瓦解，社会与文化的剧烈变化引发了广泛的社会不协调感、破碎感、混乱和无序感。马克思对此有过精确的描述："生产的不断变革，一切社会状况不停的动荡，永远的不安定和变动，这就是资产阶级时代不同于过去一切时代的地方。一切固定的僵化的关系以及与之相适应的素被尊崇的观念和

---

① 河清：《现代与后现代——西方艺术文化小史》，生活·读书·新知三联书店1994年版，第23页。

见解都被消除了，一切新形成的关系等不到固定下来就陈旧了。一切等级的和固定的东西都烟消云散了，一切神圣的东西都被亵渎了。人们终于不得不用冷静的眼光来看待他们的生活地位、他们的相互关系。"① 社会在经过剧烈振荡后，沿着合理化方向发展，一个分化的社会格局正在形成。世俗政治建构打破了封建制的经济，全面促动了自由市场经济，使经济活动从宗教生活秩序的关联中分离出来。启蒙运动使人们的自然观念发生了革命性的变化，同时使社会、自然面貌发生了巨大的变化。

在这样一个变动的时代，人的生活，人的感受性，人自身都发生了天翻地覆的改变。旧有的宗教观念动摇了，信仰问题成了日后现代性的一个主要问题。另一方面，上帝的灵光被拂去之后，人惊异地发现了自身。主体性的凸现既为科技理性的扩张奠定了基础（并反过来为其所加强），又为批判精神的诞生准备好了条件。可以说，在现代性诞生的最初时刻，就孕育了它的内在矛盾和冲突，预示了它内部互不妥协的斗争和张力。基于此，理论界出现了众多的现代性理论言说，它们思想各异，甚至互相冲突，并一直持续至今。总体看来，现代性理论演化大致有两个方向：一是以理性为线索发展的启蒙现代性，因其理性、进步的观念而与现代性理想相通，这一理想常常被概括为"启蒙方案"；二是以感性为线索发展的审美现代性，因其不断对制度化的反抗而被作为现代性批判的精神资源。

（一）理性线索：启蒙现代性

西方资本主义社会兴起的过程在哲学和文化上表现为文艺复兴运动，而它的确立过程在哲学和文化上则表现为启蒙运动。可以说现代性概念从启蒙哲学中获得了它的最初内涵，今天的现代性

---

① 《马克思恩格斯选集》第 1 卷，人民出版社 1995 年版，第 275 页。

仍被认为是启蒙的遗产。所以说我们今天考察现代性的涵义，不能不追溯到它的源头——启蒙运动。在启蒙时代，种种现代性问题才开始萌生，而种种解决这些问题的尝试亦随之出现；现代性问题的出现和积累及其解决尝试的不断更新，构成了现代思想的基本语境。

那么，启蒙哲学孕育的现代性的最初内涵到底是什么呢？"启蒙运动就是人类脱离自己加之于自己的不成熟状态。不成熟状态就是不经别人的引导，就对运用自己的理智无能为力。当其原因不在于缺乏理智，而在于不经别人的引导就缺乏勇气与决心去加以运用时，那么这种不成熟状态就是自己加之于自己的了。Sapere aude! 要有勇气运用你自己的理智！这就是启蒙运动的口号。"①

这是我们耳熟能详的启蒙运动的口号，因它高度概括了启蒙的核心思想。在这里我们清晰地读出了理性原则。众所周知，高歌理性的力量是启蒙运动的中心思想。启蒙哲学的一个重要的方法论特征就是，抛弃了17世纪形而上学的抽象演绎的方法，而代之以分析还原和理智重建的方法。这一方法不仅被运用于心理学和认识论领域，而且还运用于历史、宗教批判、法和国家以及美学领域。所谓认识某一对象，就是把它分析、还原为它的终极组成因素，然后在思想中把这些因素重建为一个整体。不可否认的是，启蒙思想中还有一个重要的倾向，那就是它的经验倾向和实证倾向。启蒙哲学强烈反对17世纪形而上学，反对从原理、原则、公理演绎出现象和事实，而主张从现象和事实上升到原理和原则。正是通过这场斗争，启蒙运动极大地推动了西方思想的世俗化进程，促成了科学的蓬勃发展。而这也正是启蒙运动的伟大的历史功绩之一。

---

① [德] 康德：《历史理性批判文集》，商务印书馆1990年版，第22页。

启蒙运动所表达的现代性原则可以概括为：从根本上清除宗教神学笼罩在人类头上的阴影，相信主体的力量，力求建立内在的一理性的世界解释，使所有生活领域变成一个自在的有机组织。启蒙精神所推崇的理念是个人主义和主体主义，乐于不断改进的功利主义以及社会历史会不断进步的乐观主义。

从笛卡尔起，贯穿着整个启蒙运动及其后继者，所有关于现代性的理论话语都推崇理性，把它视为知识与社会进步的源泉，视为真理之所在和系统性知识的基础。人们深信理性有能力发现适当的理论与实践规范，依据这些规范，思想体系和行动体系就会建立，社会就会得到重建。这就是一个社会生活不断合理化、科层化以及"科学化"的过程。这种启蒙运动的设计在当时许多西方国家掀起了社会革命，要求推翻封建社会，建立一种体现理性和社会进步的、公正平等的社会秩序。启蒙现代性追求数学的精确性、明晰性和统一性。合理化和工具理性是其基本表现，它具体展现为社会生活的现代化。这种现代性是资本主义发展的产物，是科技进步、工业革命、经济和社会急剧变化的结果，是不断发展的合理化、科层化和理性在社会生活中的反映。

（二）感性线索：审美现代性

但是，现代性绝不是一个"理性"就能完全概括的，启蒙运动也绝不是一个单一的倾向。"启蒙运动绝非一个纯粹的科学运动或主要是科学运动，而是对一切文化领域中的文化的全面颠覆，带来了世界关系的根本性移位和欧洲政治的完全更改。"① 我们仔细品味上文引述的康德关于启蒙运动的口号的论述，从中我们不仅能读出理性精神，而且还有个体—主体性精神，这里同时强调的是个体—主

---

① ［德］特洛尔奇：《启蒙运动》第333页。转引自刘小枫《现代性社会理论绪论》第175页。

体的力量和感受。国内外学界常常会忽视的是在剧烈的环境、社会变革之上，人的感受性也发生了深刻的变化。忽视这一方面，现代性就显得不完全。

所以，正如我们看到的，现代性还有另外一条发展线索，那就是个体对世界剧烈变动的感受，这是一条沿着感性发展的线索。现代性的这一线索通常被称为文化的现代性或审美的现代性，它与日后的后现代理论有着不可分割的渊源关系。现代性表现和反映的不仅是一场社会文化的转变，环境、制度、艺术的基本概念及形式的转变，不仅是所有外在事务的转变，而根本上是人本身的转变，是人的欲念、心灵和精神的内在构造本身的转变；不仅是人的实际生存的转变，更是人的价值观念的转变。

众所周知，现代社会的一个基本前提和根本特征是社会分化。社会分化既是现代社会转型的原因，也是其结果。在现代化的过程当中，现代社会日益分化为工具认识领域、道德实践领域和审美实践领域以及个体信仰实践领域等等。所谓社会现代化，就是指这些领域各自在分离状态或统一状态下的现代转型。可惜的是，作为一个美好理想的启蒙设计，其结果并没有像人们所想象的那样，使人作为个体和共同体在社会和思想层面上得到彻底解放，反而使社会在分化这条路上越走越远，最终社会呈现不同程度的分裂、破碎和断裂，人类经常体验到迷失了精神家园的内心感受。现代化在某种程度上几乎成了社会单面化和思想平面化的同义词。审美现代性由此而生。

审美现代性也是从启蒙的现代性中萌生出来的，受到启蒙精神的恩惠。这种现代性却不可避免地反对启蒙现代性，它的内在规定就是对所谓资产阶级现代性的全面拒绝。它不停地向社会结构发动进攻，是一种激烈的否定情绪，并且为了长期处于"先进意识"前列而在风格和感觉方面进行不懈的努力。它甚至早在马克思主义之前就开始不断攻击资产阶级社会了。韦尔默从历史的角度，将这种现代性规定为"浪漫的现代性"，它包括历史上的浪漫主义者，也包括许多哲学家、思想家（如青年马克思、尼采、阿多诺等），当然还有无政府主义者和大多数现代主义者。通常，理论界都把现代主义艺术视为"审美的现代性"或"浪漫的现代性"的基本表现形态。所以，"现代主义"这一对文学或艺术现代运动的称谓常被用作审美现代性或文化现代性的代名词。

审美现代性是对于16世纪以来两种社会变化的反应：感觉层次上社会环境的变化和自我意识的变化。一方面，现代世界的剧烈运动和文化变迁打破了旧有的时空顺序和整体意识，人们对社会环境的感应能力陷于迷乱。另一方面，宗教信仰的泯灭，超生希望的丧失（天堂或地狱），以及关于人生大限、死后万事空的新意识造成了自我意识的危机。事实上，这是两种体验世界的方式。信仰上的虚无造成了文化传统的令人畏惧的脱节，人上升到神的位置之后却难以把握自我。现代主义艺术家最先捕捉到这种感觉的混乱和自我的困惑。"在变化了的时间意识中寻找一个共同的焦点，此态度已成为美学现代性的一大特征。这种时间意识通过前卫以及先锋这类隐喻表达自身。先锋派将其自身理解为侵入未知领域，将突如其来，震人心魄地遭遇到的危险向自身揭示出来，以及征服一种还未占有的未来等等。"① 现代主义认为表面现象无意义，而试图揭示内心现象的潜在基础。这表现在两个方面：一是"距离"的销蚀——心理距离，社会距离，审美距离等，坚持经验的绝对现在性，即同步感和即刻感，注重此刻和当下。二是在主题上，它坚持自我的绝对专断，

---

① 王岳川、尚水：《后现代主义文化与美学》，北京大学出版社1992年版，第11页。

强调人不受任何限制，迫切寻求超越。审美现代性乃是为了个体生命在失去彼岸世界支撑后得到此岸世界的支撑。

从审美现代性的源起和内在冲动来看，它有一种似乎与生俱来的颠覆性，即对现存的文化规范和价值的批判和否定。换言之，审美现代性的基本精神乃是一种对制度化的反抗。正像欧文·豪认为的那样，要为它下定义，必须用否定性的术语，把它当作一个"包涵一切的否定词"。不过如豪所见，正是现代主义这种脾性造成了它进退两难的困境："现代主义一定要不断抗争，但决不能完全获胜；随后，它又必须为着确保自己不成功而继续奋斗。"① 这种看法是深刻的，它揭示了现代主义的本性，审美现代性最深处的脉动和它不息的批判精神。

（三）启蒙现代性与审美现代性的关系

启蒙现代性贯穿的是理性精神，显示的是理性的力量，以科学技术不可阻挡之势改造着千百万年沉睡的大地和天空，同时也改变着人类自身。启蒙现代性一直支撑着现代社会的合理化进程，支撑着科技进步和人类日益深入的改造自然和社会的实践。它不可避免地推进着普遍化、确定性和乐观进化的思想。对秩序和确定性的追寻可以说是启蒙现代性特有的痴迷。它要把一切都纳入标准化、制度化的轨道，因为它宣称真理是唯一的，那么谁掌握了真理，谁就是权力和统治的象征。它据此否定了一切差异和另类的可能。它的理性显得铁一般的，冰冷冷的。而审美现代性或文化现代性则以文学艺术为典型形式，始终与社会现实保持清醒的距离，和不屈的批判精神。它永远不合潮流，永远不肯妥协地否定、批判、抗拒。审美现代性的基本精神就是对制度化的反抗。它从人的感性存在出发，

---

① ［美］丹尼尔·贝尔：《资本主义文化矛盾》，赵一凡、蒲隆、任晓晋译，生活·读书·新知三联书店1989年版，第93页。

尊重人的个体感性和差异，抗议理性的狂傲扩张，犀利地检视着、抗争着社会现代性的不可一世的理性狂潮。它是对科技理性造成人的片面化和单面化的一种反抗。它又承接了启蒙时代和唯心论时代的思想资源，推进审美个体主义原则：个体是不可重复、独一无二的。虽然它暗含着虚无主义和本能主义的危险，但是，它是现代社会必不可少的不同声音。

启蒙现代性与审美现代性是内在于人和社会的两个方面，缺一不可。这两种现代性的矛盾，既是人自身分裂的显现，是人的理性与感性的斗争与张力的显现，又是现代社会经济与文化原则断裂的呈现。两种现代性的并存体现出现代性的一种内在的张力，以及它自身不可避免的反思性和自我批判性。可以说现代性是一种内在的矛盾态度，一种既爱又恨的两难困境。在现代性问题的研究中不可回避的两位大师——马克思和韦伯都对现代性抱着这种矛盾的态度。马克思对资本主义现代性的批判首先揭示了这种两难：一方面，资本主义生产力的发展，是人类历史的巨大进步，但它同时又造成了空前的阶级压迫；另一方面，资本主义的发展又使这种压迫蜕去了永久性，使得社会主义成为可能。韦伯亦复如此，他从另一个角度揭露了这种两难：现代性一方面造成了社会生活的合理化，以及管理的科层化，提高了发展速度和效率；另一方面，又不可避免地造成了压制和服从，使得合理化变成僵死的"铁笼"。

四、西方现代性的反话语

现代性带来了人的个性和尊严的解放，引发了自然科学的繁荣和社会的高速发展。但是，由于理论和现实的许多弊端，现代性逐渐成为众多西方思潮批判的对象。这些思潮观点各异，门类众多，本文选取其中最主要的两种思潮进行探讨，即人文主义的反理性思潮和后现代理论。

（一）人文主义的反理性思潮

人文主义（humanism）这一词汇本身就令人迷惑，不仅因为到目前为止它已经被译为人道主义、人本主义和人文主义这样几个同样令人迷惑的词汇，而且因为它源远流长的历史，并且在这漫长的历史中几易其意。西方的人文主义传统可以追溯到古希腊罗马时期。古希腊思想最吸引人的地方之一就是它以人为中心，而不是以上帝为中心。苏格拉底之所以受到特别尊敬，是因为他把哲学从天上带到地上，他是第一个把人类向外宇宙探寻的目光拉回到向自身的内宇宙探寻的哲学家。从古至今，人文主义思想家的思想不尽相同，风格各异，但其基本的思想倾向是对人的自然状态的尊重和对个体人性价值和尊严的维护，提倡宽容，反对暴力，主张自由、平等和自我价值的实现。古罗马作家西塞罗是第一个意识到人文主义内容及其价值的人。但是，从文艺复兴时代开始，人文主义才获得了世界性的意义。这一时期人文主义的特色是反对神权的束缚，注重个性的自我，生命的欢欣，而忽视人的普遍理性的一面。启蒙运动则既发展了人文主义，同时其"抽象知性"又成为人文主义批判的对象。这里需要指出的是，人文主义传统与理性传统存在着复杂的关联，人文主义不是批判所有的理性，因为理性与人性其实是不可分割的。就启蒙运动时期来说，人文主义反对的是抽离了人的丰富性的"抽象的知性"。现代性是启蒙的遗产，它对理性的史无前例的依赖和发挥正成为人文主义批判的目标。人文主义从自然的人出发，谴责理性主义埋没人的个性、天才的灵感；肯定人的自然欲念和自然权利，否定冰冷冷的理性原则；关注现代境遇中人的精神健康，反对片面追求经济增长而忘记人的精神家园；更为重要的是，在如今科技空前昌盛的时代，它为科学方法划界，反对科技对人文世界的僭越。

1. 肯定人的尊严和自然欲念，谴责理性主义埋没自然人性

文艺复兴运动以"发现人"著称于世，这个"人"，就是自然的、有着天然情感的人。从文艺复兴运动开始，肯定人的自然欲念就是人文主义的重要内容。从这一时期的艺术家的作品中我们看到，他们所表现的就是一幅人的形象，虽然形态各异，但是却用视觉形式传达了人文主义者对人的尊严的信念。大约13世纪末14世纪初兴起的以意大利为中心、很快波及整个欧洲的文艺复兴运动，是一次人类思想解放运动，它标志着人类自我意识的觉醒。文艺复兴的思想家以文学、诗歌、戏剧、绘画、音乐等艺术形式，反对基督教神学统治，反对上帝主宰一切，主张以人为中心，歌颂人的伟大、人的创造力和人的价值，以及对未来美好世俗世界的向往。

启蒙时期崇尚理性，哲学家们激烈地攻击正统教会的堡垒，对教会拥有巨额财富、腐化堕落和追名逐利进行猛烈的批评。启蒙思想家相信，人类可以依靠理性的力量从恐惧和迷信中解放出来，改造自己的生活条件，改造世界。古人教导听天由命，基督教则教导等待拯救，而启蒙哲学家们则教导争取解放——有勇气依靠自己。启蒙运动的理想就是寻求一个由理性和公平来统治的更好的世界。

但是，早在18世纪70年代，一种新的反叛力量——狂飙运动渐渐兴起，特别是在德国。它是现代人文主义的一部分，它的目标是针对启蒙运动的理性主义。狂飙运动的年轻人谴责理性主义把感情的自发性、人的个性、天才的灵感从属于冷冰冰的理性化规则和不自然的趣味。他们从新的生命感情出发，反对"抽象的知性"的僵化、空疏。此外，启蒙时期的著名代表人物大都兼政治家、思想家、哲学家为一身，就哲学理论来说，他们一方面继承了文艺复

时期人文主义思想，另一方面，他们又不只是一般停留在对人的伟大与价值的赞美与颂扬的言辞上，这首先表现在从哲学理论高度论证人的主体性。从笛卡尔的"我思故我在"，康德在理论理性领域的"哥白尼式革命"、实践理性领域的人的自由意志，到费希特提出的"自在的人"，都是强调人的主体性的意义。其次，更为重要的是他们从人的"自然本性"或"天赋人权"，论证人的自由、平等、博爱的天然本性。在他们看来，人生来就是平等、自由的，这是人的本性，是天赋予人的权利，谁都无权剥夺。正如卢梭所指出的：维护自由、平等权利，就是维护自己做人的资格，维护人的道德价值；反之，放弃自己的自由、平等权利，就是放弃自己做人的资格，使自己行为失去全部道德价值，因此人的自由平等权利是不能转让出卖的。

19 世纪初德国哲学家费尔巴哈直截了当地提出了人与自然是他的"新哲学"、"未来哲学"的研究对象，"我的学说或观点可以用两个词来概括，这就是自然界和人。"① 由此他建构了他的"人学"、"人本学"。费尔巴哈的"人学"是针对黑格尔思辨的唯心的理性主义哲学提出的，旨在把哲学研究从抽象思辨概念转向现实的人。他认为：人本学的任务就是将哲学从"僵死的精神"境界重新引导到有血有肉的、活生生的现实境界，使它从美满的神圣的虚幻的精神乐园下降到多灾多难的现实人间。他认为，黑格尔思辨的理性哲学不仅没有对人的价值与尊严予以应有的阐明与肯定，而是相反，用"理性"为神学的合法性作论证，为上帝的存在找到一个避难所，使人重新陷入理性神学的牢笼之中。费尔巴哈从"人是自然界的产物"出发，认为人不是抽象理性的人，而是具有感性、欲望的人。"人的

---

① 《费尔巴哈哲学著作选集》，下卷，商务印书馆 1984 年版，第 523 页。

最内秘的本质不表现在'我思故我在'的命题中，而表现在'我欲故我在'的命题中。"①费尔巴哈以人本学代替神学，以对人的崇拜代替对神的崇拜。他提出神是人本质异化的理论：当人以感性、个体的本质异化为自然事物时，便产生多神教（自然宗教），当人"类"的本质异化为一个对象时，便产生一神教（基督教）。可见，不是神、上帝创造了人，而是人创造了神、上帝。神学之秘密就在于人本学，神的本质之秘密就在于人的本质。

许多启蒙思想家、哲学家都为人文主义传统做出新的贡献，他们以人为中心，注重人性的自我丰富："人文主义是指这样一种思想：它以人自身为中心，提出有关人的最终本性的问题，并试图在自身的范围内来解决这些问题，就此而言，人文主义思想意味着人的修养、人的自我培育、自我发展丰富的人性。"② 它既不像神学那样，把人看成是神的秩序的一部分，又不像科学那样，把人看成是自然秩序的一部分，而是以人为中心，把焦点集中在人的身上，一切从人的经验开始。但是，这并不排除对神的秩序的宗教信仰，也不排除把人作为自然秩序的一部分而作科学研究。人文主义传统颂扬人的尊严，认为其他一切价值的根源和人权的根源就是对人的尊严的尊重。这一尊重的基础是人的潜在能力，而且只有人才有这种潜在能力：那就是创造和交往的能力（语言、艺术、科学、制度），观察自己，进行推测、想象和辩理的能力。

2. 关注人的现实生存处境，反对片面追求物质财富而忘记人的精神家园。

对财富的大规模地、毫不掩饰、竭尽全力地追求，可以说是现代社会的一大特色。在西方现代资本主义社会的建立与发展过程中，

---

① 《费尔巴哈哲学著作选集》，上卷，商务印书馆1959年版，第591页。

② [美] Lasilo Verenyi, *Socratic Humanism*, New Haren, 1965, p.1.

人们逐步形成了根深蒂固的观念：把社会发展的经济指标视为社会进步的唯一的标准，以为物质财富愈多，社会愈进步。由此重视科学技术进步，强调人的主体能动作用，使人处于永无止境的物质追逐之中。现代技术虽然给现代人的生活和工作提供了优越条件，但却使人处于一种新的控制之下，人永远重复一种劳动，人成为机器的零件，逐渐丧失了自己。正如弗洛姆指出的：人类依靠理性的力量、科学的力量，建造了一个丰富的物质世界，这是应该引以为自豪的。"然而，现代人却感到心神不安，并越来越困惑不解。……人创造了种种新的、更好的方法以征服自然，但他却陷入这些方法的网罗中，并最终失去了赋予这些方法以意义的人自己。人征服了自然，却成了自己所创造的机器的奴隶。他具有关于物质的全部知识，但对于人的存在之最重要、最基本的问题——人是什么、人应该怎样生活、怎样才能创造性地释放和运用人所具有的巨大能量——都茫无所知。"①

现代人文主义哲学家在人的问题上讨论与关注的中心，已经不是关于"本质"、"基础"之类的问题，而是与"现代人的处境"相关的问题。当然这不只是哲学家关注的问题，而且也是政治家、思想家、社会学家、经济学家和科学家等所共同关注的问题，这是现代人文主义思潮的新内容。如赫舍尔认为，以人为研究对象的哲学不是起源于好奇、惊异，而是起源于人的苦恼、困惑和焦虑等处境。忘记人的处境，就是忘记"人是谁"这个根本问题，就是忘记了哲学的源头和哲学本身。德国古典哲学的终结，标志着传统理性主义时代的结束，开始了以强调非理性为特征的人本主义思潮的时代。这种思潮打破长期统治人们头脑的主客对立的形而上学二元论，以

---

① 《弗洛姆文集》，冯川编，改革出版社1997年版，第132页。

及旨在追求终极的实体或本质的形而上学；使人从神圣的普遍性、整体性、统一性的重压下解放出来，强调人的多样性、个体性、特殊性，强调人的意志、欲望和人的本能冲动的作用与意义；把人从抽象概念编织起来的苍白、单调的世界，引向活生生的有血有肉的情感世界。从叔本华的"生存意志"、尼采的"酒神精神"、柏格森的"生命哲学"、新黑格尔主义者的人的"神秘主义"，到弗洛伊德的"无意识"等等，都说明非理性主义思潮的确成为当代人文主义哲学的基本特征。这些哲学在研究人时，关注的不是"人性是什么"、"人的本质是什么"这类问题，而首先是人的具体处境是什么的问题。在工业文明内部冲突的硝烟中应运而生的存在主义思潮，就是对人的生存境遇高度关注与担忧的典型代表。存在主义之所以在世界范围内影响深刻而久远，并且饱受争议，就是因为其对在发达的物质社会中，失去精神家园的人类处境的真实揭示。海德格尔、萨特提出的极其深沉的追问萦绕在几代人、特别是西方知识分子的脑海中。存在主义的思想家们痛切地指出：烦乱、孤寂、绝望是当代西方人的基本生存状态。工业文明将所有的人与物纳入了无限的追逐利润的竞争之中，在生存竞争和无休止循环中，人们丧失了时间和空间感，体会不到任何生产和生活的意义，无限的循环和重复，竞争—淘汰—竞争—淘汰，人们感觉到的只是烦乱和孤寂，疯狂和绝望。存在主义反映了20世纪的人类，特别是西方知识分子在工业文明的片面统治下，刻骨铭心、难于言表、却挥之不去的苦痛。人生在世总是生活在苦恼与困惑的处境之中，一种困惑与矛盾的处境消失了，另一种困惑与矛盾的处境又出现了，人的困惑、矛盾的处境不可能一劳永逸地解决；但是问题在于当今时代人的处境面临空前的困境与灾难。而许多思想家认为，这一困境正是科技理性僭越了它的地位造成的。

3. 为科学方法划界，反对科技理性对人文世界的僭越。

20世纪，科学取得了更辉煌的成就。在19世纪与20世纪之交发生了物理学革命，爱因斯坦创立了相对论。尔后，玻尔等人又建立量子力学。这些又促进了其余一系列学科的发展。人类的科学探索活动已经从宏观世界扩展到宏观和微观世界。技术的巨大进步与成功令人欢欣鼓舞，又令人陷入恐慌和沉思之中。原子弹被运用于第二次世界大战，成千上万的新科技成果被不加控制地予以利用，给人类带来了种种毁灭性的灾难，这就充分暴露了科学的两面性和传统人文主义的软弱性，暴露了科学与人文主义相分裂的危害性。因此引起了人文学者对科学的批判，许多科学家如爱因斯坦、玻尔等也对科学进行了反思，他们曾为世界的和平事业、为人类的生存奔忙，呼吁科学家担负起社会责任，反对滥用科学成果。不少伟大的科学家和人文学者为创建新人文主义进行了艰辛的探索和实践。

由此，人文主义者强调，艺术和人文学的传统对象——信仰、价值观、感情、对艺术的各种反应、人类经验的暧昧模糊性以及社会相互作用的复杂性——都不是应该用科学方法来研究的，因之带有简化论和决定论的色彩。在自然世界以及人的自然以外，还有一个人类参与的第二维度，即人类文化世界，也就是思想的、价值观的、信仰的、艺术的、语言的、象征的、神话的世界。这一维度是人的特殊世界，它是感性的、情感的、想象的、模糊的，不应该成为科技理性统治的对象。

（二）后现代理论

现代性与后现代理论处于非常复杂的关联之中。这不仅是因为现代性本身是如上所述的矛盾状态，而且后现代理论更是一个纷繁复杂的多种言说，很难说诸多后现代理论家有一个较为统一的观点，但是，大致可以把后现代理论家分为两派：一派是激进的后现代理论者，主张彻底解构、抛弃现代性；另一派是温和的后现代理论者，他们对现代性的批判有所保留，承认现代性与后现代的连续性甚或某种根本的一致性。

如果说现代理论最初表现为社会理论（其标志是社会学产生，追求带有普遍性和客观性的社会知识），那么后现代理论①最初则主要表现为一种文学理论或思潮。它是通过文化批判、从微观层次上去批判和解构现代性，声称现代理论是还原论的、过于总体化的，并且是立足于基础主义神话之上的（福柯、利奥塔、德勒兹与加塔利、拉克劳与墨菲）。为此，它拒斥总体化的宏观观点，赞成微观理论和微观政治，拒斥现代理论的一致性预设和因果观念，推崇多元性、片段性、不确定性。为了区别于现代的叙述方式，后现代理论主要是通过话语理论阐释出来的，通过解释话语的意识形态性来消解以往理论的"知识"、"真理"和"客观性"，把话语和知识领域看成是人们争夺权力和意识形态霸权的重要场所，这就使得话语理论具有了知识社会学的意义。后现代理论提出了对反映再现理论等现代信念的批判，转而采取了"视角主义的"（perspectivist）、"相对主义的"观点，认为理论充其量只是提供了关于对象的局部性观

---

① 从20世纪六七十年代后现代理论兴起至今，已经发生了理论的演变与分化。最初在现代性与后现代理论的论争中，后现代理论主要是一种文学、艺术、哲学、建筑学乃至科学领域的"后现代主义"思潮。这一思潮因其否定了传统哲学理论的一切价值和内涵，却难以建立新的理论，处处表现出强烈的怀疑主义、相对主义和虚无主义的色彩，而遭到哲学研究主流的抵制与批判。但是，大约在20世纪80年代末到90年代初开始，"后现代"开始与一些描述"新社会来临"的词汇联系在一起，如，后工业社会、信息社会、晚期资本主义社会等，渐渐超出了文化理论的范围，开始指向一种"社会状态"。这时，"后现代"家族开始分化，后现代主义和后现代性开始具有不同的含义。"后现代主义"主要指一种文化和知识现象，而"后现代性"则指一种新的社会状态。因此，也有了区别于现代化的后现代化。本书在这里暂不讨论作为一种社会状态的后现代，而是作为与现代性论争的后现代理论层面。

点，并且所有关于世界的认知性再现都受到历史和语言的中介。此外，后现代理论放弃了大多数现代理论所假定的理性的、统一的主体，赞成被社会和语言非中心化了的碎裂的主体。宣称在当今的后现代社会中"实体已经瓦解为碎片，而且主体也正在走向消失"（博德里拉）。在现代性与后现代的论争中，后现代理论对现代性的攻击主要集中在现代性的理论基石——理性与主体。

第一，对理性的颠覆。众所周知，西方理性主义在黑格尔哲学中达到了顶点。在那里，理性上升到了绝对的高度。随之盛行的非理性主义（叔本华、尼采和生命哲学），合乎逻辑地以反抗理性的傲慢和狂妄为出发点。后现代主义被认为是非理性主义的新发展，但在后结构主义者看来，以往的非理性主义仍然是基础主义的一种，后结构主义与它们不同，不是以一种基础（意志、生命）取代另一种基础（理性），而是从内部揭露理性的虚妄和非纯粹性，"暗中破坏理性的权威"。德里达对理性的解构主要表现在对西方理性主义传统中的"逻各斯中心主义"的批判。他从思、说、写的关系入手，认为传统形而上学一贯主张思想靠言说（语言）来表达，而写是说的再现，因此说具有中心地位。德里达把这一主张称为"语音中心主义"。"语音中心主义"是"逻各斯中心主义"的一种，"逻各斯中心主义"又是在场形而上学的表现，也是古代的和现代的理性主义的别名。德里达认为，"逻各斯中心主义"是根本站不住脚的，因为我们的言说不过是由文字符号构成的各种文本，而文字符号的意义并不是所指涉的对象的再现，而是符号之间差异的表达，这种意义自足并且永不固定的文字符号不仅是我们言说的工具，也是我们思维的"牢笼"，我们的言说和思维根本无法超出文字符号为我们划定的范围。因此，试图通过言语和思维去把握存在于它们之外的

"逻各斯"的想法完全是一种妄想,不管是否有那样一个"逻各斯"① 存在。"中心"一词也是有深刻用意的。他认为传统形而上学总是设定各种对立的概念:主体与客体、善与恶、美与丑。但这些对立概念又不是处在平等的地位上。形而上学家们暗中在它们之间设定等级秩序,前者为主,后者为次;前者是中心,后者是边缘,这象征理性的统治地位。在德里达看来,其实中心与边缘的关系正好相反,中心需要边缘来说明,边缘也就变成了中心。理性与其他观念或事物的关系也应这样来看待,所谓的中心是不存在的。另一位后现代理论家福柯则通过别具一格的"知识考古学"和"权力谱系学",揭露理性的非纯粹性及其专制霸权,试图表明建立在"理性"基础上的"现代性"并不像人们想象的那样是人类历史进步的一个更高阶段,而只不过是在一种新的历史条件下实施社会控制和统治的新形式而已。现代科学知识已经与现代社会的统治与控制过程联系在一起,变成了统治与控制力量。所以,知识是权力运作的结果,在知识的形成过程中,即在"理性的实践活动"过程中,表面上是人类的理性能力以理性的方法和理性的规则在运作,但在其表层下面其实是权力在起作用。它决定了理性运行的原则及理性活动之间的关系,并决定了理性活动的目标。一旦如此形成的知识代表了某些集团的利益,它就变成显露出来的权力去压制它的对立面。现代文明的形成过程在一定程度上就是表面更为"人道",实质是更为精细和富有效率的统治或控制技术的形成过程,而现代科学理性就是这种新型"权力—知识"系统的重要组成部分。

第二,对主体的解构。后结构主义者发现以往的全部哲学都是基础主义、逻各斯中心主义和本质主义的表现。现代主义的主体观

---

① "逻各斯"一词来自古希腊,既有理性的含义又有言谈的含义,甚至还有其他复杂的含义。德里达主要以它来同时指称前二者。

念既是基础主义思维方式产生的结果，又充当了基础主义的先验原则。基础主义者总想找到说明一切事物最后的基础，近、现代哲学不约而同地把主体当作了不证自明的基础。在德里达看来，这是由"在场"（presence）的基础主义思维方式所决定的，破解了"在场"的思维方式，主体的地位就会发生动摇。而在福柯看来，主体具有这种先验的、不证自明的地位，完全是人们将种种特性堆加在主体之上的结果。拆除了这些特性，主体的地位自然也将随之动摇。福柯认为"人"只不过是新近的一个发明，一个还不足两百年的形象，是我们知识中一个新的皱折，一旦这种知识发现一种新的形式，他就又会重新消失。这就是说，主体的观念是历史的产物，它并非一成不变、始终如一。现代的主体是在两百年前的"认知型"下形成的。按照"知识考古学"的观点，我们现在正处在一种认知型的终结和另一种认知型的开端。我们存在于两种认知型的夹缝之中，前一种认知型已经奄奄一息，而新的认知型尚未诞生。现代主体随着前一种认知型产生，也将随着新的认知型出现而消亡，也就是现代主体观念的消亡。福柯宣称他不相信存在着独立自主、无处不在的普遍形式的主体。他认为主体是具体的，人被生命、劳动和语言主宰，他在这些方面发现其具体存在的限定，他是一种有生命之物，是生产的一种工具，是先于他之前而存在的语言的一种载体。主体是有限的，因为生命、劳动和语言都不是先验的实体，都是可以通过经验科学研究的对象，而正是它们决定了主体的存在。总之福柯反对实体性的、无限的、至高无上的、先验的、超历史的主体观念，认为这样的主体只不过是现代人的虚构。

第三，对理想与未来的消解。应该指出，以现代性和现代理论为攻击目标的极端后现代主义，在抛弃现代性的可疑方面时，错误地把启蒙、民主及社会理论中的进步遗产也一同抛弃了。对于那些仍然有价值的理论和政治计划来说,许多后现代批判有些太过偏激,过犹不及。它在拆解现代性的同时,把意义、理想、希望等等人类不可或缺的东西也一并消解掉了,它必然产生的怀疑主义、相对主义和虚无主义是人类不能承受之轻。

在这里应该说明的是,后现代理论并不总是现代性的对立面。从哲学层面来看,后现代理论所批评的"现代性"的内容,如二元对立的思维模式,本质主义,整体主义,工具理性的价值取向,科学主义的立场和方法等等,无一不是被先前的哲学家们批评过了的。只不过后现代理论要求更彻底、更全面的批判,而且是在怀疑、否定、解构和颠覆的意义上的批判。从本质上看来,后现代主义在很大程度上仍然是一种审美现代性,或者说是深深植根于审美现代性。审美现代性早就对现代世界的理性形式提出了质疑,比如阿多诺的否定性美学。从早期先锋派与后现代主义的一致性来看,我们有理由认为,后现代主义其实并不是与现代主义截然对立的。后现代主义继承了现代主义的某些基本精神,诸如启蒙对现代性的反思、批判和颠覆。在这个意义上说,后现代主义不但没有偏离现代主义的基本精神,而且发展和强化了这些精神。"后现代"一词是"后"概念和思想方法家族中的一员,这其中包括"后工业社会"、"后结构主义"、"后经验主义"、"后理性主义"等。在这些概念里似乎隐含着这样一种意识,即我们正在跨越一个时代的门槛,但它的轮廓尚不明确、含糊不清,容易产生歧义。这种意识的中心体验就是理性之死亡,它似乎暗示着一个历史性规划的彻底终结,包括现代性的、欧洲启蒙运动时期的乃至起源于希腊的整个西方文明的规划。当然,这一组由"后"构成的概念和思想方法具有如此的善变性和多面性:只要从合适的角度去看,人们便可以从中发现激进的现代主义、一种澄清自身的启蒙运动、一种后理性主义概念的轮廓。后现代主义其实是审美现代性的继续，它继承了现代主义艺术对理性的质疑和批判立场，张扬个性、开放、矛盾、混乱和无意义，是对理性至上倾向的反拨，是释放出现代性为获得自身解放而积蓄的潜能的尝试。哈桑描述和界说后现代主义的两个主要本质倾向的术语——"不确定性"和"内在性"，早已由西美尔提出并贴在了"现代性"的身上。不确定性是非中心化和本体论消失的产物，而内在性则是将一切实在据为己有的精神倾向。而这些正是现代性，同时也是后现代理论肇始的社会历史背景。现代与后现代之间存在着一个复杂的辩证关系。透过这个辩证关系，我们可以发现，后现代的冲动本质上是对个人和共同自决、理性和历史的重新思考，是一种"理性的自我超越"。它像一个魔法师，在现代性发生偏执的时候，唤醒它的记忆，提醒它还有久被遗忘的自身的另一个面向。在这一层面上，法国后现代理论家利奥塔的概括有着相当的深意："现代性是在一种永恒的重写中被书写，并将自己镌刻在自身当中。"①而且，这种"重写"并不是在现代性死去之后才开始的，而是早在它的初期阶段就已经开始了。

小　结

本章是对现代性的一般考察，对现代性的概念界定、理论源起、发展演化和学术坐标的简单概说。

现代性的含义与"现代"的两种时间体验有关。一个"现代"是不断推移、不断更新、不断过渡的概念，它是每一时代的"当下"。与此相应的"现代性"的时间体验是短暂性、飞逝性和偶然

---

① ［法］利奥塔：《重写现代性》，载《国外社会科学》1996年第2期。

性，它带来现代性的不断反叛，不断批判的精神资源，这便是现代性的一支——审美现代性的来源，同时，从内容上我们也看到它和后现代理论的诸多一致之处。另一个"现代"是一个确定的历史时间段的概念，它是对人类社会发生巨变的历史分期的体验。这一历史的分期在历史学家看来是1500年前后，以文艺复兴、地理大发现、宗教改革等为标志，而哲学及思想界则以18世纪启蒙运动为标志，因为现代性不仅是一个时间概念，更重要的是这个概念所表征的时代的基本原则和特征。只有到了18世纪，传统社会和现代社会之间的鸿沟才真正显露出来，人们的价值观念和社会子系统才真正分化。这一现代性被称为"启蒙现代性"，它是后现代理论攻击的目标。

在最一般的意义上，"现代性"指由启蒙运动肇始的，以理性为核心的时代精神，及自由、民主、平等的价值取向，表现在经济、政治、社会、文化等各个方面。它既是一定的社会组织形式，也是一定的社会文化模式。在西方历史所指的"现代"时间段中，现代性有如下的表现形式：在经济层面上主要表现为市场经济的高度发展，工业化、专业化、科学技术产业化等等的发展；在政治层面上主要表现为民族国家、民主制度、官僚体系等等的出现与发展；在社会层面主要表现为城市化、福利化、市民社会的出现与发展；在文化层面上主要表现为世俗化和现代主义等等。如果深入探讨现代性的内涵，就会发现现代性本身是一个悖论式的概念，它包含了内在的矛盾和张力。实际上在现代性诞生之初它的内部就发生了分化，日后沿着理性线索和感性线索，启蒙现代性和审美现代性比肩而立，并行发展。

现代性一直被它的反话语包围着，其中最重要的有两个：一是人文主义的反理性思潮，一是后现代理论。它们都把批判的矛头指向理性，一个不遗余力地谴责理性，另一个则意欲彻底颠覆理性，最终使得人类轻飘飘的未来也灰飞烟灭。

在众多的现代与后现代的言说中，马克思可算是最独树一帜而又难以简单归类的一位了。因为马克思没有纠缠于理性论争，而是深入现实社会考察"现代社会"的起源与演化，从而演绎了与众不同的现代性理论。

第二章　马克思的现代性批判理论

西方世界的现代化开始于14—16世纪的文艺复兴运动（尽管"现代化"这一术语直到20世纪50年代才被广泛采用），它可以说是第一次思想解放运动，它把现世主义和个人主义带入尘世。16—18世纪是资本主义确立，迅速扩张并初步发展的时期，这一时期也常被称为"现代早期"。18世纪的启蒙运动使得理性与进步的观念深入人心，由此开启了现代性的哲学话语。实际上，哲学现代性是人们对现代状况反思的结果。哲学现代性的理性话语源远流长，哈贝马斯把这一传统追溯至黑格尔，从而在20世纪中后期开始的现代性的哲学论争中，不论是现代性的维护者和重建者，还是现代性的批判者和后现代主义者，都是围绕"理性"这一线索展开论说，把"理性"作为现代性理论的核心范畴加以维护、重建、批判以至消解，正如哈贝马斯所说："到韦伯为止，现代性与合理性之间的内在联系一直是不言而喻的，今天却成了问题。"① 从黑格尔经韦伯到霍克海默和阿多尔诺，再到哈贝马斯与后现代哲学，甚至包括社会学层面的吉登斯与政治学层面的罗尔斯等，西方思想家们沿着理性传统探讨现代性，当现代性出现诸多病症的时候，他们在理性自身中寻找原因，认为一定是理性本身出了问题，于是纷纷用新的理性来

---

① ［德］哈贝马斯著：《现代性的哲学话语》，曹卫东等译，译林出版社2004年版，第5页。

医治、替代传统理性。这一路径直接导致了启蒙精神所蕴含的理性精神与主体性精神备受责难,人们致力于在精神的意识形态层面寻找现实的历史困境的根源。在这样的语境下追思马克思具有特殊的重要意义。因为马克思用一种不同的方式解读历史,他反对用思想观念来解决实践层面的问题,正如他所精辟地概括的那样:"每一历史时代主要的经济生产方式与交换方式以及必然由此产生的社会结构,是该时代政治的和精神的历史所赖以确立的基础,并且只有从这一基础出发,这一历史才能得到说明。"①

实际上我们只要回顾一下西方文化传统就不难发现,"理性"是西方哲学传统的一个要素,并非现代所独有,只不过在现代社会的运转中我们看到了它的核心地位。但是,与此同时,随着现代社会的深入发展,我们也看到了越来越多的非理性现象。那么从理性安排中是怎样生长出非理性现象来的呢?这是现代性哲学话语很难自圆其说的两难困境。而如果转换一下视角,现代性的诸多病症就不再是难以解读的现象了。这一视角,就是马克思的历史唯物主义视角。

对现代性的研究有两个思考框架,即"传统—现代"与"现代—后现代"。从历史情境来说,马克思应该属于前一个框架,因为那时的欧洲正处于现代性的成长期,按照现代性的三个阶段的说法,这一时期属于现代性发展阶段的中期,正是现代性呈现出与传统的巨大差异的时期,而后现代作为一种思潮首次出现也是百多年后的事情了。当然,马克思的理论也常被放在"现代—后现代"的框架中被讨论,因为马克思对现代性所持的总体批判态度,使得许多人甚至把马克思当作后现代理论的先驱。因此,在如此复杂的语境下,

---

① 《马克思恩格斯选集》第 1 卷,人民出版社 1995 年版,第 257 页。

有人把马克思归为现代性的维护者,因为其主导价值观念及对传统的态度仍属现代性的;也有人把马克思归为后现代家族,因其对资本主义现代性的激进批判。在对马克思的各种指认中,马克思的面目变得模糊不清,甚至自相矛盾。马克思的理论被解释成各种版本,甚至到处遭到误解,这并不是新鲜而奇怪的现象,甚至在马克思还在世的时候,他就已经开始不断地澄清各种误解,甚至宣称自己不是"马克思主义者"了。那么,马克思与现代性的关系到底是怎样的呢?

当然,马克思从未使用过"现代性"这样的词汇,但是马克思毕生都在研究"现代社会"的问题,研究它的产生,它的演化,它的问题与病症,它的发展逻辑,它的基本特征,它的未来发展方向等等。判断马克思有无现代性理论①,不能以他是否使用过"现代性"这样的名词术语为标准,而应具体考察马克思是否对现代性的基本问题给予深入的思考和回答。事实上,如果无视马克思的现代性理论,那么,至少对马克思和现代性二者的理解都将会是不全面的。在为数众多的现代性言说中,马克思的现代性理论无疑是重要和独特的。其独特性首先在于他对"现代"的界定,不是按照理性而是按照生产方式来划分时代,并以这一时代的物质特性来称谓它;其次,马克思对现代社会的发生与发展的研究,不是书斋里的哲学玄想,而是深入这一社会的运演方式来揭示现代社会的命运;最后,马克思抓住了现代资本主义社会的根本逻辑——资本逻辑来透视现代社会,以此阐释现代性的基本特征。

---

① 当然,这是针对国内研究语境来说的。国外论者从来不会讨论马克思有无现代性理论这样的问题,而是把马克思对现代社会的剖析作为重要的理论资源加以阐释和评说。国内的情况比较特殊,建国几十年中对马克思主义的正统阐释就是"教科书体系",其理论旨趣是无产阶级解放斗争的理论武器,阶级斗争和意识形态的意味较为浓厚。这是中国的特殊历史背景造成的。而当新千年来临,国内学界与国外学界渐渐接轨,也开始以现代性的视角审视马克思的时候,就出现了马克思是否有现代性理论的争论。

一、现代生产与现代性的界定

马克思把 16 世纪以来的社会称为"现代社会"。马克思所提出的"现代社会"概念是在与传统社会相对的意义上使用的，意在强调资本主义所带来的深刻的社会变革，强调历史发展到了一个崭新的阶段。在马克思看来，"虽然在 14 和 15 世纪，在地中海沿岸的某些城市已经稀疏地出现了资本主义生产的最初萌芽，但是资本主义时代是从 16 世纪开始的。在这个时代来到的地方，农奴制早已废除，中世纪的顶点——主权城市也早已衰落。"① 而在马克思的众多著述中，"资本主义社会"常常作为"现代社会"的同义语来使用，"现代社会"就是"资本主义社会"。由于资产阶级是资本主义社会的主角，所以"现代社会"也称之为"资产阶级社会"。因为资本主义社会的出现，使人类社会的发展划了一个时代，它同以往社会相比，各个方面都发生的巨大的变化，以至于整个社会生活呈现出前所未有的现代色彩。正因为如此，马克思在许多地方谈到"资本主义"社会时，往往在其前边冠以"现代"二字。既然整个社会转变为现代社会，那么这一社会的特质就被称为"现代性"。马克思之所以把 16 世纪以来的社会称之为"现代社会"，原因在于从 16 世纪以来人类社会发生了巨大的变革，而这些变革均导源于现代资本主义生产方式的出现。与此前一切哲学家不同的是，马克思是依据生产方式的变化来划分时代的。在马克思看来，现代性不是社会自然进化的产物，而归根到底是生产方式变革的结果。简单说来，现代性就来源于现代生产方式。这种新的生产方式以新兴工业的出现为龙头，以地理大发现为契机，以科技革命为动力，实现了生产方式

---

① 《马克思恩格斯全集》第 23 卷，人民出版社 1972 年版，第 784 页。

上的一场重大革命，它比以往任何生产方式都有助于解放社会生产力。

资本主义社会是人类历史长期发展的产物，是在封建社会基础上积累、发展起来的。正如马克思在《宣言》中所说的那样："现代资产阶级本身是一个长期发展过程的产物，是生产方式和交换方式的一系列变革的产物。"① 资产阶级赖以形成的生产和交换资料，都是在封建社会里形成的。当生产和交换资料发展到一定阶段，要求自由雇用工人和自由贸易，要求统一市场，而这些要求同封建农奴制的个人依附关系，封建割据状态以及行会的经营方式不相容时，打破这种束缚生产力发展的封建桎梏就成为历史的必然。现代资产阶级和资本主义社会正是在这种历史背景中形成和发展起来的。

从直接的原因来看，现代社会的形成是以地理大发现为契机的新大陆的发现和新航路的开辟，"美洲的发现、绕过非洲的航行，给新兴的资产阶级开辟了新的活动场所"②。地理大发现促成了商业的繁荣和世界市场的形成，而商业的繁荣和世界市场的形成又刺激了工业的发展，这就使正在崩溃的封建社会内部的革命因素迅速发展起来。以前那种封建的或行会的工业组织不再能够满足日益发展的生产力的需要，取而代之的是作为资本主义生产方式初期的工场手工业组织。但是随着生产力的进一步发展，市场总是在扩大，需求总是在增加，现代大工业组织又代替了工场手工业，随之而来的则是现代资产阶级的产生以及现代生产方式的确立。

现代生产方式与传统生产方式不同，它是以商品货币为媒介的生产，是以资本为轴心的生产。资本在这种生产中具有伟大的文明作用："只有资本才创造出资产阶级社会，并创造出社会成员对自然

---

① 《马克思恩格斯选集》第 1 卷，人民出版社 1995 年版，第 274 页。
② 《马克思恩格斯选集》第 1 卷，人民出版社 1995 年版，第 273 页。

界和社会联系本身的普遍占有……与这个社会阶段相比,以前的一切社会阶段都只表现为人类的地方性发展和对自然的崇拜。"① 正是在这一意义上,马克思充分肯定了资产阶级在历史上所起的革命作用:"在它的不到一百年的阶级统治中所创造的生产力,比过去一切世代创造的全部生产力还要多,还要大。"②

那么,现代生产方式的"现代性"主要体现在哪里呢?

马克思在《资本论》中谈到资本主义生产方式一开始就有两个明显的特征:"第一,它生产的产品是商品。使它和其他生产方式相区别的,不在于生产商品,而在于,成为商品是它的产品的占统治地位的、决定的性质。"③ 就是说,商品是整个资本主义经济有机体的细胞。在这里,"商品"已经不是仅仅具有经济学意义的商品,在商品关系中包含了一切现代关系的萌芽,它是马克思对现代资本主义社会分析的起点。资本主义社会是通过商品和货币形式推动生产社会化、人类社会化,并由此带动生产和社会发展的。"资本主义生产方式的第二个特征是,剩余价值的生产是生产的直接目的和决定动机。"④ 剩余价值的生产是以雇佣劳动制度为基础的,而雇佣劳动制度本身又是以生产资料与生产者的分离为前提的,也就是以生产资料的资本家占有为前提的。上述两个基本特征,使生产力和生产关系的矛盾在资本主义生产方式中表现为生产的社会化与生产资料的私人占有之间的矛盾。资本主义私人占有制和历史上其他社会私有制不同,它是与商品生产和商品交换有机联系在一起的,劳动力成为商品是货币转化为资本的前提。由于资本与劳动力之间的交换

---

① 《马克思恩格斯全集》第 46 卷上册,人民出版社 1979 年版,第 393 页。
② 《马克思恩格斯选集》第 1 卷,人民出版社 1995 年版,第 277 页。
③ 马克思:《资本论》第三卷,人民出版社 1975 年版,第 994 页。
④ 马克思:《资本论》第三卷,人民出版社 1975 年版,第 996 页。

采取了商品交换的形式,价值规律的作用也体现在资本与劳动力的交换关系上,这就使得资本家占有工人和剩余劳动具有了全新的历史形式。马克思通过对资本主义生产方式的两个明显的特征的分析,总结出这种现代生产方式的进步性,同时也揭露了它的剥削性质和自身对抗性,由此也确定了他对资本主义现代性的基本态度,即总体的批判性,同时不忽视它的进步性和历史性。也就是说,现代生产方式具有前此生产方式无法比拟的优越性,也具有无法比拟的残酷性和矛盾性。

第一,现代生产本质上是一种社会规模的商品生产。这种商品生产意味着自然经济的解体和历史向世界历史的迈进。马克思认为,现代资产阶级是随着商品经济的确立而发展起来的,"只有消灭农村家庭手工业,才能使一个国家的国内市场获得资本主义生产方式所需要的范围和稳固性。"① 在自然经济条件下,绝大部分生产资料和生活资料是由农民家庭自己生产加工并供自己消费的,现在,这些资料都变成了商品,变成了工场手工业的产品,相应地,"以前由于大量小生产者独自经营而造成的分散各地的许多买主,现在集中为一个由工业资本供应的巨大市场"②。因此,"农业失去了为使用价值(作为直接的生存资料来源)而劳动的性质,而农业的剩余产品的交换对于农业关系的内部结构来说失去了迄今为止是无关紧要的和外表的性质。……这样一来,不仅生产方式改变了,而且一切与之相适应的旧的、传统的人口关系和生产关系,旧的、传统的经济关系都解体了"③。在现代社会,商品生产不仅渗透和控制了农业,而且控制了几乎所有的经济部门,整个社会生产都是按照市场规律

---

① 《马克思恩格斯全集》第23卷,人民出版社1972年版,第816页。
② 《马克思恩格斯全集》第23卷,人民出版社1972年版,第816页。
③ 《马克思恩格斯全集》第46卷下册,人民出版社1979年版,第485页。

来配置资源、调节生产的,它成了现代生产方式的标志。

第二,现代生产是以大工业为基础的生产,广泛的分工是这种生产的最大特点。以大工业为基础的"最广泛的分工"不仅扩大了原有的社会分工和企业内部分工,而且扩展到国际分工,这就必然造成世界性的普遍交往,从而把最遥远的地区和完全不同的民族联系在一起。首先是生产的发展引起社会分工,社会分工又产生了产品交换,交换的发展导致了资本的出现,资本又把市场扩展到世界范围,大工业最终形成和稳固了世界市场。所以马克思说,大工业"首次开创了世界历史,因为它使每个文明国家以及这些国家中的每一个人的需要的满足都依赖于整个世界,因为它消灭了以往自然形成的各国的孤立状态";"大工业到处造成了社会各阶级间大致相同的关系,从而消灭了各民族的特殊性"。① 现代生产方式把单个国家的历史活动纳入到"世界历史性的共同活动"之中,使每个现代国家以及这些国家中的每一个人的需要的满足都联结在一起,使国家、社会的孤立状态成为不可能。

马克思将社会的高度分化与社会的有机整合看作是现代化的重要特征,认为大工业生产的专业化,要求社会必须合理地配置和利用资源。这就必须使社会机体由原来的少数部门所承担的功能转化或分化为由众多部门去完成。但是,高度的社会分化是同高度的社会一体化紧密相连的。以大工业为基础的生产必然使生产从分散走向生产资料的集中和劳动的社会化。马克思在谈到现代资本主义生产的"三个主要事实"时,其中有两个就涉及这种转变:一个是"生产资料集中在少数人手中,因此不再表现为直接劳动者的财产,而是相反地转化为社会的生产能力";另一个是"劳动本身由于协

---

① 《马克思恩格斯选集》第 1 卷,人民出版社 1995 年版,第 114 页。

作、分工以及劳动和自然科学的结合而组织成为社会的劳动"。

第三，现代生产是以科学技术为动力的生产。现代生产与传统生产的一个重要区别，就在于从使用简单的、传统的技能到使用科学知识与工艺技术。科学技术成为现代生产力的最重要的因素，它的发展与传播带来了新的世界文明的出现。大工业把巨大的自然力和自然科学并入生产过程，必然大大提高劳动生产率，而生产力的这种快速发展，"归根到底总是来源于发挥着作用的劳动的社会性质，来源于社会内部的分工，来源于智力劳动特别是自然科学的发展"①。

科学技术的传播打破了狭隘的国家和民族的界限，使各民族的精神产品成了公共的财产，民族的片面性和局限性也日益成为不可能。世界性的交往成了不可遏止的潮流，这种互相交流与学习，互相促进与影响，必然使现代社会以加速度的步伐向前发展。

第四，现代生产是自身矛盾、对抗的生产。现代生产方式无疑比以往任何生产方式都有助于解放社会生产力，它产生了以往人类历史上任何一个时代都不能想象的工业和科学的力量，首次开创了现代社会历史。但是，马克思同时也非常深刻地看到了这种生产方式本身所蕴涵的内在矛盾。现代生产方式内部，生产力和生产关系的对立是现代社会到处表现出的矛盾和对立的根源。现代生产方式本质上是商品生产，这意味着自然经济的解体和历史向世界历史的迈进；它也是以机器大工业为基础的生产，具有最广泛的分工；它还是以科学技术为动力的生产，这意味着前现代社会不可想象的劳动生产率。但是，现代生产方式自身包含着难以克服的矛盾，商品生产、分工和科技最大限度的推广，也使得现代社会呈现出前所未

---

① 《马克思恩格斯全集》第25卷，人民出版社1974年版，第97页。

有的异化状态,社会关系以及人自身都受到物的统治。资本主义生产关系的前提和实质是劳动者同生产资料的分离。这一分离使劳动者同生产资料的存在方式发生了根本性的变化。从劳动者来看,这种分离过程首先表现为人的一切固定的依赖关系的解体,个人成为自由的孤立的个人。"直接生产者,劳动者,只有当他不再束缚于土地,不再隶属或从属于他人的时候,才能支配自身。其次,他要成为劳动力的自由出卖者,能把他的商品带到任何可以找到市场的地方去,他就必须摆脱行会的控制,摆脱行会关于学徒和帮工的制度以及关于劳动的约束性规定。因此,使生产者转化为雇佣工人的历史运动,一方面表现为生产者从隶属地位和行会束缚下解放出来;对于我们的资产阶级历史学家来说,只有这一方面是存在的。但是另一方面,新被解放的人只有在他们被剥夺了一切生产资料和旧封建制度给予他们的一切生存保障之后,才能成为他们自身的出卖者。而对他们的这种剥夺的历史是用血和火的文字载入人类编年史的。"① 劳动者在同生产资料的分离的同时又形成了人与人全面的依赖关系,这种依赖关系是通过物对物的关系体现出来的。它否定了个人依附于某个共同体的状态,劳动者成为形式上的自由人。劳动者表面上有人身自由,好像并没有人强迫他去做工,但是,如果他不出卖自己的劳动力,那么连肉体的存在都会被取消。更为严重的是,在机器大生产的条件下,工人实际上成了机器的附属物,彻底失去了自由。在手工作坊时期,工人还有可能独立制作一种成品,一旦有可能,他就会去从事独立的小商品生产。但是,到了大工业时期,由于细致的分工,每个工人只能从事一种局部操作,几乎成了机器的一个零件,丧失了独立地制造一件成品的机会和能力,很

---

① 《马克思恩格斯全集》第23卷,人民出版社1972年版,第783页。

难摆脱资本的奴役。个人完全成了机器的附属物,他们对资本由形式上的隶属变成了事实上的隶属。这种无处不在的矛盾性,正如马克思所描述的那样:"在我们这个时代,每一种事物好像都包含有自己的反面。我们看到,机器具有减少人类劳动和使劳动更有效的神奇力量,然而却引起了饥饿和过度的疲劳。新发现的财富的源泉,由于某种奇怪的、不可思议的魔力而变成贫困的根源。技术的胜利,似乎是以道德的败坏为代价换来的。随着人类愈益控制自然,个人却似乎愈益成为别人的奴隶或自身卑劣行为的奴隶。甚至科学的纯洁光辉仿佛也只能在愚昧无知的黑暗背景上闪耀。我们的一切发现和进步,似乎结果是使物质力量具有理智生命,而人的生命则化为愚钝的物质力量。现代工业、科学与现代贫困、衰颓之间的这种对抗,我们时代的生产力与社会关系之间的这种对抗,是显而易见的、不可避免的和毋庸争辩的事实。"①

资本主义商品经济关系也反映出生产方式的内在矛盾性,即商品交换表面上的合理性与实际上的不合理的矛盾。从表面上看,商品交换比前现代社会的剥削形式要进步得多,它本着平等交换的原则。马克思指出,在这种平等的交换中,形式上存在着三种要素:一是"作为交换的主体,他们的关系是平等的关系"。② 也就是说,商品交换者是平等的;二是"他们交换的对象,交换价值,等价物,它们不仅相等,而且必须确实相等,还要被承认为相等";三是"交换行为本身即媒介作用,通过这种媒介作用,主体才表现为交换者,相等的人,而他们的客体则表现为等价物,相等的东西"。③ 货币制度正是这种平等制度的实现。一个用10元钱买东西的工人和一个用

---

① 《马克思恩格斯选集》第1卷,人民出版社1995年版,第775页。
② 《马克思恩格斯全集》第46卷上册,人民出版社1979年版,第193页。
③ 《马克思恩格斯全集》第46卷上册,人民出版社1979年版,第193页。

10元钱买东西的政要,二者的职能相同,地位平等,都表现为10元钱的形式。他们之间的一切差别都消失了,双方完全平等。但是,在资本主义的交换关系的背后,却掩藏着事实上的不平等。从根本上说,交换价值作为整个生产制度的客观基础这一前提,从一开始就已经包含着对个人的强制。个人的直接产品不是为个人的产品,只有经过交换才能满足个人的需要;个人也只有作为交换价值的生产者才能存在,这就完全否定了个人的自然存在。这就是现代生产方式所包含的现代性矛盾:平等交换虽然是历史的一大进步,但其中却包含着不合理。

更为根本的是资本主义社会生产力与生产关系的矛盾。随着生产力的发展,生产的社会关系也就越来越复杂,同时生产力发展的内在过程要求生产关系的发展具有同步性,否则就会产生与生产关系的内在矛盾,这在资本主义社会是以生产力的社会化大生产与生产关系的私人占有制的矛盾表现出来。在《资本论》中,马克思指出了资本主义社会生产、交换、分配、流通中的二律背反:一方面,资本关系促进了科技、生产力的发展,促进了生产的社会化、市场一体化,从而导致人们生活交往的世界性趋向,另一方面,随着资本主义生产方式的进步,又必然存在资本利润率下降和无产阶级贫困化的内在趋势。这种经济危机乃是导致资本主义私有制崩溃与瓦解的内在根据。这样,马克思就从对资本主义社会基本矛盾的分析中引出了对资本主义社会的批判,并进而在综合的意义上揭示了资本主义生产方式存在于一定历史时期的必然性和它灭亡的必然性,最终完成了对资本主义由外在价值批判向社会内部的自我批判的转换。

资本主义的这种特有的生产方式,决定了现代性必然内含着深刻的矛盾。这种现代的生产方式,造就了现代市场机制,促成了现代社会分化与分工,使政治、经济、文化在相对独立的条件下快速发展,解放了生产力,使它不断地变革生产工具,推动科学、技术的进步。但在资本主义社会,科学技术的进步,又从属于资本的需要。生产力发展的革命性跟资本追求剩余价值的利己性发生冲突;政治、经济、文化等相对独立的领域有各自独立的原则,在原本统一的社会中,这些原则常常发生激烈的冲突;现代社会许诺了民主、自由、平等、博爱,但是在现实中它只能是少数人的自由、民主和平等,使得这些旗帜最终变成了苍白的口号。

二、市民社会与现代性的命运

马克思对现代性的解剖分析,是与他的市民社会理论分不开的。纵观西方市民社会①理论的发展,共经历了三个阶段,即市民社会的三次分离过程:第一次是市民社会与野蛮社会的分离,其标志是古希腊罗马城邦的出现,这一时期的市民社会几乎与政治国家同义,"指业已发达到出现城市的文明政治共同体的生活状况"。② 第二次是市民社会与政治国家的分离,实质是经济与政治的分离,这一过程正是西方早期现代化的过程。黑格尔和马克思的市民社会理论属于这一阶段。马克思把这一时期的市民社会界定为经济基础,是社会的经济关系领域。第三次是市民社会与经济社会的分离,这一分

---

① 这一概念是典型的西方概念,英文为 civil society,汉语中有多个译法,台湾学者一般译为"民间社会",大陆学者原译为"市民社会",后来越来越多的采用"公民社会"的译法,是为了使这一概念能够接近中国的理论与实践。如果采用"市民社会"概念,很容易把中国最广大的农民阶层排除在"社会"之外。实际上,目前这两个概念经常在混用。但是,涉及马克思与黑格尔的用法时,译为"市民社会",这已是固定用法。应该指出的是,马克思与黑格尔的"市民社会"是德文词 bürgerliche Gesellschaft,资产阶级社会的意思,马克思还用它来指称"物质交往关系"的总和。当然,"市民社会"的含义和马克思对它的用法一直是一个争论问题。

② 《布莱克维尔政治学百科全书》,中国政法大学出版社1992年版,第125页。

离在西方社会正在进行中,其理论表现是从葛兰西到哈贝马斯等当代思想家的市民社会理论。葛兰西首开从文化角度研究市民社会之先河,他把市民社会界定在上层建筑领域,从意识形态功能来分析市民社会,把市民社会视为统治集团赢得和实施领导权的核心所在。哈贝马斯则在市民社会中区分出私人领域与公共领域,私人领域指以市场为核心的经济领域,公共领域指社会文化生活领域。

从西方历史来看,现代国家即资产阶级国家,现代社会就是资产阶级社会,即市民社会,现代国家和市民社会的诞生为现代性的发展提供了政治保障和物质基础,对现代性的发展产生了深远的影响。没有现代国家,世界范围的现代化进程将失去制度支撑与政治保障;没有市民社会,就不能形成同传统政治统治秩序相分离的相对自主的经济领域,从而形成具有内在活力的经济社会。现代国家是伴随市民社会的发展而形成的。现代"市民社会"的出现深刻地反映了西方社会结构的现代转变,使现代世界与古代世界发生了质的变化。传统社会是社会结构尚未分化的社会,因而是发展缓慢、反应迟钝的社会。只有国家与社会①发生分化,社会才能具有活力,

---

① "社会"一词有多重含义,最常用的含义是指由一定的经济基础与上层建筑构成的整体,如原始社会,封建社会,社会发展等,这是最广义的"社会"概念,它与"国家"没有区分,只不过"国家"概念更强调地域的、政治的含义;我们这里谈到的"社会"概念则是相对狭义的概念,是与"国家"相区别使用的。而"国家"与"社会"的区分其实只是一种现代现象,是人类历史发展到资本主义阶段才出现的。只有在这一阶段,"社会"才作为一种分离出来的独特现实形式,可以在完全世俗和经验的意义上予以分析,才成为理性探究和解释的对象。也只有在这时,一门独立的社会学才形成。黑格尔是第一位在现代意义上使用"社会"概念的人,他第一次把社会确立为一种具有自身发展规律的实体,这便是黑格尔的"市民社会"概念。而在当代中国的语境中,近几年提出的加强"社会建设"中的"社会"概念,则是继政治与经济分化之后的进一步分化,这个"社会"则是在与政治、经济、文化相对的意义上使用的。这是最加狭义的"社会"概念。

得到高效发展。从历史上看，社会在自身的发展过程中分裂出国家，由国家来管理社会，这是社会发展历史过程中的一个必经阶段。在这个阶段中，社会由国家管理到多大程度，实际取决于社会自身的发展程度。当社会处在落后的幼稚状态中时，国家有可能管理社会的一切活动。但是，国家把全部社会权力都占为己有时，并不有助于社会的正常发展。因为社会的经济活动有着和国家政治活动根本不同的运行规律。政治对经济的无限制干预只能导致经济的萎缩。因此，现代性社会总体发展的一个重要前提就是政治和经济的二元化，其实质也就是国家和社会的分化。市民社会与国家的分离是现代性的重要标志。

马克思正是从市民社会出发，通过对《莱茵报》时期遇到的重大现实问题的思考以及对黑格尔法哲学的批判发现了"市民社会"（bürgerliche Gesellschaft）——这一"全部历史的真正发源地和舞台"。从此，市民社会理论就成为马克思现代性理论的重要基础：通过对市民社会与国家关系的探讨，马克思阐明现代国家与市民社会的分离是现代性确立的重要标志；通过对市民社会经济领域的考察，马克思指出市民社会是现代性发展的真正的实践领地；在对市民社会进行全面探究后，马克思看到市民社会的局限与矛盾，从而提出超越市民社会，从政治解放到人类解放的共产主义理想。这里，市民社会又成为马克思的现代性批判与超越的基础。市民社会理论几乎完整地代表了马克思的思想历程及其对现代性的辩证态度，从肯定市民社会的历史意义，到解剖市民社会揭示现代性诸多悖谬的根源，从而提出超越市民社会的理想，马克思一步步地揭示出资本主义的全部社会生活，从而阐明了现代性的发生、发展及其命运。

(一) 市民社会与国家

就思想发展来说,马克思关于市民社会与国家的思想主要是在批判黑格尔的法哲学的基础上形成和发展起来的。黑格尔最早对于市民社会和国家的关系作了系统的探求,但并未做出正确的解答。马克思在批判黑格尔市民社会与国家理论的基础上,深刻地阐述了市民社会与国家的关系及其对现代性的影响。马克思一方面肯定了现代国家的进步性,及其对现代社会的形成和发展的影响。同时,在论述政治解放与人类解放的过程中,肯定了政治解放的积极作用以及资本主义条件下自由、平等的相对进步性;另一方面又批判了现代社会的资本主义性质,指出政治解放还只是市民社会中资产阶级的解放,它根本不可能使普遍利益得到实现。

1. 黑格尔的"市民社会与国家"观

比较起来,"市民社会"是一个具有悠久历史和丰富涵义的术语,它要比"现代性"概念古老得多,最早可追溯到古希腊的亚里士多德。在亚里士多德那里,"市民社会"(Koinóniapolitiké)一词指的是一种"城邦"(polis)。后经西塞罗于公元1世纪将其转译为拉丁文 civilis societas,它不仅指"单一国家,而且也指业已发达到出现城市的文明政治共同体的生活状况。这些共同体有自己的法典(民法),有一定程度的礼仪和都市特性(野蛮人和前城市文化不属于市民社会)、市民合作及依据民法生活并受其调整、以及'城市生活'和'商业艺术'的优雅情致"。① 在近代,英法启蒙思想家们广泛使用"市民社会"一词,但其涵义主要指与自然状态相对的政治社会或国家,而不是指与国家相对的实体社会。这种情形一直延续到康德都没有根本性的改变。受启蒙思想家影响至深的康德,以个

---

① 《布莱克维尔政治学百科全书》,中国政法大学出版社1992年版,第125—126页。

人权利和公共权利的公设来说明从自然状态向市民状态的过渡,自然状态可以看作是个人权利的状态,市民状态则可看作是公共权利的状态。因而,市民社会是一种法律的联合体,它是"通过公共法律来保障我的和你的所有的社会"。可见,在康德那里,市民社会仍然被等同于政治社会或国家,并且被理想化了。只是到了黑格尔,市民社会与国家才开始有了严格的区分。黑格尔是第一个在现代的意义上区分国家与市民社会的人。黑格尔把家庭当作直接伦理性实体,认为家庭的分解,出现了"家庭的复数",这才导致了作为独立的个人的相互关系的"市民社会"(bürgerliche Gesellschaft)。在这里,黑格尔超出康德的地方就在于,他不是抽象地把握和描绘"市民社会",而是把市民社会理解为"现代世界中形成的"自由市场社会,① 在那里,个人的自我利益从宗教的、伦理的、政治的束缚中解放出来,获得了合法性。市民社会是一个个人利益得到充分自由表现的社会。"市民社会,这是各个成员作为独立的单个人的联合,因而也就是在形式普遍性中的联合,这种联合是通过成员的需要,通过保障人身和财产的法律制度,和通过维护他们特殊利益和公共利益的外部秩序而建立起来的。"② 黑格尔主要是将"市民社会"视为一个与家庭和国家相对的私人经济活动领域,他把它叫做"需要的体系",即个人满足自己物质利益和需要的场所,它虽有司法制度和警察,但基本上不是一个政治的领域。黑格尔在肯定市民社会历史意义的同时,又对它持批判态度,因为公共的善或全体的利益在它那里没有地位,自由归根结底是追求自己利益的自由,而权力则最终是占有和维护自我利益的权利,"在市民社会中,每个人都以自

---

① [德]黑格尔:《法哲学原理》,商务印书馆1961年版,第197页。
② [德]黑格尔:《法哲学原理》,商务印书馆1961年版,第174页。

身为目的，其他一切在他看来都是虚无。"① 所以，市民社会是人的私利支配的因果必然王国。这种特殊利益之间互动形成的市场自发秩序是脆弱的，必须求助于国家，因为黑格尔认为国家是普遍理性的代表。

黑格尔对现代社会和现代性的反思，包括对自由主义的反思，都是从他对市民社会的分析和批判中发展而来的。在黑格尔看来，现代的根本特征是个人从种种束缚下解放出来，市民社会就是这种个人自由或自由个人在制度和政治上的体现。虽然市民社会是一个唯利是图的社会，但它却是一个从未有过的自由社会。它坚持个人不可让渡的平等权利，增加了人的需要和满足它们的手段，组织了劳动分工，推动了法治。黑格尔与自由主义者一样，认为私有财产是自由的首要体现，取消私有财产等于取消自由个人。国家必须保护和满足个人利益，决不能建立在取消个人权利的原则基础上。自由作为他的哲学的最高原则，不仅具有政治和道德的意义，更有形而上的意义。

为此，黑格尔把主体的自由和权利作为其理论的出发点，因为"主体的特殊性获得自我满足的这种法，或者这样说也一样，主观自由的法，是划分古代和近代的转折点和中心点"。② 以私有财产权为基础，通过法律保障的商品交换契约关系形成的市民社会是现代性的成就。市民社会是介于伦理家庭和国家之间的社会领域，"在市民社会中，每个人都以自身为目的，其他一切在他看来都是虚无。但是如果他不同别人发生关系，他就不能达到他的全部目的，因此，其他人便成为特殊的人达到目的的手段。但是特殊目的通过其他人的关系就取得了普遍性的形式，并且在满足他人福利的同时，满足

---

① ［德］黑格尔：《法哲学原理》，商务印书馆1961年版，第197页。
② ［德］黑格尔：《法哲学原理》，商务印书馆1961年版，第126—127页。

自己。"① 个人利益通过市民社会这一普遍相互联系的中介得以实现，而个人利益的实现也间接包括共同利益的实现。

黑格尔也许是第一个看出现代性其实是一个矛盾性的文明形态的人。因为市民社会本身就体现了这种矛盾性，它固然将人从需要中解放出来，但同时又使他更受欲望的偶然性支配；它将人们在利益的基础上整合在一起，却不能获得真正的统一和自由。因此，黑格尔在肯定市民社会世界历史意义的同时，又对它持批判态度。他批评市民社会不是因为它产生了贫穷、大规模失业、文盲、不公平的财富分配，经济帝国主义、寻求海外市场、殖民主义等等，而是公共的善或全体的利益在它那里没有地位。自由归根结底是追求自己利益的自由，而权力则最终是占有和维护自我利益的权利。个人（自我）是社会的基本出发点和前提，而非相反，因为"在市民社会中，每个人都以自身为目的，其他一切在他看来都是虚无。"② 市民社会是相对独立的，却又是非自足的。在市民社会状态中，个人仍然受自然的任性支配，市民社会是人的私利支配的因果必然王国。这种特殊利益之间互动形成的市场自发秩序是脆弱的，因而不能不引向对国家的思考。

黑格尔并不否认作为现代意识形态支柱的自由和权利的积极作用，但又认为它们归根结底属于私人权利和私人福利，不能成为共同生活的原则，也不能成为国家的基础。它们本质的任意性使它们具有潜在的破坏性。市民社会只是将各个追求自我利益的个人整合在一起，通过其抽象普遍化的制度，将他们外在地纳入一种相互承认和依靠的秩序，但这种秩序是不稳定的，因为它不具有理性的普遍性，它不能真正消除市民社会内在的矛盾和冲突，更不能保障和

---

① ［德］黑格尔：《法哲学原理》，商务印书馆1961年版，第197页。
② ［德］黑格尔：《法哲学原理》，商务印书馆1961年版，第197页。

维护社会全体的利益。黑格尔认为只有国家才能做到这一点，只有国家才能建立理性的自由。但黑格尔所讲的"国家"不是作为一种暴力机构和行政管理机构的现代国家政权或国家机器，而是指作为人们共同生活基础的伦理与文化共同体，当然，它也是一个主权政治实体。国家的本质不在其外在的权力—暴力特征，而在其内在的理性性质。国家是保证个人与社会充分发展的结构，黑格尔将它称为"国家的合乎理性的建筑结构"。国家体现了理性的秩序与自由。它不是要取代市民生活，而是要保护它的利益。它是个别与普遍的完美统一。在国家中，"个人的单一性及其特殊利益不仅获得它们的完全发展，它们的权利得到明白承认"①。市民社会体现了个人的自由和权利，它是主体性的表现。但是，在市民社会的利益互动关系中不能建立具有实体性的伦理关系，个人服从国家正是扬弃自己狭隘的主体性，使人的生活重新获得伦理性。"人们必须希求于国家的，不外乎国家应是一种合理性的表现，国家是精神为自己所创造的世界，因此，国家具有特定的、自在自为存在的进程。""国家高高地站在自然生命之上，正好比精神是高高地站在自然界之上一样。因此，人们必须崇敬国家，把它看作地上的神物。"② 黑格尔认为，市民社会的个人自由和权利只有借助于国家这种外在的政治权威才不会在相互冲突中走向自我毁灭。

在黑格尔那里，国家成了超越市民社会的更高的存在。黑格尔的政治理论以国家与市民社会的分离作为前提，但他的结论却取消了市民社会的独立性，以国家凌驾于社会之上，使国家与社会的关系得到虚假的调节。在这里，国家实际上成为绝对的主体，国家与社会的关系成了国家这一主体的内部关系。国家是公共理性的化身，

---

① [德] 黑格尔:《法哲学原理》，商务印书馆1961年版，第260页。
② [德] 黑格尔:《法哲学原理》，商务印书馆1961年版，第285页。

它知道人们需要什么,并做出合理安排。

黑格尔透过对市民社会和国家的界定,推导出"国家高于市民社会"的论断,其基本内容是:第一,市民社会与国家的关系是一种既是相对又是相互依存的关系。"市民社会依靠从国家得到睿智的领导和道德的旨意。……然而,国家也仰仗从市民社会得到实现它所体现的道德宗旨所需的手段。"① 第二,虽说市民社会与国家相互依存,但它们又处于不同的层次。国家不是手段而是目的,它代表不断发展的理性的理想和文明的真正精神要素,并以此地位高于并区别于市民社会的经济安排以及支配市民行为的私人道德规范。概言之,国家以此地位超越市民社会。第三,由于市民社会是由非道德的因果规律支配,它在伦理层面上表现为一种不自足的地位,因此,对这种不自足的状况的救济甚或干预,只能诉诸整个社会进程中唯一真正的道义力量,即国家。在这里,黑格尔提出了国家干预市民社会的两个条件:一是当市民社会中出现非正义或不平等现象时,国家就可以出面进行社会救济;二是为了保护和促进国家自己界定的人民普遍利益,国家有权直接干预市民社会的事务。

应当指出,黑格尔的"国家高于市民社会"理论含有极大的危险性。它认定国家或政治的至上地位以及一切问题都可以最终诉求国家而获得解决的观点,实际上隐含着国家权力可以无所不及和社会可以完全被政治化的逻辑;而这种观点及其隐含的逻辑往往被用来作极权或集权统治的理论基础。黑格尔从市民社会的局限性中推论出一个无需受市民社会控制的绝对国家这一结论,主要原因是他对现代民主的怀疑,对人民运用理性的能力表示怀

---

① [美]萨拜因:《政治学说史》,商务印书馆1987年版,第729页。

疑。在黑格尔的心目中，民主制总是同法国大革命的"自由的暴政"联系在一起的。

黑格尔的现代性方案最终是以绝对主体取代启蒙哲学的经验主体，以绝对精神同自身的关系取代现实事物发展的关系。黑格尔期望市民社会的现代性矛盾的和解，他用绝对理性解决了这一矛盾，但却是以精神的自我运动形式出现的，绝对知识不过是独白式精神的自我认识。在这一模式中，并未实现相互独立的知识和解，它只是在具体的知识之上树立了绝对知识的偶像，把哲学凌驾于其他知识之上，使一切知识化为哲学内部的因素。这一解决方案是以牺牲各门文化知识的相对独立性为代价的。用哲学来超越现代知识不是理性的真正和解，而这样一种现代性理论更不能导致现实政治、社会关系的真正和解。

2. 马克思的市民社会与国家观

（1）市民社会的产生

现代市民社会的诞生，是具有划时代意义的历史事件。因为它是现代生产方式的载体，同时，它的形成就是资产阶级走上历史舞台从而成为主角的标志。那么，现代市民社会是怎样产生的呢？马克思认为，在封建的中世纪，市民社会多元的利益集团不可能自由地形成，因为封建政治的超经济强制把市民社会紧紧依附在政治权力的实体上。他说："旧社会的性质是什么呢？一句话：封建主义。旧的市民社会直接地具有政治性质，就是说，市民生活的要素，如财产、家庭、劳动方式，已经以领主权、等级和同业公会的形式升为国家生活的要素。它们以这种形式确定了个人和国家整体的关系，就是说，确定了个人的政治地位，即孤立的、脱离社会其他组成部分的地位。因为这种人民生活的组织并没有把财产或劳动升为社会要素，……因此，市民社会的生活机能和生活条件还是政治（虽然是封建的政治）的……"① 正是在封建政治统摄一切的条件下，经济发展迟缓，市民社会与国家处于浑然一体之中。

那么，国家和社会的一体化状态是怎样被打破的呢？这主要来自于两方面的力量。一是政治革命。用马克思的话来说："只有法国革命才完成了从政治等级到社会等级的转变过程，或者说，使市民社会的等级差别完全变成了社会差别，即没有政治意义的私人生活的差别。这样就完成了政治生活同市民社会分离的过程。"② 二是商品经济。在中世纪的社会结构中，虽然封建的超经济强制加固了自然经济的地位，但在封建政治统治的缝隙——城市中，商品经济的发展却获得了自由的空间。商品经济赖以维持的以及它所建立的都是货币关系而不是政治关系。这样，封建贵族的城堡在被新式火炮轰开以前，实际上就已经被货币破坏了，火药只不过成了为货币服务的政治工具而已。那么，商品经济关系以及它所形成的发达的财产关系为什么会具有这样强大的力量呢？关键就在于它依靠和进一步创造了独立于国家政权实体的所有制关系，即资本主义私有制。资本主义私有制的一个重要特点在于，它完全抛弃了任何政治外观，摆脱了政治权力的管制。马克思在分析这一特点时写道："由大工业和普遍竞争所产生的现代资本"的实质是"抛弃了共同体的一切外观并消除了国家对财产发展的任何影响的纯粹私有制"。"由于私有制摆脱了共同体，国家获得了和市民社会并列的并且在市民社会之外的独立存在"。③ 正是由于来自政治革命和商品经济的双重冲击，封建的社会结构才发生了巨大的分化。由于社会经济摆脱了政治的强制，国家和社会由此分化为政治和经济两个主要的独立的领域。

---

① 《马克思恩格斯全集》第 1 卷，人民出版社 1956 年版，第 441 页。
② 《马克思恩格斯全集》第 1 卷，人民出版社 1956 年版，第 344 页。
③ 《马克思恩格斯选集》第 1 卷，人民出版社 1995 年版，第 132 页。

马克思认为，市民社会与政治国家的分离，是由市场经济"需要的体系"的形成所导致的。它只能建立在"整个的商业生活和工业生活"高度发达的基础之上，因而，它必然是一种现代现象。对于这一点，马克思有过很多非常明确的论述，如马克思说："正如古代国家的自然基础是奴隶制一样，现代国家的自然基础是市民社会以及市民社会中的人，即仅仅通过私人利益和无意识的自然的必要性这一纽带同别人发生关系的独立的人，即自己营业的奴隶，自己以及别人的私欲的奴隶。"① 他又说："在古代国家中，政治国家就是国家的内容，其他的领域都不包含在内，而现代的国家则是政治国家和非政治国家相适应。"② 所谓政治国家和非政治国家相适应，用马克思的话来说，就是"完成了政治生活同市民社会分离的过程"。③ 可见，马克思所说的市民社会，是与现代的市场经济社会紧密相连的，不可能存在于一切社会之中。正如马克思在《哥达纲领批判》中阐述的："'现代社会'就是存在于一切文明国度中的资本主义社会，它或多或少地摆脱了中世纪的杂质，或多或少地由于每个国度的特殊历史发展而改变了形态，或多或少地有了发展。'现代国家'却随国境而异。它在普鲁士德意志帝国同在瑞士不一样，在英国同在美国不一样。所以，'现代国家'是一种虚构。""但是，不同的文明国度中的不同国家，不管它们的形式如何纷繁，却有一个共同点：它们都建立在资本主义多少已经发展了的现代资产阶级社会的基础上。"④

国家和社会的二元化过程在整个古代社会和中世纪时代难以形

---

① 《马克思恩格斯全集》第2卷，人民出版社1957年版，第145页。
② 《马克思恩格斯全集》第1卷，人民出版社1956年版，第283页。
③ 《马克思恩格斯全集》第1卷，人民出版社1956年版，第344页。
④ 马克思：《哥达纲领批判》，人民出版社1992年版，第20—21页。

成，其原因就在于，落后的生产力和贫弱的商品经济使社会难以形成自我发展的自组织机制。在古希腊时代，虽然开始有了一个工商业阶层在开创着商品经济事业，积极从事海外贸易活动，但支配着城邦发展的主要经济支柱还是自然经济（以奴隶经济的形式体现出来）。这使得"社会"无法从城邦中分化出来。在中世纪，政治和经济也是融于一体，封建的等级制把每一个社会领域都纳入到政治的控制系统中去，社会的基本组织——封建庄园，不仅是一个经济实体，而且也是一个政治实体，封建领主在其中行使军事、司法、行政等权力。政治对经济的强制，不仅限制了经济的发展，同时也限制了政治的发展。社会由此处在严重的停滞状态中。

事实表明，经济独立自主的发展，是整个社会发展乃至政治发展的前提。事实上，资产阶级经济学家们由于亲身体验到商品经济自由发展的重要性，也极力主张放弃国家对经济的超常干预。亚当·斯密提出用市场这只"看不见的手"来操纵和调节经济的运行过程，就集中地表达了资产阶级的愿望和要求。当然，资本主义所完成的国家和社会的二元化并没有使国家完全放弃对社会经济的干预作用，相反，资产阶级国家运用政治法律手段来充分保障资本主义经济的正常运行。因此，"实际上国家不外是资产者为了在国内外相互保障自己的财产和利益所必然要采取的一种组织形式。"① 当然，资产阶级的国家干预作用和封建的超经济强制已有质的区别。前者是基于国家和社会二元化这个前提，离开这一前提，国家干预作用必定由于影响经济发展而受到资产阶级的抵抗。

虽然资本主义所开创的国家和社会的二元化在私有制的条件下不可避免地会生产出它自身难以克服的局限性和种种社会矛盾，但

---

① 《马克思恩格斯选集》第1卷，人民出版社1995年版，第132页。

这较之中世纪国家和社会一体化的状态，还是一个巨大的进步。资本主义之所以能够在不到一个世纪的时间里创造出比过去一切时代所创造的全部生产力总和还要多的生产力，根本的原因就在于社会依靠商品经济的自由发展和政治革命而摆脱了封建的等级制度、人身依附和政治特权对生产的束缚，并且进一步创造出政治民主化的社会条件，创造出向一个更高的更合理的社会形态发展的社会条件。因此，国家和社会的二元化是社会发展历史过程中一个不可逾越的阶段，它对任何迈向现代化的社会而言，都具有普遍的意义。

需要指出的是，马克思用"政治国家"和"市民社会"来表征"国家"和"社会"这一对范畴，从其所反映的具体内容来看，主要表现为双重的规定：一方面，它们反映着社会生产关系的总和即经济基础和政治的上层建筑的关系；另一方面，它们本身就代表着近代资产阶级的社会和国家。政治国家和市民社会之所以包含着一般和特殊的双重规定，是因为只有在资本主义的条件下，国家和社会才从浑然一体的状态中发生了分化。因此，"'市民社会'这一用语是在十八世纪产生的，当时财产关系已经摆脱了古代的和中世纪的共同体。真正的资产阶级社会只是随同资产阶级发展起来的；但是这一名称始终标志着直接从生产和交往中发展起来的社会组织，这种社会组织在一切时代都构成国家的基础以及任何其他的观念的上层建筑的基础。"① 这表明，资本主义发达的经济关系和政治关系比先前的一切社会关系更切近于国家和社会的一般关系，从而使得这对特殊的范畴上升为一般范畴成为可能。

（2）市民社会决定国家

马克思继黑格尔之后也对国家和社会的分化或二元化问题进行

---

① 《马克思恩格斯选集》第1卷，人民出版社1995年版，第130—131页。

了认真研究，这一思想主要反映在早期的著作中，如《黑格尔法哲学批判》、《论犹太人问题》、《〈黑格尔法哲学批判〉导言》等。首先应该指出的是，马克思的市民社会概念有广义和狭义之分，广义上的市民社会便是"全部历史的真正发源地和舞台"，如马克思所说："在过去一切历史阶段上受生产力所制约、同时也制约生产力的交往形式，就是市民社会。"① 这里马克思确立了市民社会物质生产的基础性地位。狭义的市民社会是现代的产物，指资产阶级社会："'市民社会'这一用语是在18世纪产生的，当时财产关系已经摆脱了古代的和中世纪的共同体。真正的资产阶级社会只是随着同资产阶级发展起来的；但是这一名称始终标志着直接从生产和交往中发展起来的社会组织。"② 与现代化相伴随的是狭义上的市民社会，即现代市民社会。

在市民社会与国家的关系问题上，马克思翻转了黑格尔的逻辑，认为国家不能解决市民社会的问题，因为在资本主义条件下，国家已经成为"虚幻的共同体"，不是国家决定市民社会，而是市民社会决定国家，市民社会的问题只能到经济领域中去寻找答案。黑格尔在研究了市民社会和国家的关系后，得出的结论是国家决定市民社会。黑格尔所谓的国家是伦理共同体，是绝对理念的象征，这样，黑格尔就用国家这一"虚幻的共同体"来解决现实的市民社会的矛盾。这使得他的现代性理论成为一种虚假的完满，在这一点上，哈贝马斯曾经一针见血地指出："黑格尔哲学虽然满足了现代性追求自己根据的需要，代价却是贬低了当前的现实，抹杀了批判，最后，哲学取消了在当前时代的重要性，取消了它对时代的兴趣，剥夺了

---

① 《马克思恩格斯全集》第3卷，人民出版社1960年版，第40页。
② 《马克思恩格斯全集》第3卷，人民出版社1960年版，第41页。

它自我更新的天职。"① 黑格尔的现代性政治理论不可能为解决现代性问题提供切实可行的方案，因为他完全颠倒了市民社会与国家的关系，期望在缥缈的理念王国找到解决现代性问题的途径。马克思正是在从现实生活出发，深入研究市民社会与国家关系的基础上，彻底纠正了黑格尔的错误观念，断言不是国家和法决定市民社会，而是市民社会决定国家和法。这就为现代性理论及现实问题的解决奠定了坚实的理论基础。

最初，马克思也是信仰黑格尔的法哲学，相信国家能够代表普遍利益，能够体现理性的。但在《莱茵报》期间所遇到的重大现实问题，使他开始对自己的理性国家观产生了动摇，感到用理性国家作为尺度来评价现实，在理论上不能进一步解释为什么现实国家会背叛理性国家的本质。基于这一认识，马克思认为，在研究国家生活现象时，不能用当事人的意志来解释一切，因为在初看起来似乎只有人在活动的地方实际上却是"客观关系"在起作用。但是，单纯对物质利益在国家政治中的地位作经验上的把握，是不能从根本上解决问题的。带着这个"苦恼的疑问"，马克思从政治舞台回到了他在克罗茨纳赫的书房，开始了对黑格尔法哲学的系统批判。作为这种批判的必要理论准备，马克思对世界历史作了深入的研究。通过这种研究，马克思认识到不能把理性国家作为现实国家的批判尺度，因为根本就不存在着一个理性国家以及理性国家和现实国家的冲突。这样，不仅是现实的国家，而且理性国家本身都必须被批判。而这样的批判必然导致对黑格尔法哲学的批判。

对黑格尔法哲学的批判，实质上是对政治的批判，即对现代国家和法的本质的批判。这一批判大大深化了马克思对现有的政治制

---

① [德] 哈贝马斯：《关于现代性的哲学演讲》（英文版），政治出版社1987年版，第42页。

度的认识，使他得以超越青年黑格尔派的政治立场，超越当时现代性的政治现实，而把共产主义作为社会发展的目标。在政治批判中，马克思考察了政治国家向现代国家的转变，即封建君主制国家向现代资产阶级民主制国家的转变，提出现代国家的基础和内容是市民社会，"在这里，国家制度不仅就其本质说来是自在的，而且就其存在、就其现实性说来也日益趋向于自己的现实的基础、现实的人、现实的人民，并确定为人民自己的事情"。① 按照这样的看法，马克思深刻地阐明了市民社会和国家的真实关系："家庭和市民社会是国家的真正的构成部分，是意志所具有的现实的精神实在性，它们是国家存在的方式。家庭和市民社会本身把自己变成国家。它们才是原动力。可是在黑格尔看来却刚好相反，它们是由现实的理念产生的。它们结合成国家，不是它们自己的生存过程的结果；相反地，是理念在自己的生存过程中从自身把它们分离出来。就是说，它们才是这种理念的有限性领域"。"政治国家没有家庭的天然基础和市民社会的人为基础就不可能存在。它们是国家的必要条件。但是在黑格尔那里条件变成了被制约的东西，规定其他东西的东西变成了被规定的东西，产生其他东西的东西变成了它的产品的产品。"② 在此，马克思不仅正确地解决了市民社会与国家的关系问题，而且对社会政治领域中的现代性问题有了一个正确的解答。从此，对市民社会的探究与剖析一直是马克思现代性理论的主旋律。

（二）市民社会的政治经济学解剖

阐述了市民社会与国家的关系之后，马克思并没有就此停步，因为马克思的"苦恼的疑问"并没有彻底解决。马克思虽然纠正了黑格尔的逻辑，认定市民社会是国家的基础，国家不过是"虚幻的

---

① 《马克思恩格斯全集》第1卷，人民出版社1956年版，第281页。
② 《马克思恩格斯全集》第1卷，人民出版社1956年版，第251—252页。

共同体",但是,颠倒了黑格尔的逻辑之后,市民社会的问题并没有得到解决。因为市民社会是"私人利益的战场",黑格尔用国家——这个"普遍理性"——"地上的神物"来规范市民社会,马克思否定了国家的这种优越性,那么市民社会的问题怎样解决呢?马克思带着这个疑问开始认真剖析市民社会的本质及其内部关系。

许多人认为"市民社会"是马克思早期使用的不成熟的概念,及至他创立唯物史观进而进行《资本论》的研究之后,这一概念就被废弃了,主要理由是在马克思的早期著作中,"市民社会"出现的频率很高,而到晚期著作《资本论》中出现的频率就很低。这实在是一种误解。马克思在《资本论》中虽然很少直接使用"市民社会"这一概念,但从未停止对市民社会的探索和剖析,正是因为深入到市民社会的内部,如马克思自己所说:"对市民社会的解剖应该到政治经济学中去寻找",马克思探讨的主题便不再是从总体上研究市民社会与国家的关系,市民社会的产生与市民社会的解放等等,而是深入市民社会内部进行具体的、解剖式的分析,阐述市民社会这一现代商品经济社会的内在本质与运行规律,从政治经济学批判的角度印证他早期的哲学研究。这时,马克思使用的主要概念当然不是"市民社会"这个整体概念,而是商品、货币、生产、资本等等这些市民社会内部的关键词。从学科角度来看,马克思的研究路径是"法—哲学—政治经济学"。从法到哲学的转变,无疑是理论的深化,而从哲学到政治经济学的转变,则是对现实的真切关注,这是一个从抽象到具体、从逻辑到历史的过程。对资本主义社会的政治经济学批判并不是背离了对市民社会的考察,恰恰相反,它是对市民社会更细致入微的考察。

由于政治批判只能限于考察国家范围内的问题,而无法涉及这些问题之所以产生的社会根源,因而纯粹以国家为考察对象的政治批判不可能使国家理论的研究有突破性的进展，只有在对国家产生的基础——市民社会——做出深入考察之后才能对国家问题以致整个社会历史问题有一个正确的认识。正因为如此，马克思对现代社会的认识逻辑决定了他从政治批判走向政治经济学批判。正如马克思在《政治经济学批判序言》中所说：在对黑格尔进行批判分析中，"我的研究得出这样一个结果：法的关系正像国家的形式一样，既不能从它们自身来理解，也不能从所谓人类精神的一般发展来理解，相反，它们根源于物质的生活关系，这些物质的生活关系的总和，黑格尔按照十八世纪的英国人和法国人的先例，称之为'市民社会'，而对市民社会的解剖应该到政治经济学中去寻找"①。

马克思和黑格尔都看到了市民社会的深刻矛盾，看到了普遍性与特殊性的分离，但是，黑格尔只试图用理性国家来解决这些矛盾，而马克思则揭示出黑格尔的解决方法的虚妄性，并力图在市民社会本身中寻找解决其矛盾的出路。这样，马克思就从现代性的政治探讨，进入了现代性的经济考察，渐渐深入现代性的根本，抓住现代性的实质。

马克思的市民社会不是一个单纯的经济领域，但它的主要品质是现代商品经济铸就的，或者说，市民社会的经济领域对其他领域具有决定作用。在资本主义时代，市民社会是发达的商品经济社会，是受资本逻辑支配的社会，它只能建立在"整个的商业生活和工业生活"高度发达的基础之上。"使它和其他生产方式相区别的，不在于生产商品，而在于，成为商品是它的产品的占统治地位的、决定的性质"②。马克思早期所发现的物质利益问题正是市民社会的症结所在，因此，在弄清了市民社会和国家的关系之后，马克思就开始

---

① 马克思：《1844年经济学哲学手稿》，人民出版社1979年版，第46页。
② 马克思：《资本论》第三卷，人民出版社1975年版，第994页。

深入市民社会内部，解剖商品经济内部所蕴含的物质利益关系，探寻"物质生活关系总和"的秘密。在《1844年经济学哲学手稿》和《德意志意识形态》中，马克思考察了"分工"和"所有制"关系，分析了现代商品经济条件下，社会交往关系的物化和异化现象。及至《资本论》及其手稿中，通过对商品、货币、资本、剩余价值生产以及劳动价值论的剖析，马克思对市民社会的内部结构和本质有了更完整和清醒的认识，因而深刻揭示了资本才是这一社会的运转核心，资本生产这样一个庞大的交换价值生产体系使人变成了物，使人的关系变成了物的关系，人受到抽象统治。抽象统治是现代市民社会发展到极端的、典型的现象，它浓缩了整个资本主义的经济现实，代表市民社会在这一历史阶段的典型状态。

对于现代商品经济，马克思充分肯定它的历史进步性，认为商品经济是现代性的突出表现。但是，对于现代商品经济所带来的负面影响，马克思也有着同样深刻的认识。与当时的国民经济学家不同，马克思没有成为现实的辩护士，而是从对资本主义经济制度及其本质的剖析入手，分析现代商品生产为什么从一种进步力量转变成压迫性的力量，为什么曾有着美好初衷的现代性，最终成为人类的桎梏，为什么把人从自然经济的束缚下解放出来又将人抛入商品经济的控制之下。

资本主义生产的整个结构是以相互冲突的两个方面的相互作用为基础的：一方面，一切个别现象中存在着严格合乎规律的必然性；另一方面，总过程却具有相对的不合理性。"工场手工业分工以资本家对人的绝对权威为前提，人只是资本家所占有的总机构的部分；社会分工则使独立的商品生产者互相对立，他们不承认任何别的权威，只承认竞争的权威，只承认他们相互利益的压力加在他们身上的强制。"①

在资本主义制度下,交换价值是生产的直接目的,一般等价物(抽象理性)成了统治一切的东西。

1. 抽象统治的含义

"抽象统治"是马克思的用语,它是指经过抽象后的现代生产关系对人的统治,它的表层表现为一般等价物—货币对人的统治,深层是资本关系对人的奴役。马克思在剖析资本主义经济过程中描述了抽象成为统治的现象,并对这一"抽象"及其成为统治的过程进行了深刻分析。马克思认为,"这种与人的依赖关系相对立的物的依赖关系",无非是"与表面上独立的个人相对立的独立的社会关系,也就是与这些个人本身相对立而独立化的、他们互相间的生产关系"。而在这一关系中,"个人现在受抽象统治,而他们以前是互相依赖的。"② 这里所讲的"抽象或观念,无非是那些统治个人的物质关系的理论表现。"在资本主义的社会条件下,就是一般等价物—货币,而且这个货币不是一般的货币,是能带来货币的货币—资本。市民社会最本质的关系是资本关系,最深刻的逻辑是资本的逻辑。

那么,抽象统治是怎样形成的呢?在商品经济中,交换中的价值原本是一种历史的客观抽象,即无差别的劳动一般,这是由社会必要劳动时间决定的,即"劳动时间本身不能直接成为货币",正是劳动的一般性即抽象的社会性的物化,"使劳动的产品成为交换价值"③,马克思指出:"价值建立在这样的基础之上,即人们互相把他们的劳动看作是相同的、一般的劳动,在这个形式上就是社会的劳动。如同所有的人的思维一样,这是一种抽象,而只有在人们思

---

① 《马克思恩格斯全集》第23卷,人民出版社1972年版,第394页。
② 《马克思恩格斯全集》第46卷上册,人民出版社1979年版,第111页。
③ 《马克思恩格斯全集》第46卷上册,人民出版社1979年版,第115页。

维着,并且对可感觉的细节和偶然性具有这种抽象能力的情况下,才可能有人与人之间的社会关系"①。在资本主义条件下,劳动成为抽象劳动,它以交换价值来衡量,资本的生产体系就是一个巨大的交换价值生产体系,交换价值是生产的直接目的,它的表现形式是货币,在这里,货币就成为唯一的衡量标准。"个人的产品或活动必须先转化为交换价值的形式,转化为货币,才能通过这种物的形式取得和表明自己的社会权力。"②而"为了直接成为一般货币,单个人的劳动必须一开始就不是特殊劳动,而是一般劳动,也就是说,必须一开始就成为一般生产的环节"③。在这里,当作交换价值的产品,实质上已经不再被规定为简单的产品。它被看作和它的自然的质不同的质;它被看作是一种关系,而且这种关系是普遍的关系,不是对一种商品的关系,而是对一切商品的关系,对一切可能的产品的关系。因此,它反映一种普遍的关系;这种产品把自己看作是一定量的一般劳动即社会劳动时间的实现。这样一来,"货币从它表现为单纯流通手段这样一种奴仆身份,一跃而成为商品世界中的统治者和上帝"④。现实社会中抽象的统治就是从这里形成的。在过去,自然财富无论是什么形式,它们与人的关系都以"个人对物的本质关系为前提,因此,个人在自身的某个方面把自己物化在物品中,他对物品的占有同时就表现为他的个性的一定的发展"。他如果拥有牛羊,他就会成为牧人;他如果拥有谷物,他就会成为农民。"与此相反,货币是一般财富的个体,它本身是从流通中产生的,它只代表一般,纯粹是社会的结果,它完全不以对自己占有者的任何

---

① 《马克思恩格斯全集》第 47 卷,人民出版社 1979 年版,第 255 页。
② 《马克思恩格斯全集》第 46 卷上册,人民出版社 1979 年版,第 105 页。
③ 《马克思恩格斯全集》第 46 卷上册,人民出版社 1979 年版,第 118—119 页。
④ 《马克思恩格斯全集》第 46 卷上册,人民出版社 1979 年版,第 171 页。

个性关系为前提;占有货币不是占有者个性的某个本质方面的发展,倒不如说,这是占有没有个性的东西,因为这种社会关系同时作为一种可感觉的外在对象而存在着,它可以机械地被占有,也可以同样丧失掉。"① 谁拥有这种抽象的一般财富,谁就拥有权力,谁就能支配世界,通过占有抽象而占有世界。这样,货币作为一般等价物就成了统治一切的东西,马克思称为"抽象统治"。从前,劳动的目的是为了特殊产品,即同个人的特殊需要发生特殊关系的产品,所以人们是互相需要的;而现在人们生产的目的是为了货币,即一般形式的财富,"它使财富具有普遍性,并把交换的范围扩展到整个地球;这样就在物质上和在空间上创造了交换价值的真正一般性"②。马克思继续指出,"货币本身就是共同体,它不能容忍任何其他共同体凌驾于它之上"③。在雇佣劳动存在的地方,"货币不但不会使社会形式瓦解,反而是社会形式发展的条件和发展一切生产力即物质生产力和精神生产力的主动轮"。这种现实的抽象统治并不表现为残暴的外在专制,而是一种离开它就无法生存的自我强制,这使得这种特殊的抽象统治更加稳定和牢固。"作为一般财富的物质代表,作为个体化的交换价值,货币必须直接是一般劳动即一切个人劳动的对象、目的和产物。劳动必须直接生产交换价值,也就是说,必须直接生产货币。因此,劳动必须是雇佣劳动。"④ 这样,劳动者不得不成为被奴役者。"由于劳动的目的不是为了特殊产品,即同个人的特殊需要发生特殊关系的产品,而是为了货币,即一般形式的财富,所以,首先个人的勤劳是没有止境的"。⑤ 这样,货币的抽象统治就

---

① 《马克思恩格斯全集》第46卷上册,人民出版社1979年版,第171页。
② 《马克思恩格斯全集》第46卷上册,人民出版社1979年版,第175页。
③ 《马克思恩格斯全集》第46卷上册,人民出版社1979年版,第172页。
④ 《马克思恩格斯全集》第46卷上册,人民出版社1979年版,第173页。
⑤ 《马克思恩格斯全集》第46卷上册,人民出版社1979年版,第174页。

在资本主义条件下成为绝对的统治形式。

而货币之所以能有这样神奇的魔力，因为这种货币不是普通的货币，它是能生产货币的货币——资本。货币只是资本的表现形式，而实际上，资本不是物，它是资本主义生产关系的体现。这样人与人的关系就成为价值关系，价值关系成为物的关系，社会受抽象符号的统治，资本主义的现实表现为"看不见的手"的统治。与前现代社会的外在强制性的专制相比，这似乎是一种更加公正的"无人统治"，但是，"无人统治并不一定意味着没有统治；无疑，在某些特定的情势下，它甚至有可能成为最残酷、最暴虐的统治形式。"① 所以，抽象统治进一步就是资本关系对人的统治。资本关系就是现代社会体系的轴心，通过这一轴心，就可以"把现代社会关系的全部领域看得明白而且一览无遗，就像一个观察者站在最高的山巅观赏下面的山景那样"②。

2. 抽象统治下市民社会的颠倒

（1）作为手段的交换价值越来越成为生产的目的，手段与目的在资本主义现代性的条件下发生了颠倒。

在马克思看来，货币的地位不同，实际上反映了生产目的的不同。在简单商品经济形式下，生产本身就其整个结构来说，是为了使用价值，而不是为了交换价值。交换价值还没有取得独立的形式，它还直接和使用价值结合在一起。

而在资本主义条件下，生产的目的从过去的那种具体的使用价值变成了交换价值，生产的发展使每一个生产者越来越依赖于自己的商品的交换价值。"家长制的，古代的（以及封建的）状态随着

---

① ［美］阿伦特：《公共领域与私人领域》，《文化与公共性》，生活·读书·新知三联书店1998年版，第72页。

② 《马克思恩格斯选集》第2卷，人民出版社1995年版，第589页。

商业、奢侈、货币、交换价值的发展而没落下去,现代社会则随着这些东西一道发展起来"。① 随着分工的发展,生产的社会化程度越来越高,交换价值就越具有不可替代的作用,工人的产品只有作为交换价值才有意义,而交换价值正是生产的直接目的,这样,货币或者说一般等价物就日益占据统治地位。因为一切产品和活动转化为交换价值,既要以生产中的人的一切固定的依赖关系的解体为前提,又要以生产者互相间的全面依赖为前提。每个人的生产,依赖于其他一切人的生产;同样,他的产品转化为他本人的生活资料,也要依赖于其他一切人的消费。生产越是发展到使每一个生产者依赖于自己的商品的交换价值,也就是说,产品越是在实际上成为交换价值,而交换价值越是成为生产的直接对象,那么,货币关系以及货币关系的内在矛盾,即同作为货币的自身的关系的内在矛盾就必然越是发展。交换的需要和产品向纯交换价值的转化,是同分工按同一程度发展的,也就是随着生产的社会性而发展的。但是,随着生产的社会性的增长,货币的权力也按同一程度增长,也就是说,交换关系固定为一种对生产者来说是外在的、不依赖于生产者的权力。最初作为促进生产的手段出现的东西,成了一种对生产者来说是异己的关系。生产者在什么程度上依赖于交换,而交换也在什么程度上不依赖于生产者。

马克思进而分析了货币本身的矛盾及其后来产生的颠倒。"货币内在的特点是,通过否定自己的目的同时来实现自己的目的;脱离商品而独立;由手段变成目的;通过使商品同交换价值分离来实现商品的交换价值;通过使交换分裂,来使交换易于进行;通过使直接商品交换的困难普遍化,来克服这种困难;按照生产者依赖于交

---

① 《马克思恩格斯全集》第46卷上册,人民出版社1979年版,第104页。

换的同等程度，来使交换脱离生产者而独立"。① 可以说，货币是商品交换矛盾的产物。但是，一旦形成，便成为统治一切的东西。"一切商品都是暂时的货币；货币是永久的商品。分工越发达，直接产品就越不再是交换手段。必须有一种一般交换手段，也就是说，必须有一种不依赖于每一个人的特殊生产的交换手段。在货币上，物的价值与物的实体分离了。货币本来是一切价值的代表；在实践中情况却颠倒过来，一切实在的产品和劳动竟成为货币的代表。"② 这就是发生在现实社会经济关系中的颠倒。

在资本主义条件下，货币的这种颠倒更是发展到了极端。正因如此，马克思才认为："古代的观点和现代世界相比，就崇高得多，根据古代的观点，人，不管是处在怎样狭隘的民族的、宗教的、政治的规定上，总是表现为生产的目的，在现代世界，生产表现为人的目的，而财富则表现为生产的目的。"③

（2）从交换中产生的平等与自由不过是形式上的平等与自由。

众所周知，作为现代资产阶级意识形态核心内容之一的自由、平等、博爱，从来都是被界定为一种天赋人权，一种自然的权利。而马克思则通过对资本主义经济过程的分析，揭示出自由和平等的观念不过反映了资产阶级的平等和自由。

首先，马克思揭示了现代经济中平等的发生。马克思说："只要考察的是形式规定——而且这种形式规定是经济规定，是个人借以互相发生交往关系的规定，是他们的社会职能或彼此之间的社会关系的指示器——那么，在这些个人之间就绝对没有任何差别。每一个主体都是交换者，也就是说，每一个主体和另一个主体发生的社

---

① 《马克思恩格斯全集》第 46 卷上册，人民出版社 1979 年版，第 96—97 页。
② 《马克思恩格斯全集》第 46 卷上册，人民出版社 1979 年版，第 94—95 页。
③ 《马克思恩格斯全集》第 46 卷上册，人民出版社 1979 年版，第 486 页。

会关系就是后者和前者发生的社会关系。因此，作为交换的主体，他们的关系是平等的关系。"① 而且，在交换中，他们所交换的商品作为交换价值是等价物。所以，平等首先现实地发生在交换过程中。马克思指出，在这种平等的交换中，形式上各种要素都是平等的：交换者即交换主体是平等的；交换价值也必须是相等的。

其次，马克思揭示了现代经济过程中自由的产生。在资本主义的交换过程中，交换是自由的，即非强迫的，"使他们作为交换者发生他们被假定为和证明为平等的人的那种社会关系的动因，那么除了平等的规定外，还要加上自由的规定"②。这也就是说，"尽管个人 A 需要个人 B 的商品，但他并不是用暴力去占有这个商品，反过来也一样，相反地他们互相承认对方是所有者，是把自己的意志渗透到商品中去的人。因此，在这里第一次出现了人的法律因素以及其中包含的自由的因素。谁都不用暴力占有他人的财产。每个人都是自愿地出让财产"③。这是自由的最重要的现实经济基础。"从交换行为本身出发，个人，每一个人，都自身反映为排他的并占支配地位的（具有决定作用的）交换主体。因而这就确定了个人的完全自由。"

接着，马克思揭示了这种平等和自由为什么是形式上的平等和自由。"如果说经济形式，交换，确立了主体之间的全面平等，那么内容，即促使人们去进行交换的个人材料和物质材料，则确立了自由。可见，平等和自由不仅以交换价值为基础的交换中受到尊重，而且交换价值的交换是一切平等和自由的生产的、现实的基础"。紧接着，马克思深刻地指出："作为纯粹观念，平等和自由仅仅是交换

---

① 《马克思恩格斯全集》第 46 卷上册，人民出版社 1979 年版，第 192—193 页。
② 《马克思恩格斯全集》第 46 卷上册，人民出版社 1979 年版，第 195 页。
③ 《马克思恩格斯全集》第 46 卷上册，人民出版社 1979 年版，第 195—196 页。

价值的交换的一种理想化的表现;作为在法律的、政治的、社会的关系上发展了的东西,平等和自由不过是另一次方的这种基础而已。"①

马克思指出,资本主义的货币制度正是这种自由和平等制度的实现。因为在货币的流通中,货币在谁的手中都是一样的。"对卖者来说,一个用 3 先令购买商品的工人和一个用 3 先令购买商品的国王,两者职能相同,地位平等——都表现为 3 先令的形式。他们之间的一切差别都消失了,双方完全平等。因为货币才是交换价值的实现,只有在发达的货币制度下,交换价值制度才能实现,或者反过来也一样,所以货币制度实际上只能是这种自由和平等制度的实现。"②

比起封建专制社会,现代资本主义社会的平等和自由的确是进步了。但是,在资本主义的交换关系的背后,却掩藏着事实上的不平等,"在现存的资产阶级社会的总体上,商品表现为价格以及商品的流通等等,只是表面的过程,而在这一过程的背后,在深处,进行的完全是不同的另一些过程,在这些过程中个人之间的平等和自由就消失了"③。

马克思从根本上指出:"交换价值作为整个生产制度的客观基础这一前提,从一开始就已经包含着对个人的强制,个人的直接产品不是为个人的产品,只有在社会过程中它才成为这样的产品,因而必须采取这种一般的并且诚然是表面的形式;个人只有作为交换价值的生产者才能存在,而这种情况就已经包含着对个人的自然存在

---

① 《马克思恩格斯全集》第 46 卷上册,人民出版社 1979 年版,第 197 页。
② 《马克思恩格斯全集》第 46 卷上册,人民出版社 1979 年版,第 199 页。
③ 《马克思恩格斯全集》第 46 卷上册,人民出版社 1979 年版,第 200 页。

的完全否定,因而个人完全是由社会所决定的。"① 另外,交换是以分工为前提的。在分工的条件下,个人在分工中所处的关系已经不是单纯交换者的关系。"交换价值这个前提绝不是从个人的意志产生,也不是从个人的直接自然产生,它是一个历史的前提,它已经把个人当作是由社会决定的人了。"②

(3) 人的社会关系转化为物的社会关系,并支配人的关系。

马克思认为,在资本主义条件下,由于交换价值成为目的,所以不管人的活动采取怎样的个人表现形式,也不管这种活动的产品具有怎样的特性,活动和这种活动的产品都必须转化为交换价值。毫不相干的个人之间的互相和全面的依赖,构成他们的社会联系。只有通过交换,每个个人的活动或产品对他来说才成为活动或产品;每个个人行使支配别人的活动或支配社会财富的权力,就在于他是交换价值或货币的所有者。"他在衣袋里装着自己的社会权力和自己同社会的联系"③,这时,人的社会关系就不再具有属人的性质。"活动的社会性质,正如产品的社会形式和个人对生产的参与,在这里表现为对于个人是异己的东西,物的东西;不是表现为个人的相互关系,而是表现为他们从属于这样一些关系,这些关系是不以个人为转移而存在的,并且是由毫不相干的个人互相的利害冲突而产生的。活动和产品的普遍交换已成为每一单个人的生存条件,这种普遍交换,他们的相互关系,表现为对他们本身来说是异己的、独立的东西,表现为一种物。在交换价值上,人的社会关系转化为物的社会关系;人的能力转化为物的能力。"④ "个人从属于像命运一

---

① 《马克思恩格斯全集》第 46 卷上册,人民出版社 1979 年版,第 200 页。
② 《马克思恩格斯全集》第 46 卷上册,人民出版社 1979 年版,第 200—201 页。
③ 《马克思恩格斯全集》第 46 卷上册,人民出版社 1979 年版,第 103 页。
④ 《马克思恩格斯全集》第 46 卷上册,人民出版社 1979 年版,第 103—104 页。

样存在于他们之外的社会生产；但社会生产并不从属于把这种生产当作共同财富来对待的个人。"① 在这种社会条件下，人们信赖的是物（货币），而不是作为人的自身。

为什么人们要信赖物呢？"因为这种物是人们互相间的物化的关系，是物化的交换价值，而交换价值无非是人们互相间生产活动的关系。每一种别的抵押品对抵押品持有者可以直接作为抵押品来用，而货币对于他只作为'社会抵押品'来用，但货币所以是这种抵押品，只是由于它具有社会的（象征性的）属性；货币所以能拥有社会的属性，只是因为各个人让他们自己的社会关系作为对象同他们自己相异化。"②

马克思犀利地指出，在一切价值都用货币来计量的行情表中，一方面显示出，物的社会性离开人而独立，另一方面显示出，在整个生产关系和交往关系对于个人所表现出来的异己性的这种基础上，商业的活动又使这些物从属于个人。在资本主义社会里，人的生产、消费、价值都要通过交换体现出来。商品的交换和价值的实现都以兑换为货币为终点。一切东西都成为可以买卖的，一切都要以货币为尺度衡量价值的大小。因此，货币成为人们拼命追求的东西，这是资本主义社会通向社会现实的唯一道路。本来货币作为一般等价物，是商品交换的结果，货币随着交换的发展由交换手段变成价值尺度，就由手段变成了目的。货币作为商品交换价值的表现者是物化的社会关系。所以，拥有货币就拥有了一定的社会权力。

在这里需要说明的是，在马克思那里，资产阶级社会中生产的社会性和共产主义制度下生产的社会性是有区别的。在资本主义条件下，生产的社会性只是由于产品变成交换价值和这些交换价值的

---

① 《马克思恩格斯全集》第46卷上册，人民出版社1979年版，第105页。
② 《马克思恩格斯全集》第46卷上册，人民出版社1979年版，第107页。

交换，才在事后确立下来。而在共产主义社会，生产的社会性是前提，并且个人分享产品，参与消费，并不是以互相独立的劳动或劳动产品之间的交换为媒介。它是以个人在其中活动的社会生产条件为媒介的。共同生产，作为生产的基础的共同性是前提，单个人的劳动一开始就成为社会劳动。因为，在交换价值基础上，劳动只有通过交换才能成为一般劳动；而在共同生产的基础上，劳动在交换以前就应成为一般劳动；也就是说，产品的交换决不应是促使单个人参与一般生产的媒介。

（4）个人的生存状态发生了严重的扭曲。

马克思在关于三大社会形态的论述中描述了在各种形态下人的存在状态即人们的社会关系："人的依赖关系（起初完全是自然发生的），是最初的社会形式，在这种形式下，人的生产能力只是在狭小的范围内和孤立的地点上发展着。以物的依赖性为基础的人的独立性，是第二大形式，在这种形式下，才形成普遍的社会物质变换、全面的关系、多方面的需要以及全面的能力的体系。建立在个人全面发展和他们共同的、社会的生产能力成为从属于他们的社会财富这一基础上的自由个性，是第三阶段。"[①] 其中的"第二大形式"指的就是资本主义社会，它是马克思历史分析的主要对象。恰恰是在这一"以物的依赖性为基础的人的独立性"的社会中，人的生存状态发生了全面的扭曲：

第一，物的依赖性。马克思认为在资本主义条件下，人的独立性是建立在物的依赖性的基础上的，"在资本主义的经济过程中，（1）个人还只能为社会和在社会中进行生产；（2）他们的生产不是直接的社会的生产，不是本身实行分工的联合体的产物。个人从属

---

① 《马克思恩格斯全集》第46卷上册，人民出版社1979年版，第104页。

于像命运一样存在于他们之外的社会生产；但社会生产并不从属于把这种生产当作共同财富来对待的个人。"① 这是由于，"在货币关系中，在发达的交换制度中（而这种表面现象使民主主义受到诱惑），人的依赖纽带、血统差别、教育差别等等事实上都被打破了，被粉碎了（一切人身纽带至少都表现为人的关系）；各个人看起来似乎独立地（这种独立一般只不过是幻想，确切些说，可叫作——在彼此关系冷漠的意义上——彼此漠不关心）自由地互相接触并在这种自由中互相交换；但是，只有在那些不考虑个人互相接触的条件即不考虑生存条件的人看来（而这些条件又不依赖于个人而存在，它们尽管由社会产生出来，却表现为自然条件，即不受个人控制的条件），各个人才显得是这样的"。② 在这里，个人看起来有更大的自由，而实际上，在这种"发达的形态上表现为物的限制即个人受不以他为转移并独立存在的关系的限制"③。"个别人偶尔能战胜它们；受它们控制的大量人却不能，因为它们的存在本身就表明，各个人从属于而且必然从属于它们。"④ 这些关系并不是依赖关系的消除，而是使这种关系更加普遍，"不如说它们为人的依赖关系造成普遍的基础"⑤。马克思在后面指出，在资本主义时期，"人的内在本质的这种充分发挥，表现为完全的空虚，这种普遍的物化过程，表现为全面的异化，而一切既定的片面目的的废弃，则表现为为了某种纯粹外在的目的而牺牲自己的目的本身"⑥。分工中片面的专门化越来越畸形发展，从而破坏了人的类本性。马克思关于工厂劳动的

---

① 《马克思恩格斯全集》第46卷上册，人民出版社1979年版，第105页。
② 《马克思恩格斯全集》第46卷上册，人民出版社1979年版，第110页。
③ 《马克思恩格斯全集》第46卷上册，人民出版社1979年版，第110页。
④ 《马克思恩格斯全集》第46卷上册，人民出版社1979年版，第111页。
⑤ 《马克思恩格斯全集》第46卷上册，人民出版社1979年版，第111页。
⑥ 《马克思恩格斯全集》第46卷上册，人民出版社1979年版，第486页。

论断是：个人被分割开来，成了某一部分劳动的自动机器，因而被糟蹋得奇形怪状。这种分工要求的效率越高、越先进和越"理智"，这种情况就越明显。工人的劳动同他的个性相分离，它变成一种物，一种他在市场上出卖的对象。

第二，人的孤立化。在资本主义的现代生产方式下，为了交换价值的生产，人与人的社会关系降低为物与物的关系，个人生存状态实际上是一种孤立的客体化的碎片，人的生活变得不完整，只是生产交换价值的片断，交换本身就是造成人的孤立化的一种主要手段。在强大的物化经济力量面前，个人的生存微不足道，个人降低为获得货币的工具。社会生产在进步，物质财富在增加，可是创造这个世界的人却成为"完全的虚空"。"人只是在历史过程中才孤立化的。人最初表现为类存在物，部落体，群居动物——虽然绝不是政治意义上的政治动物。交换本身就是造成这种孤立化的一种主要手段。它使群的存在成为不必要，并使之解体。然而，一旦事情变成这样，即人作为孤立的个人只和自己发生关系，那么使自己确立为一个孤立的个人所需要的手段，就又变成使自己普遍化和共同化的东西。在这种共同体里，单个的人作为所有者（比如说作为土地所有者）的客观存在就是前提，而且这又是发生在一定的条件之下，这些条件把单个的人锁在这个共同体上，或者更确切些说，使之成为共同体锁链上的一环。例如在资产阶级社会里，工人完全丧失了客体条件，他只是在主体上存在着；而和他对立的东西，现在却变成真正的共同体，工人力图吞食它，但它却吞食着工人。"①

交换使人愈益孤立，还因为"交换和分工互为条件。因为每个人为自己劳动，而他的产品并不是为他自己使用，所以他自然

---

① 《马克思恩格斯全集》第30卷，人民出版社1995年版，第489—490页。

要进行交换，这不仅是为了参加总的生产能力，而且是把自己的产品变成自己的生活资料。以交换价值和货币为中介的交换，诚然以生产者互相间的全面依赖为前提，但同时又以生产者的私人利益完全隔离和社会分工为前提，而这种社会分工的统一和互相补充，仿佛是一种自然关系，存在于个人之外并且不以个人为转移。普遍的需求和供给互相产生的压力，作为中介使漠不关心的人们发生联系。个人的产品或活动必须先转化为交换价值的形式，转化为货币，并且个人通过这种物的形式才取得和证明自己的社会权力"①。

第三，人的一切必须按照可计算的原则来衡量。在交换价值生产体系中，"个人受抽象统治"，人和生产都按照可计算的合理化原则来衡量。这样，经济过程的主体和客体都发生了决定性的变化。首先，劳动过程的可计算性要求破坏产品本身的有机的、不合理的、始终由质所决定的统一。在对所有应达到的结果作越来越精确的预先计算这种意义上，只有通过把任何一个整体最准确地分解成它的各个组成部分，通过研究它们生产的特殊局部规律，合理化才是可以达到的。因此，它必须同根据传统劳动经验对整个产品进行有机生产的方式决裂：没有专门化，合理化是不可思议的。② 其次，由于生产的客体被分成了许多部分，这就意味着它的主体也被分成许多部分。由于劳动过程的合理化，工人的人的性质和特点被抽象的合理计算而掩盖和抹杀了。人无论在客观上还是在他对劳动过程的态度上都不表现为是这个过程的真正的主人，而是作为机械化的一部分被结合到某一机械系统里去。他发现这一机械系统是现成的、完全不依赖于他而运行的，他不管愿意与否必须服从于它的规律。随

---

① 《马克思恩格斯全集》第46卷上册，人民出版社1979年版，第104页。
② 《马克思恩格斯全集》第23卷，人民出版社1972年版，第519—520页。

着劳动过程越来越合理化和机械化，工人的活动越来越多地失去自己的主动性，变成一种直观的态度，从而越来越失去意志。现代生产系统是一个机械的、有规律的过程，它表现为不依赖于人的意识、不受人的活动影响的机械过程。面对这一过程，人只能采取直观的态度，而这一直观态度使得人对世界的直接感觉都发生了变化：它把空间和时间看成是同一种东西，把时间降到空间的水平上。马克思说："由于人隶属于机器"，形成这样一种状况，即"劳动把人置于次要地位；钟摆成了工人相对活动的精确的尺度，就像它是两个机车的速度的尺度一样。所以不应该说，某人的一个工时和另一个人的工时是等值的，更确切的说法是，某人在这一小时中和那个人在同一小时中是等值的。时间就是一切，人不算什么；人至多不过是时间的体现。现在已经不用再谈质量了。只有数量决定一切：时对时，天对天……"① 这样，时间就失去了它的质的、可变的、流动的性质：它凝固成一个精确划定界限的、在量上可测定的、由在量上可测定的一些"物"充满的连续统一体，即时间凝固成为一个空间。② 在这种抽象的、可以准确测定的、变成物理空间的时间里，劳动主体也被合理地分割开来。机械化的局部劳动使人格与他们的劳动对立起来，人格在这里只能作为旁观者，无所作为地看着他自己被加到异己的系统中去。

总之，通过对现代资本主义社会经济体系的分析，对这一交换价值生产体系的运作过程的剖析，马克思认识到，现代生产方式是一个充满了矛盾的体系，它造就了前所未有的巨大成就，给予人类前所未有的自由和平等，但是，在这样一个交换价值生产体系中，作为手段的交换价值越来越成为生产的目的，使得手段与目的发生

---

① 《马克思恩格斯全集》第 4 卷，人民出版社 1958 年版，第 96—97 页。
② 《马克思恩格斯全集》第 23 卷，人民出版社 1972 年版，第 383 页。

了颠倒。交换关系本身在人与人的关系中起支配作用，人与人的社会关系被异化了，从而使得在这一经济生产过程中个人的生存状况也发生了空前的异化与颠倒，每个人都变成了他人的工具，个人从属于像命运一样存在于他们之外的社会生产，但社会生产却不属于把这种生产当作共同财富来对待的个人。人的个性和人的尊严消失在现代经济的抽象统治中，成为这一体系的奴隶。从而使得从封建社会解放出来获得的自由和平等只具有形式上的意义。

这样，马克思通过对资本主义生产过程进行的经济学剖析使他全面认识了市民社会的结构与运行方式，也找到了"物质利益"问题的根源，深刻认识到市民社会的进步与根本缺陷，为早期哲学上超越市民社会的理想做了经济学的证明。

（三）超越市民社会

对市民社会的深度剖析，展现出现代性的惊人悖谬。而超越市民社会，实现"人类解放"，是马克思早期就提出的理想，而且这一理想贯穿他的一生。在马克思看来，现代性的价值理想是极为美好的，但现代性的现实却充满着矛盾和悖谬。他清醒地看到："在我们这个时代，每一种事物都包含有自己的反面。……机器具有减少人类劳动更具成效的神奇的力量，然而却引起了饥饿和过度的疲劳。新发现的财富的源泉，由于某种奇怪的、不可思议的魔力而变成了贫困的根源。技术的胜利，似乎以道德的败坏为代价换来的。随着人类愈益控制自然，个人似乎愈益成为别人的奴隶或自身的卑劣行为的奴隶。甚至科学的纯洁光辉仿佛也只能在愚昧无知的黑暗背景上闪耀。我们的一切发现和进步，似乎结果是使物质力量具有理智生命，而人的生命则化为愚钝的物质力量。"[①] 具体而言，这种悖论

---

① 《马克思恩格斯选集》第1卷，人民出版社1995年版，第775页。

主要有两个层面的表现：首先是社会层面的悖论。通过理性来控制非理性的破坏力量，把整个社会置于人的有意识有计划的控制之下，从而建构一种和谐有序的社会，这本来是启蒙思想家所确立的社会理想。然而，现实却是：在理性的表象后面隐含着的是深层的非理性，获得了独立的市民社会并没有在有序的社会秩序下实现普遍性的理想。很显然，与现代性的原初设计相比，现实社会所呈现出的只是一幅令人失望的讽刺画。其次是人的生命的悖论。追求人的自由解放本来是现代性的最高价值目标，然而，当今的经济事实却是："工厂创造的商品越多，他就愈变成廉价的商品。物的世界的增殖与人的世界的贬值成正比。"① 这一事实充分表明，对于通过劳动占有自然界的工人，占有表现为异化，自主活动表现为替他人活动和表现为他人的活动，生命的活跃表现为生命的牺牲，对象的生产表现为对象的丧失，自由解放的价值理想在现实中却让位于奴役和苦难、贫困和颓废。

如前所述，马克思对社会政治领域现代性的解读是从黑格尔提出的市民社会与国家关系入手的，他所提出的未来发展方向自然也是围绕这一关系来展开的。黑格尔看到现代国家代替传统君主国家是以市民社会为前提的，但他又不愿让国家沦为市民社会的消极工具。在他看来，市民社会原子式的分裂状态应在伦理化的君主立宪国家重新得到扬弃。马克思对黑格尔的错误有清醒的认识："黑格尔把市民社会和政治社会的分离看做一种矛盾，这是他较深刻的地方。但错误的是：他满足于只从表面上解决这种矛盾，并把这种表面当做事情的本质。"② 马克思看到市民社会不仅是传统社会解体的产物，也是一种新的社会形态的经济基础，但是，它不仅使社会上的

---

① 《马克思恩格斯选集》第1卷，人民出版社1995年版，第40页。
② 《马克思恩格斯全集》第1卷，人民出版社1956年版，第338页。

个人之间处于相互分离的原子状态，而且使社会陷入阶级之间的对抗。由此，马克思通过对市民社会的分析，揭示出政治解放的限度，从而把克服市民社会的矛盾与超越政治解放紧紧地联系起来。在马克思看来，新的市民社会的出现无疑使社会发展赋予了现代性，但伴随市民社会发展而产生的政治解放的结果只是资产阶级获得了解放，它并没有彻底解决市民社会的问题，只不过使得社会关系日趋简单，社会矛盾日趋集中。而且，政治解放中所标榜的自由、民主、博爱等在资本主义条件下也往往是虚假的，无不打上了深深的阶级烙印。

马克思指出，市民社会的革命实际上是资产阶级革命。被封建政治和伦理关系支配的旧的市民社会解体，新的市民社会的产生是形成现代性的重要前提。"旧的市民社会直接具有政治性质，就是说，市民生活的因素，如财产、家庭和劳动方式，已经以领主权、等级和同业公会的形式上升为国家生活的因素。它们以这种形式确定了个人与国家整体的关系，就是确定了人的政治地位，即孤立的、脱离社会其他组成部分的地位。"[①] 新的市民社会出现以来，完全改变了这种格局。国家成了抽象的、形式上的普遍性，市民社会则具有明显具体的、实质上的特殊性。市民社会的人被政治国家夺去了自己的类本质、共同性和普遍性，沦为利己的孤立的个人，他把别人看作工具，把自己也降为工具，人的世界就像原子一样完全消融在相互对立的个人世界中。在市民社会中，实际的欲求和利己主义是驱动市民社会前进的动力，市民社会从政治中获得解放，意味着市民社会成员仅仅成了利己主义的人。

---

① 《马克思恩格斯全集》第 1 卷，人民出版社 1956 年版，第 441 页。

与黑格尔视君主立宪制国家的建立为"历史的终结"不同，马克思认为："从政治上废除私有财产不仅没有废除私有财产，反而以私有财产为前提。……国家还是任凭私有财产、文化程度、职业按其固有的方式发挥作用，作为私有财产、文化程度、职业来表现其特殊的本质。国家远远没有废除所有这些实际差别，相反地，只有在这些差别存在的条件下，它才能存在，只有同它这些因素处于对立的状态，它才会感到自己是政治国家，才会实现自己的普遍性。"① 马克思通过考察法国 1791 年、1793 年、1795 年宪法、美国《宾夕法尼亚宪法》《新罕普什尔宪法》，特别是考察法国最激进的 1793 年宪法后指出：通过政治解放而确立的"所谓人权无非是市民社会的成员的权利，即脱离了人的本质和共同体的利己主义的人的权利。"具体地说：自由"是作为孤立的、封闭在自身的单子里的那种人的自由"，"自由这一人权的实际应用就是私有财产这一人权"，"平等无非是上述自由的平等，即每个人都同样被看作孤独的单子"，安全是"利己主义的保障"。可见，"任何一种所谓人权都没有超出利己主义的人，没有超出作为市民社会的成员的人，即作为封闭于自身、私人利益、私人任性、同时脱离社会整体的个人的人。"② 因此，在马克思看来，以确立所谓人权为标志的政治解放并没有克服市民社会的矛盾，它不过是完成了市民社会从政治中的解放而已。历史远未终结，超越政治解放还是艰巨的任务。

正因如此，马克思提出了"人类解放"的理想。在马克思看来，"政治解放本身还不是人类解放"，③ 只有推翻私有制，才能实现人类解放。由于现实的人正是在市民社会中被国家夺去了人的类本质、

---

① 《马克思恩格斯全集》第 1 卷，人民出版社 1956 年版，第 427 页。
② 《马克思恩格斯全集》第 1 卷，人民出版社 1956 年版，第 437—639 页。
③ 《马克思恩格斯全集》第 1 卷，人民出版社 1956 年版，第 435 页。

夺去了共同性和普遍性的利己主义的人，因此，实现人类解放，就表现为市民社会中人的自我异化的克服。"只有当现实的个人同时也是抽象的公民，并且作为个人，在自己的经验生活、自己的个人劳动、自己的个人关系中间，成为类存在物的时候，只有当人认识到自己的'原有力量'并把这种力量组织成为社会力量因而不再把社会力量当做政治力量跟自己分开的时候，只有到了那个时候，人类解放才能完成。"①

如果说，在《论犹太人问题》中，马克思开始提出了人类解放的口号，那么，在《〈黑格尔法哲学批判〉导言》中，马克思则明确地把实现人类解放的使命赋予无产阶级：德国解放的实际可能性"就在于形成一个被戴上彻底的锁链的阶级……在于形成一个若不从其他一切社会领域解放出来从而解放其他一切社会领域就不能解放自己的领域，总之，形成这样一个领域，它表明人的完全丧失，并因而只有通过人的完全回复才能回复自己本身。社会解体的这个结果，就是无产阶级这个特殊等级"②。这就是说，无产阶级被剥夺了作为市民社会成员的资格和权利，只有它而不是官僚机构或者等级（国会），才能从根本上克服市民社会，成为实现人类解放的历史承担者。

对于政治解放必须进展到人类解放的思想，马克思在1845年春《关于费尔巴哈的提纲》中讲得更明确："旧唯物主义的立脚点是市民社会，新唯物主义的立脚点则是人类社会或社会的人类。"③ 市民社会与人类社会的区别即是政治解放与人类解放的区别。

马克思把人类解放作为社会理想表明，"'市民社会'并不是马

---

① 《马克思恩格斯全集》第1卷，人民出版社1956年版，第443页。
② 《马克思恩格斯选集》第1卷，人民出版社1995年版，第14—15页。
③ 《马克思恩格斯选集》第1卷，人民出版社1995年版，第57页。

克思社会概念的全部,毋宁说它倒是真正社会之否定性的形式",①而真正的社会的肯定形式则是"人类社会"。因为作为近代政治革命之结果的市民社会,其存在的基础就是私有制。这样,"人类社会"与"市民社会"之区别,就集中到了私有财产的问题上。"人类社会"作为对"市民社会"的扬弃,它在扬弃资产阶级社会的生产关系与交往关系的同时,由于它是"最后的革命",因此它也是对一切旧的生产关系与交往关系的基础的扬弃,简言之,它也是对以往一切社会的私有制基础的扬弃,是对"市民社会"的经济意义的扬弃。

在论述政治解放与人类解放关系的同时,马克思对人的生活的二重化以及政治生活的异化也进行了深入的分析。马克思认为,社会在经济领域中摆脱了国家的控制而获得了自己运行的权利,但这并不意味着社会是作为一个整体而从国家的支配下获得了经济上的自由。实际上,这只是社会中的一部分人,即资产阶级获得了自由;而对那些被统治阶级来讲,虽然他们去掉了身上所带着的封建政治枷锁,并至少享有一种形式上的平等,但他们却陷于社会经济上的不平等——资本对雇佣劳动的剥削。这就是马克思所看到的国家和社会的二元化在现代资本主义所形成的新矛盾,即政治形式上的平等和经济实际上的不平等之间的矛盾。这个矛盾的实质就是,人不仅在思想意识中,而且在现实生活中,都过着双重的生活,即政治共同体中的生活和市民社会中的生活。在前者,人把自己看作社会存在物,看作平等的公民;在后者,人作为私人进行活动,把别人看作工具,把自己也降为工具,成为外力随意摆布的玩物。这样,在经济生活中人们是不平等的,因而也就决定了不可能在政治领域中真正地建立起一种平等关系。因此,探究市民社会经济领域的真

---

① 吴晓明:《历史唯物主义的主体概念》,上海人民出版社1993年版,第233页。

实关系与运动,就成为马克思后半生的重大任务。但这并不是说马克思以其晚期的经济学否定了早期的哲学思想,恰恰相反,马克思早期的哲学思想主旨是贯穿其一生的,正如特瑞尔·卡弗所说:"马克思的资本主义批判理论在根本的意义上是哲学的","即使在(应该说尤其在)其最'经济学'的研究中,马克思所关注的也是经济事实的意义"。①

三、资本逻辑与现代性的基本特征

从上个世纪中后期开始直至今日,从国外蔓延至国内学界的现代性论争,在理论层面上其实导源于后现代理论的迅速张扬,在现实层面则正好契合现代化进程中出现的地区性乃至全球性问题,即所谓"现代性病症"。对这一现代性病症的诊断与解决,在西方世界一直是沿着理性传统进行的,从黑格尔经韦伯到霍克海默和阿多尔诺,再到哈贝马斯与后现代哲学,甚至包括社会学层面的吉登斯与政治学层面的罗尔斯等,西方思想家们沿着理性传统探讨现代性,认为现代性的最突出特征与核心便是理性。可是,两次世界大战以及世界范围的环境问题、发展问题、种族问题、文化与地区冲突问题等等,让人们深深地疑惑:从现代性的理性设计中是怎样生长出非理性现象来的呢?这是现代性理性话语很难自圆其说的两难困境。而如果转换一下视角,现代性的特征和诸多病症就不再是难以解读的现象了。这一视角,就是马克思的资本视角。

马克思虽毕生都在从事对现代社会——资本主义社会的研究与批判,在马克思看来,现代性是奠基于现代生产方式之上的,而现代生产从本质上说是以资本为轴心的生产。正是资本生产这一巨大

---

① [英]特瑞尔·卡弗:《资本主义:一种哲学的探寻》,载《南京大学学报(哲学·人文科学·社会科学)》2007年第1期,第24—32页。

的原动力,使得我们生活的星球发生了翻天覆地的变化,他给人类带来了自信与高傲,同时也使人类感到前所未有的迷惑。正是以资本为轴心的现代生产方式赋予了现代性以世界性、加速度与流动性、矛盾性等突出特征:

(一) 世界性

现代社会不再像传统社会那样,可以相互分隔,独立发展,世界性是现代性的基本特征之一。这一特征的形成依赖于资本主义生产方式的确立,依赖于以大工业为基础的广泛分工以及资本扩张的本性而带来的世界市场、世界交往。

马克思早在全球化到来之前的一百多年就已经预言了它的来临,当然,那时候还没有"全球化"这一概念,在马克思那里,就是"世界历史"理论。全球化首先是经济全球化,即资本生产所要求的世界市场的形成。资本主义的商品经济必然是世界性的,因为它必然会冲破自然经济封闭体系和国内的有限市场的限制,把生产与交换扩展到世界范围,并按照国际经济分工与发展需要来组织生产和交换,这样才能使商品生产获得长足发展。正是借助国内市场与国际市场的接轨,商品生产以前所未有的速度发展起来,并给社会经济发展注入了不可遏制的巨大动力;世界市场又把各地区各民族自足性发展的传统格局改变为国际性竞争发展的新格局,这样大大加快了现代化的进程。关于世界市场是怎样形成的,马克思从资本的内在本性深刻地回答了这一问题:"流通时间表现为劳动生产率的限制=必要劳动时间的增加=剩余劳动时间的减少=剩余价值的减少=资本价值自行增殖过程的障碍或限制。因此,资本一方面要力求摧毁交往即交换的一切地方限制,夺得整个地球作为它的市场,另一方面,它又力求用时间去消灭空间,就是说,把商品从一个地方转移到另一个地方所花费的时间缩短到最低限度。资本越发展,从而资本借以流通的市场，构成资本空间流通道路的市场越扩大，资本也就越是力求在空间上更加扩大市场，力求用时间去更多地消灭空间。"①

首先，现代生产是以大工业为基础的生产，广泛的分工是这种生产的最大特点。以大工业为基础的"最广泛的分工"不仅扩大了原有的社会分工和企业内部分工，而且扩展到国际分工，这就必然造成世界性的普遍交往，从而把最遥远的地区和完全不同的民族联系在一起。在马克思所看到的现代早期，经济全球化已经形成："第一次国际分工已大规模地完成。世界正在成为一个经济单位。南北美洲和东欧（与西伯利亚一起）生产原料，非洲提供人力，亚洲提供各种奢侈品，而欧洲则指挥这些全球性活动，并愈益倾全力于工业生产。"② 其次，现代生产又是资本生产，资本的本性就会驱使它把市场扩展到世界范围。因为资本一方面力求摧毁交往的一切地方限制，它往往无往而不胜；另一方面，它又力求用最短的时间把商品从一个地方转移到另一个地方。资本越发展，从而资本借以流通的市场就越扩大，占有的空间就越广，流通的时间也就越短。资本"不断扩大新产品销路的需要，驱使资产阶级奔走于全球各地。它必须到处落户，到处开发，到处建立联系。……资产阶级，由于开拓了世界市场，使一切国家的生产和消费都成为世界性的了"③。所以马克思说，现代生产"首次开创了世界历史，因为它使每个文明国家以及这些国家中的每一个人的需要的满足都依赖于整个世界，因为它消灭了以往自然形成的各国的孤立状态"④。现代生产方式把单

---

① 《马克思恩格斯全集》第46卷下册，人民出版社1979年版，第33页。
② ［美］斯塔夫里阿诺斯：《全球通史》下册，第461页。
③ 《马克思恩格斯选集》第1卷，人民出版社1995年版，第276页。
④ 《马克思恩格斯选集》第1卷，人民出版社1995年版，第114页。

个国家的历史活动纳入到"世界历史性的共同活动"之中,使每个现代国家以及这些国家中的每一个人的需要的满足都联结在一起,使国家、社会的孤立状态成为不可能。

(二) 加速度与流动性

启蒙运动以来确立的"进步"观念来源于现代社会的飞速发展。发展的加速度是现代性的基本特征之一。那么,现代社会飞速发展的原因何在呢?最直接的原因,我们首先就会看到科技革命和工业革命带来的世界面貌的巨大变化。当然,科技革命和工业革命给我们生活的这个星球带来多么巨大而深远的影响在这里根本勿须赘言,我们要进一步思索的是,为什么科技革命和工业革命首先发生在欧洲,从而使得这块在近代之前比较落后经常受欺侮的大陆从现代开始一路领先,甚至成为世界霸主?这或许是一个太深刻而复杂的问题,但我们可以从科技革命的开端得到一些启示。近代科学最主要的进步发生在与地理学和航海技术有着密切联系的天文学领域。为什么会发生在这一领域而不是与人们的日常生活关系密切的领域呢?因为这时新兴的欧洲资产阶级正在进行全球性的探索与扩张,亟需地理学与航海技术。也只有在新兴的资本主义背景下,"科学才成为一般社会的组成部分。或者换句话说,只有在西方,哲学家—科学家与匠人才实现联合,互相促进"。[①] 而与此同时,虽然中国的海外探险队从规模到所取得的成就都令欧洲人叹服,但是,令欧洲人奇怪的是,中国人"对贸易毫无兴趣,只是将诸如长颈鹿之类的珍奇异兽带回自给自足的祖国,以取悦他们的皇上。"[②] 甚至,即便是这样取悦皇上的远航探险,也在 15 世纪由于皇帝的命令而突然停止。这在西北欧的商人那里更是不可想象的,因为随着资本主义生产方

---

① [美] 斯塔夫里阿诺斯:《全球通史》下册,第 480 页。
② [美] 斯塔夫里阿诺斯:《全球通史》下册,第 390 页。

式的逐步确立，商人们"有政治权利和社会声望；这种权利和声望保证了任何禁止海外冒险事业的法令都是不可能实施的。"① 显然，科技革命和工业革命的最新成果能够迅速成为"一般社会的组成部分"，是因为资本主义生产方式的确立并成为主导力量，它使得新兴的资本所有者及其生产的利益得到保护，并利用资本对社会资源的非凡的整合能力使得社会迅速发展起来。

那么，资本为什么会有如此大的力量呢？"这种新的资本主义制度不但在现代早期主宰了世界的经济，而且时至今日仍然如此。其原因可以在它的主要原则中找到：利润或死亡"。② 为了逃避死亡，几个世纪以来，资本家们想尽办法追求利润最大化，而他们采取的方式主要有两种：一是减少工人工资，二是通过改进技术提高工人的劳动生产率。第一种方法在现代早期曾被广泛使用，但效果有限而且臭名昭著；而通过改进技术的战略则可以无限期地继续下去。所以技术革新不断地以加速度进行着，在今天的高科技中表现得尤为明显。"资产阶级除非对生产工具，从而对生产关系，从而对全部社会关系不断地进行革命，否则就不能生存下去……生产的不断变革，一切社会状况不停的动荡，永远的不安定和变动，这就是资产阶级时代不同于过去一切时代的地方。"③

这种加速度发展带来地不停的变动的感觉，就是现代性的流动性。马克思曾描述过这种现代性体验："一切固定的僵化的关系以及与之相适应的素被尊崇的观念和见解都被消除了，一切新形成的关系等不到固定下来就陈旧了。一切等级的和固定的东西都烟消云散了，一切神圣的东西都被亵渎了。人们终于不得不用冷静的眼光来

---

① ［美］斯塔夫里阿诺斯：《全球通史》下册，第398页。
② ［美］斯塔夫里阿诺斯：《全球通史》下册，第395页。
③ 《马克思恩格斯选集》第1卷，人民出版社1995年版，第275页。

看他们的生活地位、他们的相互关系。"① 流动性首先与时间观念相关,人们总是把最新的称为最"现代"的,所以,现代的时间是流动的。其次,流动性与瓦解传统相关,现代性要求冲破一切束缚和障碍,包括任何习俗和框架,甚至已经改变的,但随着生产的迅速发展而重新成为障碍的秩序或框架,因为现在需要更新的秩序。所以,现代性要不断地瓦解旧传统,进而瓦解新传统。新秩序或新框架一不留神就成为新传统,成为陈旧的,所以,现代性的本性是流动的。

(三)矛盾性

内在矛盾性可以说是现代性的最突出特征,这一点正是现代性的维护者的软肋,也是现代性的批判者最得意的攻击目标,也正因此才有后现代主义的异军突起。现代性的内在矛盾可以说在现代早期就已显现出来,正如马克思所指出的那样:"在我们这个时代,每一种事物好像都包含有自己的反面。我们看到,机器具有减少人类劳动和使劳动更有效的神奇力量,然而却引起了饥饿和过度的疲劳。新发现的财富的源泉,由于某种奇怪的、不可思议的魔力而变成贫困的根源。技术的胜利,似乎是以道德的败坏为代价换来的。随着人类愈益控制自然,个人却似乎愈益成为别人的奴隶或自身卑劣行为的奴隶。甚至科学的纯洁光辉仿佛也只能在愚昧无知的黑暗背景上闪耀。我们的一切发现和进步,似乎结果是使物质力量具有理智生命,而人的生命则化为愚钝的物质力量。现代工业、科学与现代贫困、衰颓之间的这种对抗,我们时代的生产力与社会关系之间的这种对抗,是显而易见的、不可避免的和毋庸争辩的事实。"②

---

① 《马克思恩格斯选集》第 1 卷,人民出版社 1995 年版,第 275 页。
② 《马克思恩格斯选集》第 1 卷,人民出版社 1995 年版,第 775 页。

为什么现代社会蕴含着如此巨大的矛盾，以至于自文艺复兴以来我们一向珍视的东西总是声名扫地，比如人的自然，人的尊严，甚至理性、科学都成为中矢之地呢？所有具有社会责任感的思想家无不魂牵梦绕着这些问题，他们试图解读现代性的这一主要病症，从而很好地医治它。他们中的多数人采取了理性路径，在理性的悖论中寻找出路。在现代性的哲学话语中，韦伯首先确立了今天多数思想家研究现代性问题的理论框架，同时也开启了对理性的悲观看法，他认为理性虽然给现代社会带来了效率和飞速发展，但也制造了人类无法挣脱的"铁笼"。霍克海默和阿多尔诺为首的法兰克福学派更加激烈地看到在现实的理性化进程中，启蒙精神走向了"自我摧毁"，"人类不是进入到真正合乎人性的状况，而是堕落到一种新的野蛮状态"①。沿着现代性的理性话语，我们可以看到理性无法避免的自我指涉，这也正是逻辑悖论产生的根源。马克思则另辟蹊径，坚持从现代社会的生产方式中寻找答案。为什么现代社会这样一个以理性为主导精神的社会却最终使得理性、科学都备受责难呢？马克思的风趣幽默的一段话道出了问题的关键："在资本—利润（或者，更好的形式是资本—利息），土地—地租，劳动—工资中，在这个表示价值和财富一般的各个组成部分同财富的各种源泉的联系的经济三位一体中，资本主义生产方式的神秘化，社会关系的物化，物质生产关系和它的历史社会规定性直接融合在一起的现象已经完成：这是一个着了魔的、颠倒的、倒立着的世界。在这个世界里，资本先生和土地太太，作为社会的人物，同时又作为单纯的物，在兴妖作怪。"② 因为在资本主义社会，科学技术的进步，从属于资本的需要。就资本运转体系本身来说，它是没有价值关照的货币增殖

---

① ［德］霍克海默，阿多尔诺：《启蒙辩证法》，重庆出版社1990年版，导言第1页。
② 《马克思恩格斯选集》第2卷，人民出版社1995年版，第578—579页。

机器,在"利润或死亡"原则的支配下必然造成现实的种种悖论。而我们在进一步分析这些悖论时,就会看到所有这些悖论的制造者其实就是现代生产方式本身,现代社会的方方面面都中了资本的魔咒,随着资本生产的运转而扭曲了原初的模样:"资本害怕没有利润或利润太少,就像自然界害怕真空一样。一旦有适当的利润,资本就胆大起来。如果有10%的利润,它就保证到处被使用;有20%的利润,它就活跃起来;有50%的利润,它就铤而走险;为了100%的利润,它就敢践踏一切人间法律;有300%的利润,它就敢犯任何罪行,甚至冒绞首的危险。如果动乱和纷争能带来利润,它就会鼓励动乱和纷争。走私和贩卖奴隶就是证明"①。

正是在资本关系的统治下,现代社会就表现出诸多的矛盾与悖论。首先是现代生产的目的与手段发生了颠倒,即现代生产的目的是货币,而不是人本身,如马克思所说:"古代的观点和现代世界相比,就崇高得多,根据古代的观点,人,不管是处在怎样狭隘的民族的、宗教的、政治的规定上,总是表现为生产的目的,在现代世界,生产表现为人的目的,而财富则表现为生产的目的。"②

其次,人的一切必须按照可计算的原则来衡量。由于劳动过程的合理化,工人的人的性质和特点被抽象的合理计算而掩盖和抹杀了。人无论在客观上还是在他对劳动过程的态度上都不表现为是这个过程的真正的主人,而是作为机械化的一部分被结合到某一机械系统里去。他发现这一机械系统是现成的、完全不依赖于他而运行的,他不管愿意与否必须服从于它的规律。随着劳动过程越来越合理化和机械化,工人的活动越来越多地失去自己的主动性,变成一种直观的态度,从而越来越失去意志。马克思说:"由于人隶属于机

---

① 《马克思恩格斯选集》第2卷,人民出版社1995年版,第266页。
② 《马克思恩格斯全集》第46卷上册,人民出版社1979年版,第486页。

器"，形成这样一种状况，即"劳动把人置于次要地位；钟摆成了工人相对活动的精确的尺度，就像它是两个机车的速度的尺度一样。所以不应该说，某人的一个工时和另一个人的工时是等值的，更确切的说法是，某人在这一小时中和那个人在同一小时中是等值的。时间就是一切，人不算什么；人至多不过是时间的体现。现在已经不用再谈质量了。只有数量决定一切：时对时，天对天……"[①] 机械化的局部劳动使人格与他们的劳动对立起来，人格在这里只能作为旁观者，无所作为地看着他自己被加到异己的系统中去。

第三，人的社会关系转化为物的社会关系，并支配人的关系。在资本主义条件下，由于交换价值成为目的，所以不管人的活动采取怎样的个人表现形式，也不管这种活动的产品具有怎样的特性，活动和这种活动的产品都必须转化为交换价值。毫不相干的个人之间的互相和全面的依赖，构成他们的社会联系。只有通过交换，每个个人的活动或产品对他来说才成为活动或产品；每个个人行使支配别人的活动或支配社会财富的权力，就在于他是交换价值或货币的所有者。"他在衣袋里装着自己的社会权力和自己同社会的联系"[②]，这时，人的社会关系就不再具有属人的性质，"活动和产品的普遍交换已成为每一单个人的生存条件，这种普遍交换，他们的相互关系，表现为对他们本身来说是异己的、独立的东西，表现为一种物。在交换价值上，人的社会关系转化为物的社会关系"[③]，"个人从属于像命运一样存在于他们之外的社会生产；但社会生产并不从属于把这种生产当作共同财富来对待的个人。"[④] 在这种社会条

[①] 《马克思恩格斯全集》第 4 卷，人民出版社 1958 年版，第 96—97 页。
[②] 《马克思恩格斯全集》第 46 卷上册，人民出版社 1979 年版，第 103 页。
[③] 《马克思恩格斯全集》第 46 卷上册，人民出版社 1979 年版，第 103—104 页。
[④] 《马克思恩格斯全集》第 46 卷上册，人民出版社 1979 年版，第 105 页。

件下，人们信赖的是物（货币），而不是人本身，人的个性和尊严消失在现代经济的抽象统治中。

第四，自由与平等的悖论。自由与平等是现代性对人类的伟大馈赠，现代资本主义生产关系是它的实现形式，也是它的扭曲的根源。首先平等和自由是在市场交换产生的特定社会关系中不断丰富发展起来的。在现实生活中，人们的需要是不同的，他们生产的产品也是不同的，因此，"一个人的需要可以用另一个人的产品来满足"，"于是他们彼此不仅处在平等的关系中，而且也处在社会关系中"。[1] 同时，"如果说经济形式，交换，确立了主体之间的全面平等，那么内容，即促使人们去进行交换的个人材料和物质材料，则确立了自由。可见，平等和自由不仅以交换价值为基础的交换中受到尊重，而且交换价值的交换是一切平等和自由的生产的、现实的基础"[2]。

资本主义的货币制度正是这种自由和平等制度的实现。因为在货币的流通中，货币在谁的手中都是一样的。"对卖者来说，一个用3先令购买商品的工人和一个用3先令购买商品的国王，两者职能相同，地位平等——都表现为3先令的形式。他们之间的一切差别都消失了，双方完全平等。因为货币才是交换价值的实现，只有在发达的货币制度下，交换价值制度才能实现，或者反过来也一样，所以货币制度实际上只能是这种自由和平等制度的实现。"[3]

比起封建专制社会，现代社会的平等和自由的确广泛而深入得多。但是，在资本主义的交换关系的背后，却掩藏着事实上的不平等和不自由，正如马克思从根本上指出的那样，"交换价值作为整个

---

[1]《马克思恩格斯全集》第46卷上册，人民出版社1979年版，第195页。
[2]《马克思恩格斯全集》第46卷上册，人民出版社1979年版，第197页。
[3]《马克思恩格斯全集》第46卷上册，人民出版社1979年版，第199页。

生产制度的客观基础这一前提,从一开始就已经包含着对个人的强制,个人的直接产品不是为个人的产品,只有在社会过程中它才成为这样的产品,因而必须采取这种一般的并且诚然是表面的形式;个人只有作为交换价值的生产者才能存在,而这种情况就已经包含着对个人的自然存在的完全否定,因而个人完全是由社会所决定的。"① 另外,交换是以分工为前提的。在分工的条件下,个人在分工中所处的关系已经不是单纯交换者的关系。"交换价值这个前提绝不是从个人的意志产生,也不是从个人的直接自然产生,它是一个历史的前提,它已经把个人当作是由社会决定的人了。"② 在这里,人们的自由也消失了。而在这一基础上建立的政治、法律上的平等与自由,也不过是这种基础的"另一次方"而已。

第五,社会发展的理性悖论。在现代早期,社会结构发生了变化,首先是市民社会和政治国家发生分离,即经济领域从政治领域中独立出来,这样资本就摆脱了封建的、政治的束缚而按照自己的逻辑发展壮大起来。国家与社会的分离可以说是现代性产生的标志之一,它使得经济生活和政治生活按照理性原则各自运转起来。在经济领域,资本的力量使得现代科技整合进生产过程中,现代生产从投资、工序到管理、核算都呈现出高度的理性和有序状态,市场经济的运转也有如一只"看不见的手"自发地调节着经济的平衡。在政治领域,国家政权不再以上帝的名义强制经济,而成为为经济生产服务的工具;社会的管理体系变为更有效率的"科层制";文化生活也不再只有天国的梵音,人的尘世生活渐渐成为生活的主题。

但是,整个社会并不像想象的那样在理性的光辉中有序而繁荣地运转。经济、政治、文化领域相对独立,但是三个领域的原则

---

① 《马克思恩格斯全集》第46卷上册,人民出版社1979年版,第200页。
② 《马克思恩格斯全集》第46卷上册,人民出版社1979年版,第200—201页。

经常发生冲突，因为整个社会失去了能够整合三大领域的统一的价值，更为根本的是，没有价值关照的资本生产是整个社会的轴心，资本的扩张本性使得经济、政治、文化领域经常发生冲突，企业之间、地区之间、国家之间由于利益的驱动而互不相让，甚至引起战争。就如马克思曾经指出的那样，"社会分工则使独立的商品生产者互相对立，他们不承认任何别的权威，只承认竞争的权威，只承认他们相互利益的压力加在他们身上的强制"①。所以我们看到历史上两次世界大战的爆发，看到今天仍在上演的不断的地区冲突和局部战争。

综上，我们看到了资本与现代性无法分割的联系，资本的逻辑决定了现代性的基本特征。从前，我们一直习惯于只从批判和拒斥的角度看待资本，因为"资本来到世间，从头到脚，每个毛孔都滴着血和肮脏的东西。"② 而且，"资产阶级在它已经取得了统治的地方把一切封建的、宗法的和田园诗般的关系都破坏了……它使人和人之间除了赤裸裸的利害关系，除了冷酷无情的'现金交易'，就再也没有任何别的关系了。它把宗教虔诚、骑士热忱、小市民的伤感这些情感的神圣发作，淹没在利己主义打算的冰水之中。它把人的尊严变成了交换价值，用一种没有良心的贸易自由代替了无数特许的和自力挣得的自由。总而言之，它用公开的、无耻的、直接的、露骨的剥削代替了由宗教幻想和政治幻想掩盖着的剥削"③。但马克思看待资本主义的方式终究是辩证的，他谴责资本原始积累的残酷和非人道，谴责资本的逻辑把人的关系变成物的关系的同时，也肯定资本开创人类历史的积极作用，他说，"只有资本才创造出资产阶

---

① 《马克思恩格斯全集》第23卷，人民出版社1972年版，第394页。
② 《马克思恩格斯全集》第23卷，人民出版社1972年版，第829页。
③ 《马克思恩格斯选集》第1卷，人民出版社1995年版，第274—275页。

级社会，并创造出社会成员对自然界和社会联系本身的普遍占有……与这个社会阶段相比，以前的一切社会阶段都只表现为人类的地方性发展和对自然的崇拜。"① 资本生产是社会发展的一个阶段，它给人类社会带来了巨大进步的同时也带来了巨大的矛盾。怎样克服这些矛盾，医治现代性的诸多病症是马克思一生追求的目标。可见，在现代性问题上，马克思与韦伯在许多方面都何其相似。韦伯用理性化来表征现代西方社会的基本特征，其实这并没有超出马克思的理论框架。马克思同样看到了抽象理性对现代社会的统治，即一般等价物对产品、劳动、生产直至对人自身及人与人关系的衡量，看到现代生产和分工所体现出来的理性原则。但是，马克思毕竟与韦伯不同。韦伯认为现代社会理性化的结果是为人类打造了一个难以逃脱的"铁笼"，这使他的现代性理论最终蒙上了悲观色彩。而马克思不是从悲观的角度看待现代性的，尽管他入木三分地看到了现代性的种种弊端。马克思是用辩证的观点来考察现代社会的：现代社会的分工、抽象理性的统治，虽然造成了人的片面化，但细致的分工、社会发展的丰富性也给人的多方面发展提供了可能；阶级的分化造就了无产阶级，造成了无产阶级的贫困化，但也使推翻资本主义制度成为可能；资本的统治造成了人的全面异化，但也大大提高了生产效率，使得物质生产的发展，物质条件的积累，为未来社会做好了物质方面的准备。

马克思在处理现代性这一事关现代人命运的重大问题时，所持的是一种辩证的立场：他既是现代性价值信念的信奉者，又是现代性传统的批判者，同时还是现代性理想的重建者，并且这种多元的立场在马克思那里完全有机地结合在一起，使马克思的现代性思考

---

① 《马克思恩格斯全集》第 46 卷上册，人民出版社 1979 年版，第 393 页。

富于思想的张力和开放的空间,从而成为今天探讨现代性的丰富资源。

小　结

本章挖掘和探讨了马克思的现代性理论。马克思虽然没有使用过"现代性"这样的词汇,但是终其一生都在研究"现代社会"即"资本主义社会",所以,我们把马克思对现代资本主义社会的研究与探讨作为其现代性理论的蓝本。综观马克思的著作,我们看到他的现代性理论带有鲜明的唯物性和批判性。他彻底变革了以理性为核心来探讨现代性的传统,代之以唯物的眼光来界定和看待现代性。首先,在对"现代"的界定问题上,马克思独树一帜地以生产方式来划分时代。这种新时代的生产方式以新兴工业为龙头,以地理大发现为契机,以科技革命为动力,实现了生产方式上的一场重大革命,它比以往任何生产方式都有助于解放社会生产力。概言之,现代生产本质上是一种社会规模的商品生产,它以大工业及其广泛的分工为基础,以现代科技为动力,在促进社会生产力以前所未有的速度向前发展的同时,也展现出现代生产的矛盾性和自身对抗性。其次,在深入研究现代性问题时,马克思以市民社会为现代性的实践领地,超越了从思想到思想,仅在意识领域探讨实践问题的藩篱。马克思颠倒了黑格尔关于国家与市民社会关系的论断,赋予市民社会以更加基础的、决定性的地位。马克思正是从市民社会出发,通过对《莱茵报》时期遇到的重大现实问题的思考以及对黑格尔法哲学的批判发现了"市民社会"(bürgerliche Gesellschaft)——这一"全部历史的真正发源地和舞台"。从此,市民社会理论就成为马克思现代性理论的重要基础:通过对市民社会与国家关系的探讨,马克思阐明现代国家与市民社会的分离是现代性确立的重要标志；通过对市民社会经济领域的考察，马克思指出市民社会是现代性发展的真正的实践领地；在对市民社会进行全面探究后，马克思看到市民社会的局限与矛盾，从而提出超越市民社会，从政治解放到人类解放的共产主义理想。这里，市民社会又成为马克思的现代性批判与超越的基础。市民社会理论几乎完整地代表了马克思的思想历程及其对现代性的辩证态度，从肯定市民社会的历史意义，到解剖市民社会揭示现代性诸多悖谬的根源，从而提出超越市民社会的理想，马克思一步步地揭示出资本主义的全部社会生活，从而阐明了现代性的发生、发展及其命运。最后，综观现代性的基本特征，马克思抓住资本逻辑来透视现代性的基本特征。在马克思看来，现代性是奠基于现代生产方式之上的，而现代生产从本质上说是以资本为轴心的生产。正是资本生产这一巨大的原动力，使得我们生活的星球发生了翻天覆地的变化，他给人类带来了自信与高傲，同时也使人类感到前所未有的迷惑。正是以资本为轴心的现代生产方式赋予了现代性以世界性、加速度与流动性、矛盾性等突出特征。正是因为马克思对现代生产方式以及市民社会的深刻剖析，因其抓住资本逻辑而对现代社会的深刻检视，使得马克思的现代性理论带有鲜明的实践性和批判性。

第三章 马克思思想的现代性主旨与后现代意蕴

"盖棺定论"这样的词汇永远不适合马克思,因为在马克思逝世后关于他的争论就从来没有停歇过。马克思以其非凡的思辨头脑、对社会现实的深度关注、涉猎学科的广博深入、创作精力的旺盛以及著说的卷帙浩繁而数百年无人能及。在现代性理论的视野中,马克思依然是个难以解开的谜题。在"传统—现代"的思维框架中,马克思的思想因其反"传统"而被认为属于"现代"的,但他同时又因为其对现代现象的深刻批判而被认为是"反现代"的;而在"现代—后现代"的思维框架中,马克思的思想因其现代性批判的立场常常被认为是"后现代"的始作俑者,但又因其"宏大叙事"、"基础主义"等等本质而被排斥在后现代之外。由于马克思所处的时代背景以及马克思对现代资产阶级社会的总体批判的态度,使得他的身份模糊不清。他是"现代"里面的"后现代",又是"后现代"里面的"现代",这样纠结不清的身份,或许我们就不能简单地把他归结为"现代"的,或者"后现代"的,因为在马克思的理论中,"现代"的以及"后现代"的特征都是那样鲜明而突出。综观马克思的一生,他的理论可以概括为资本现代性批判,他对现代资本主义的激进批判乃至颠覆的态度与方式,对传统形而上学的拒斥,着眼于"病症"、"问题"的视角等等,无疑显示出他与后现代的相似。但是,在后现代思想家的视野中,马克思的理论是"总体化"

的、"宏大叙事"的，是"生产主义"和"还原主义"的，是后现代理论家们批判和解构的对象。在笔者看来，马克思的思想是具有现代性主旨和后现代意蕴的。虽然马克思对资本现代性持总体的批判态度，但是，与其说马克思意图批判和颠覆的是现代性，倒不如说马克思批判的是现代性的资本主义形式，因为马克思的价值理想始终是现代性的，他的思想得以滋养的精神土壤是启蒙的遗产，他对未来社会的设想也是现代性的。

一、马克思思想的现代性主旨

马克思的思想基础深深植根于现代思想背景中，他探讨的主题是现代社会，关注的焦点是现代性的命运。马克思对共产主义社会的理性构想，正是在现代性批判的基础上确立起来的现代性理想。

（一）启蒙思想的滋养

没有哪个思想家的思想不带有他所处的时代的深刻烙印的，马克思也不例外。马克思处于19世纪中后期，这正是世界历史发展进程中一个极其重要的时代。1848年的革命在欧洲结束了资产阶级革命时代，从此，资本主义制度在西欧确立，资产阶级所面临的任务已经从进行社会革命为新制度扫清道路转为维系和巩固已经取得的政权，并在此前提下发展生产力，进一步实现现代化。同时，无产阶级已经形成阶级，开始登上历史舞台。1871年巴黎公社之后，欧洲社会经历了近50年的"社会和平"时期。其间，经历了人类历史上第二次科学技术革命的发端，以内燃机和电的发明为标志的这场革命，给经济的发展注入了新的动力。资本的积累和集中，使资本主义从自由竞争向垄断发展，同时就酝酿着战争和革命。

在思想界，启蒙运动依然具有相当深远的影响，它表现为"新启蒙运动"思潮。它在相当的程度上仍是启蒙运动的继续，因为它保持了 18 世纪启蒙运动的基本精神，反对超自然主义，重视理性和科学，热衷于社会问题，推崇自由、平等、博爱的理想和价值观念，对人类本性和历史进步抱乐观的态度。不同的是，它更加推崇科学技术，开始带有科学崇拜的色彩。而且，它更加强调维系现存秩序，以此为宗旨来调整传统的价值观念。

19 世纪被称为真正的科学时代。尽管以实验和观察为基础的理论自然科学早在 17、18 世纪已经形成，而且对社会生活、对哲学都发生了广泛的影响，但是，只是到了 19 世纪，科学本身的功能、结构才发生了重大的变化，科学在社会生活中的作用更加突出，而且对"科学"本身的理解也与 17、18 世纪大相径庭。只是到了 19 世纪，"为了追求纯粹的知识而进行的科学研究，开始走在实际应用与发明的前面，并且启发了实际的应用和发明。发明出现之后，又为科学研究与工业发展开辟了新的领域"。"总之，科学过去是躲在经验技术的隐蔽角落辛勤工作，当它走到前面传递而且高举火炬的时候，科学时代就可以说已经开始了。"①

科学开始职业化、专门化了，随之科学主义也开始盛行。在 19 世纪中后期崛起的科学主义，其基本特征是力图用科学方法来回答所有的问题，尽可能把一切领域（包括人文领域）纳入科学，并把科学的原则运用于行动的领域。于是，将人文学科建成科学，日渐成为许多思想家努力的目标。

马克思的思想正是在这样的背景下孕育而生的，带有这个时代的明显的印迹。在马克思心目中，文艺复兴和启蒙运动这两个对西方现代性的建构影响至深的思想解放运动，始终占据着无可替代的地位，它们所首倡的现代性价值信念，经过马克思批判性地吸收为

---

① ［英］丹皮尔：《科学史》，商务印书馆 1975 年版，第 283—284 页。

其哲学的重要因素。这表现在马克思对宗教的批判，对科学及其对生产力发展的推动作用的高度重视，对历史发展的进步的信念等等，特别表现在马克思对于"人"与"社会"的理解上。在马克思看来，人所追求的最高价值理想，就是成为"真正的人"、"完整的人"，即实现"个人全面而自由的发展"，每个人的潜能都得到充分的自我实现，个人与他人、与社会、与自身的各种矛盾都实现了辩证的和解和内在的统一；与个人"全面而自由的发展"内在相伴的是社会的和谐和理性，那种"一直统治着历史的客观的异己力量，现在处于人们自己的控制之下了。只有从这时起，人们才完全自觉地创造自己的历史……这是人类从必然王国进入自由王国的飞跃"。① 在这样的理想社会中，"每个人的自由发展成为一切人自由发展的条件"，历史上始终存在的个人与社会、个体与集体的二元对立得到了有效的克服。

马克思这种关于人与社会的价值理想，充满了理性和进步的精神，充满了摆脱束缚、实现解放的坚定信念。很明显，这种精神信念与文艺复兴和启蒙运动的现代性构想之间存在着一致性。

需要指出的是，虽然马克思对文艺复兴、启蒙运动以及科学时代都给予了高度的评价，但是，马克思不是启蒙思想家，更不是一个科学主义者。马克思以实践为中心、以现实社会与现实的人为研究对象的哲学与启蒙思想家的哲学思想有根本的不同，马克思也不是资产阶级价值观念的倡导者和维护者。

（二）现代社会的深切关注

马克思用毕生的精力来研究"现代社会"，这种现代社会构成了他所要揭露的"非神圣形象的自我异化"的"此岸世界"。在他看

---

① 《马克思恩格斯选集》第3卷，人民出版社1995年版，第758页。

来，现代社会及现代世界是资产阶级按照其性格创造出来的，在现代性的命运与资本的命运二者之间，存在着一种不可分割的本质联系。资本是现代社会的基因，在其中蕴藏着全部现代社会的奥秘，离开对资本、对资产阶级实质的理解，就不可能真正理解整个现代社会及其进程。因此，从资本的角度来透视现代社会，从资本的命运出发来探讨现代性的命运，就被马克思自觉地选择为解剖现实生活世界最恰当、最有效的途径。在此意义上，马克思关于资本主义的理论，实质上也就是他关于现代性的理论。

马克思也谈"前资本主义社会"或"农业社会"，但意在与现代社会进行对比，强调资本主义所带来的深刻的社会变革，强调历史发展所出现的新的转折。马克思肯定现代社会的进步之处，更批判了现代社会的弊病和深刻的自我矛盾，但马克思没有因此堕入抽象理性、抽象理想的思辨，而始终致力于从现实生活出发，寻求现代社会的自我完善之路。马克思青年时代给现代社会制定了哲学共产主义的理想，而成年以后的马克思更进一步深入现实，从商品和资本入手去认识资本主义社会的真正面目，探求资本主义社会的发展规律，以求弄清现代社会去向何方。

（三）共产主义的价值理想

马克思一生关注现代社会，揭示现代社会的规律，批判现代社会的弊病，目的是要探讨现代社会的发展方向——共产主义。这同样是对现代性命运的关注和对现代性理想的追求。

马克思认为，现代性的价值理想是极为美好的，但现代性的现实却充满着矛盾和悖谬。他清醒地看到："在我们这个时代，每一种事物都包含有自己的反面。……机器具有减少人类劳动更具成效的神奇的力量，然而却引起了饥饿和过度的疲劳。新发现的财富的源泉，由于某种奇怪的、不可思议的魔力而变成了贫困的根源。技术的胜利,似乎以道德的败坏为代价换来的。随着人类愈益控制自然,个人似乎愈益成为别人的奴隶或自身的卑劣行为的奴隶。甚至科学的纯洁光辉仿佛也只能在愚昧无知的黑暗背景上闪耀。我们的一切发现和进步,似乎结果是使物质力量具有理智生命,而人的生命则化为愚钝的物质力量。"[①] 具体而言,这种悖论主要有两个层面的表现:首先是社会层面的悖论。通过理性来控制非理性的破坏力量,把整个社会置于人的有意识有计划的控制之下,从而建构一种和谐有序的社会,这本来是启蒙思想家所确立的社会理想。然而,现实却是:在理性的表象后面隐含着的是深层的非理性,无组织和无计划的混乱成为整个社会的基本特征。很显然,与现代性的原初设计相比,现实社会所呈现出的只是一幅令人失望的讽刺画。其次是人的生命的悖论。追求人的自由解放本来是现代性的最高价值目标,然而,当今的经济事实却是:"工厂创造的商品越多,他就愈变成廉价的商品。物的世界的增殖与人的世界的贬值成正比。"[②] 这一事实充分表明,对于通过劳动占有自然界的工人,占有表现为异化,自主活动表现为替他人活动和表现为他人的活动,生命活跃表现为生命的牺牲,对象的生产表现为对象的丧失,转变为异己力量、异己的人所有,自由解放的价值理想在现实中却让位于奴役和苦难、贫困和颓废。

对现代社会的批判,使马克思成为现代性传统的另类,但马克思并没有因此走上彻底否弃现代性的道路。马克思认为,现代性的悖论并不意味着现代性所承诺的关于人和社会的价值理想已经失效,更不意味着现代性已全然失去进一步发展的潜力,而只是表明人们赖以实现这一价值理想的方式和途径出了问题,只要面对现实,重

---

① 《马克思恩格斯选集》第1卷,人民出版社1995年版,第775页。
② 《马克思恩格斯选集》第1卷,人民出版社1995年版,第40页。

新设计通向未来理想社会的道路，现代性的潜力就一定会充分而健康地得以实现。

在马克思看来，现代性的价值理想虽然最初是由资产阶级提出的，但资本主义的所有制、资本和劳动的分离与对立以及由此所导致的对生产力发展的束缚，却变成了阻抑现代性的潜力得以实现的最根本障碍，因而也是导致现代性悖论的最深刻根源。在此意义上，现代资产阶级既是现代性构想的设计者，同时又是这一构想的扼杀者。因此，要拯救现代性的合法成果，就必须终结资产阶级所有制的霸权地位，摧毁资本主义的整体社会结构，释放被它所束缚的巨大社会生产力。要做到这一点，所依靠的现实的主体力量只能是无产阶级，通过无产阶级革命，推翻资产阶级的生产关系，建立一个无阶级的共产主义社会，现代性所蕴含的潜能才能得以充分地发挥，它所承诺的关于人和社会的价值理想才能得以真正实现。所以，马克思指出，处于资本主义生产方式限制下的现代性必须被一种更富于人性的生活景象所代替。为此，必须消灭与人的生命发展不相适应的社会关系，通过社会革命的方式建立一个全新的社会。在这样的社会中，人的生命将从非人的资本力量的掌握之中解放出来，人类将得到自由、全面的发展，与人的生命相敌对的现代性将得到彻底的超越，一种使每个人的自由发展得以实现的新的现代性将真正生成。

正如伯曼所言："要成为充分的现代就要反现代。从马克思和陀思妥也夫斯基的时代到我们的时代，如果没有对现代世界的一些极其显著的现实加以憎恶及抗争，就不可能掌握及拥有现代世界的种种潜能。"① 马克思对现代社会的批判，其目的正是在于深化和重建现代性事业，为现代社会寻找发展的方向。

---

① ［美］Marshall Berman：*All that is solid melts into air*，Penguin Books，1988，p.14.

二、马克思思想的后现代意蕴

后现代主义是当代西方颇为流行并产生了重要影响的社会思潮，它涉及多种领域，如哲学、文学、美术、音乐、建筑、社会学、心理学等等，但作为总的思想倾向，主要表现为一种哲学思潮。从社会根源来说，后现代理论是对行将到来的"后工业社会"的一种文化反映。首先将马克思的名字同后现代联系起来的是美国著名社会学家丹尼尔·贝尔。在其名著《后工业社会的来临》中，贝尔认为，马克思的《资本论》第三卷对后工业社会的某些特征有过惊人的预测。① 哈贝马斯认为后现代主义向现代性的进攻开始于德国古典哲学，特别是黑格尔哲学。② 既然德国古典哲学是马克思主义哲学的理论来源，黑格尔对现代性信仰的动摇，当然会对马克思有所影响。当然，学术界也有不同看法，许多后现代哲学家都是把马克思主义哲学作为传统形而上学加以批判和解构的。

那么，马克思的思想是否具有后现代意蕴呢？

后现代主义往往把现代性与资本主义联系在一起。因此，当后现代主义审视和反思现代、现代性以及现代主义时，马克思对资本主义的批判便在后现代语境中凸现出来。马克思对后现代主义所谓"元叙事"，即对黑格尔式思想传统和法国启蒙主义思想传统的批判、对资本主义异化状态的批判、对资本主义社会中资本逻辑支配地位的批判、对资本主义的问题意识和危机意识，亦即对现代性及其负面效应的批判，都与后现代主义具有一致性。从后现代主义的理论先驱海德格尔，到其核心人物德里达、福柯、利奥塔、罗蒂、杰姆逊等，都对马克思哲学给予充分重视。在后现代语境之中，向来被

---

① ［美］丹尼尔·贝尔：《后工业社会的来临》，商务印书馆1986年版，第66页。
② 参见王岳川：《后现代主义文化研究》，北京大学出版社1992年版，第150页。

传统的马克思主义哲学体系所忽略、抑制乃至遗忘的部分，如马克思哲学对形而上学的批判、批判精神、实践在马克思哲学中的存在论意义等，得到了彰显。

（一）反对传统形而上学

马克思并没有说过自己的哲学是"后现代主义"，当然也没有想到在100多年以后出现一个后现代主义文化思潮；而一些后现代主义思想家也把马克思主义哲学归为传统形而上学加以拒斥，如利奥塔德就将马克思主义哲学归结为"精神的辩证法"、"关于劳动的解放的学说"，并斥之为"元叙事"的形而上学。[1] 但是，如果不是囿于表面而进入理论的深层的话，那么，马克思主义哲学与后现代主义确有相通之处，首先就是它们都反对传统的形而上学。

马克思的哲学和后现代主义的共同的敌人是黑格尔和旧的形而上学传统。马克思没有像实证主义者那样举起"拒斥形而上学"的旗帜，这是因为他对形而上学的拒斥表现在与实证主义不同的方面。以实证主义为开端的反形而上学浪潮，是从外部来颠覆哲学的形而上学。它以科学为范本，力图排除任何非科学的形而上学。他们反对黑格尔的思辨辩证法，从休谟的经验主义立场出发，并借助现代的语言分析方法，指出形而上学命题不仅是不可论证的，而且根本是毫无意义的。实证主义是要消除唯心主义和唯物主义的对立，试图在科学革命的背景下建立一种以科学实证方法为元价值、以经验主义为基础的哲学，而马克思则坚持历史唯物主义，没有明显的科学主义立场，二者在立场和方法上都有重大的不同。马克思不主张任何"在场的形而上学"，从柏拉图以来的形而上学的基础在于现象和本质、理想和现实的绝对差距。而在马克思那里，没有所谓"现

---

[1] 参见王岳川：《后现代主义文化与美学》，北京大学出版社1992年版，第25页。

实世界"和"理念世界"的区分。马克思关于"人的类本质"的论述是和他对异化劳动的分析紧密联系在一起的。实践本身也并不是一个形而上学的主题。在马克思那里,实践是自由自觉的活动,是人的现实存在方式,它沟通此岸和彼岸,在理想与现实之间没有不可逾越的鸿沟。在马克思那里,本质与现象的区分并不占据核心地位,或者可以说,马克思那里就没有传统意义上的现象与本质的区分。不论是实践,还是物质,都不是"本质",实践就是人的全部生活本身。实践的确是他的哲学的核心范畴,但这不是后现代主义所要反对的"基础"或"本质",实践本身就是一个反基础、反本质、反第一性的概念。

从《1844年经济学哲学手稿》到《德意志意识形态》,马克思始终关心"现实世界"或者说"现存世界",从理论和实践两个方面批判了形而上学,并认为随着科学和实践的发展"把人们的全部注意力集中到自己身上的时候,形而上学的全部财富只剩下想象的本质和神灵的事物了"。① 在马克思看来,传统形而上学的根本缺陷就在于,它关注的是脱离了人及其活动的宇宙本体或终极存在,不仅本体在其中成为一种抽象的存在,而且人本身也成了一种抽象的存在,人和人的世界都消失了。因此,应否定"迄今为止的哲学"并"消灭哲学",② 即"终结形而上学",使哲学面向自己时代的现实世界,关注"人类世界"。马克思主义反对传统形而上学的构建方法,即用超出了经验范畴的纯粹概念的逻辑推论,建构绝对的、普遍有效的体系的方法。马克思的新唯物主义所关注的并不是抽象的本体,更不是以经院哲学的方式抽象地谈论世界的存在,而是从人与世界的关系来谈论世界的存在与发展。那种"被抽象地孤立地理

---

① 《马克思恩格斯全集》第2卷,人民出版社1957年版,第161—162页。
② 参见《马克思恩格斯选集》第1卷,人民出版社1995年版,第8页。

解的、被固定为与人分离的自然界，对人说来也是无"①。也就是说，不与人发生关系的、不进入人实践活动范围的对象，对人来说并无意义。因为，一方面，"凡是有某种关系存在的地方，这种关系都是为我而存在的；动物不对什么东西发生'关系'，而且根本没有'关系'；对于动物说来，它对他物的关系不是作为关系存在的"②。另一方面，人的世界并不是先验的本体，它是随着人的实践活动的开拓而历史地生成的，"通过这种生产，自然界才表现为他的作品和他的现实"③。马克思哲学的出发点是现实的人及其实践活动，"这种活动、这种连续不断的感性劳动和创造、这种生产，是整个现存感性世界的非常深刻的基础"④。由此可见，马克思学说的出发点和基础既不是抽象的"本体"和抽象的人，也不是"纯粹的观念"，而是现实的人及其实践活动。这就是说，马克思哲学拒斥形而上学并实现了哲学主题的转换，即从宇宙本体转向人类世界，关注着"现存世界的革命化"。

反对形而上学是后现代主义思想家的共识。海德格尔注意到马克思拒斥形而上学的努力，并认为马克思完成了终结形而上学的工作："形而上学就是柏拉图主义。尼采把他自己的哲学标示为颠倒了的柏拉图主义。随着这一已经由卡尔·马克思完成了的对形而上学的颠倒，哲学达到了最极端的可能性。哲学进入其终结阶段了。"⑤

（二）批判精神

批判精神是马克思哲学的基本精神。马克思主义哲学是在批判中产生的。在其创立之初，马克思哲学就宣布：要对现存的一切进

---

① 《马克思恩格斯全集》第 42 卷，人民出版社 1979 年版，第 178 页。
② 《马克思恩格斯全集》第 3 卷，人民出版社 1960 年版，第 34 页。
③ 《马克思恩格斯全集》第 42 卷，人民出版社 1979 年版，第 97 页。
④ 《马克思恩格斯选集》第 1 卷，人民出版社 1995 年版，第 77 页。
⑤ [德] 海德格尔：《面向思的事情》，商务印书馆 1996 年版，第 59—60 页。

行无情的批判，而这种批判的锋芒所向就是资本主义社会。无论是"对黑格尔的辩证法和整个哲学的批判"、"对黑格尔的哲学形式的批判"，还是"对法国唯物主义的批判"以及"政治经济学批判"，归根结底都是对资本主义社会及其异化状况的揭露、分析和批判。用后现代主义话语来说，就是对资本主义社会进行解构。这一系列的理论批判是在对现实批判的过程中完成的。《莱茵报》时期和《德法年鉴》时期的实践、1848年的欧洲革命和1871年的巴黎公社起义、长期对整个资本主义经济发展过程的追踪分析、对各种错误思潮和形形色色的机会主义与修正主义的回击与批判，等等，这就是伴随马克思哲学思想转变、创立新唯物主义的现实批判，它们是马克思哲学思想的现实源泉。

马克思理论批判的主要武器是辩证法，因为"辩证法在对现存事物的肯定理解中同时包含对现存事物的否定的理解，即对现存事物的必然灭亡的理解；辩证法对每一种既成的形式都是从不断的运动中，因而也是从它的暂时性方面去理解；辩证法不崇拜任何东西，按其本质来说，它是批判的和革命的"①。马克思没有把辩证法当作教条去预测未来，而是"希望在批判旧世界中发现新世界"②。马克思主张彻底的辩证法，它是彻底的生成和变易，也是彻底的否定和批判，这里没有固定不变的静态的"中心"。这正是马克思哲学的基础——实践的本性。在这种意义上说，马克思的辩证法克服了一切形而上学。

对于后现代主义者来说，马克思作为现代性传统的批判者的立场得到了充分的认同和发挥。这主要是西方发达国家的一些思想家们对于以科技理性为内核的西方现代工业文明所蕴含的内在矛盾有

---

① 《马克思恩格斯选集》第2卷，人民出版社1995年版，第112页。
② 《马克思恩格斯全集》第1卷，人民出版社1956年版，第416页。

着深刻的体认,对于现代资本主义社会的极端发展所带来的种种困境有着切肤之痛,因此他们企求通过种种激进的解构策略,来彻底消解一切绝对的、中心的实体化存在,消解一切等级性的、压制性的权威关系,直至最终消解"现代性的暴虐"。马克思对于现代资本主义内在悖论的揭示,对于现代社会组织和社会制度所导致的各种病症的诊断,对于现代种种意识形态的剖析和批判,等等,在一些后现代主义者那里获得了深深的共鸣,因此,他们把马克思奉为后现代主义的先驱,视为后现代主义的重要理论源泉之一。

德里达非常重视马克思的"批判的精神和质问的态度",以及他的"对于解放和获救的肯定"。这其实就是马克思对现代性的独特态度:既坚持现代性批判,又坚持现代性理想,既看到现实的黑暗,又不对未来失去信心。所以,在德里达看来,没有马克思就没有未来,没有对马克思的"记忆和继承",就没有未来。

福柯认为,支配法国乃至当代批判思想的三个基本来源是尼采、弗洛伊德和马克思,这三位大师各自发挥了一种根本性的"解中心"作用,共同开辟了当代解释学的道路。福柯自称"相信马克思的历史分析",并认为马克思的历史分析并不是"建立在任何18世纪模式的基础上",相反,马克思在政治经济学的基础上揭示了一个"全新的话语实践"。

罗蒂对马克思哲学的态度具有二重性:一方面,他认为马克思的哲学属于启迪哲学,即后哲学文化,它主张实践的优先性,并始终坚持历史主义意识,其目的在于不断进行人与自然、人与人、人与本文之间的对话;另一方面,他又认为,马克思仍然坚持这两个信念,即试图深入到现象背后的实在,以及为政治寻找理论基础的信念。显然,罗蒂强调在马克思哲学的方法和理论体系之间存在着裂痕。

杰姆逊致力于马克思哲学的当代阐释，认为马克思早已为我们确立了对待后现代主义的"恰当立场"；马克思的哲学绝不是什么"唯生产的、简约的、过时的整体论话语"，相反，它是一种更为宏大深刻的研究方法，"是我们当今用以恢复自身与存在之间关系的认识方式"。在杰姆逊看来，马克思哲学提供了"整体社会的视界"，它"让那些互不相容，似乎缺乏通约性的批评方式各就各位，确认它们局部的正当性，它既消化又保留了它们"，而"其他批评方法的权威性只是来自它们同某个零碎生活的局部原则，或者同迅速增生的复杂上层建筑的某个亚系统的一致性"。①

在对具体理论问题的批判上，由于马克思和后现代主义者都立足于对资本主义异化状态进行批判，所以二者也有许多相通之处。如在对待人与自然的关系和西方中心论等问题上，二者的主旨是相同的。马克思关于人在实践中自在自然变为人化自然与自然对人的报复、人应按照内在和外在之双重尺度改造自然的思想，与后现代主义批判人的异化，提出"人的终结"，要求重新反思自我，重建人与自然的和谐关系的思想；又如马克思在剖析西方社会、研究世界历史以及探讨东方社会的社会结构和历史命运的过程中，对西欧封建主义的普适性、西欧资本主义起源的普适性、西欧资本主义制度的普适性的批判以及对西方经济和政治霸权的批判，一句话，对西方中心主义的批判，与后殖民主义对于伴随资本主义对东方社会的经济侵略和政治扩张，而在文化层面上形成的文化霸权或文化帝国主义的解构之间具有共识。当然二者关注的重心不同，前者关注西方经济和政治霸权的实际消除，后者关注西方文化霸权在语言上的解码。

---

① [美] Fredric Jameson：*The Political Unconscious*, Cornell University Press,1981,p.10.

在西方思想史上，马克思哲学最早提出"人类同自然界和解"，以及"合理地调节人与自然之间的物质变换"问题，并认为应在人的内在和外在尺度的双重关联中去改造自然界，使自然界真正成为"人类学的自然界"。马克思首先看到了自然界对人类的报复问题："我们不要过分陶醉于我们人类对自然界的胜利。对于每一次这样的胜利，自然界都对我们进行报复。"① 马克思批判道："只有在资本主义制度下，自然界才不过是人的对象，不过是有用物；它不再被认为是自为的力量；而对自然界的独立规律的理论知识本身不过表现为狡猾，其目的是使自然界服从于人的需要。"②

后现代主义所谓"人的终结"的论断，也是要求重新思考主体性问题，重新思考人与自然的关系问题，其锋芒所指就是笛卡尔以来的"理性的人"的观念。按照后现代主义的观点，启蒙运动以来，我思主体的心灵或精神分离并对立于外在的物质世界，从而导致人类中心主义。这不仅造成了当代西方文化危机，而且也造成了当代全球性的生态问题。因此，后现代理论试图给人一个新的定位。用福柯的话来说，就是后现代思想家"承担了在人和他的科学，他的发现和他的世界——一个具体的世界——之间建立一种关系的任务"。③ 后现代主义解构了人的在先性、中心性和超验性，并明确宣告：人是"创造性的存在物"，人的自我形象"是创造而不是发现的"。在格里芬看来，"个体并非生来就是一种具有各种属性的自足的实体，他只是借助这些属性同其他的事物发生表面上的相互作用，而这些事物并不影响他的本质。相反，个体与自我的关系，他与广

---

① 《马克思恩格斯选集》第4卷，人民出版社1995年版，第383页。
② 《马克思恩格斯全集》第46卷上册，人民出版社1979年版，第393页。
③ 转引自王治河：《论后现代主义的三种形态》，载《国外社会科学》1995年第1期。

阔的自然环境的关系、与家庭电工学、与文化的关系等等,都是个人身份的构成性的东西。"① 这就是说,人本质上是通过自己的活动自我创造的产物,对人来说,个人与他人、他物的关系不是外在的,而是内在的、本质的、构成性的。

(三)"问题"意识

马克思哲学和后现代主义都是对现代性及现代化负面效应的批判,后现代理论常常以"叙事危机、表征危机、合法化危机"来表征这些问题,而马克思则以资产阶级时代所面临的经济危机、社会矛盾等表征现代社会的问题。

马克思主义哲学与后现代主义都具有"问题学"的特征。马克思从来都是将现代社会所存在的"问题"作为关注的焦点。而后现代主义则是在工业发展登峰造极、理性逻辑试图僭越一切的观念中展开自己的反叛的。从根本上说,无论是马克思主义哲学还是后现代主义哲学,都不是"解释学",也不是简单的实证科学,而是"问题学",是批判理论。

马克思在肯定资本主义社会成就的同时,更注意其存在的"问题"。他在考察现代社会时,处处看到了它的矛盾和异化。如同本文第二章中谈到的那样,马克思在剖析现代社会的政治方面时,看到的是普遍性与特殊性的分离,自由、平等的虚假性,政治解放的局限性,以及资本主义社会条件下对解决这一系列问题的限制;在考察现代社会的经济方面时,看到的是一般等价物对人的统治,是人与人和人自身的异化,等等。值得注意的是,尽管马克思将异化现象严格地限定为对现代性的资本主义应用的结果,但他并不认为随着资本主义生产方式关系的解体,现代性本身就不存在"问题"了。

---

① [美] David Griffin,*Spirituality and Society: Postmodern Visions*, State University of New York Press,1988,p. 14.

在《哥达纲领批判》中，马克思指出，在消除了资本主义私有制的社会主义，资源匮乏仍然存在，竞争依然存在；人与人的平等，是以默认事实上的不平等为前提的，人们还在很大程度上处于工具理性、市场逻辑的导引之中。

问题意识与危机意识、批判意识密切相关。马克思在谈到时代精神与哲学的关系时，强调"问题就是口号"，并认为问题比答案更有意义："一个时代所提出的问题，和任何在内容上是正当的因而也是合理的问题，有着共同的命运：主要的困难不是答案，而是问题。"① 正是从这种问题意识出发，马克思把"现代社会"存在的问题作为关注的焦点，这是马克思哲学注重"批判"的本质所在。后现代理论同样表现出一种强烈的问题意识。实际上，在西方，后现代理论首先是作为课题或问题而存在的，它关注的焦点就是现代性本身存在的问题；它并不是要向人们说出真理，而是为了排除通向真理的障碍，以去掉、摆脱笼罩在现代性身上的假相和迷雾。从马克思所处时代到法兰克福学派、存在主义、结构主义时代，再到后现代主义时代，对现代性的批判工作经历了从社会政治、经济批判到文化批判和意识形态批判，再到语言批判的过程。从学理的角度说，这种转换是批判工作不断细化、深化和精致化的过程，同时又显示出这种批判有其转承逻辑和现实意义。

（四）实践的观点

后现代主义思想家强调实践的存在论意义，认为马克思对社会生活实践本质的强调，旨在突破西方哲学的知识论谱系，以立足于从人的活动来理解社会存在。

按照马克思的观点，实践是使自然存在和社会存在的原创性活

---

① 《马克思恩格斯全集》第40卷，人民出版社1982年版，第289页。

动,人在这个世界上诞生之后,就通过实践进入到存在的组合中,并赋予存在以新的尺度,从而使存在具有"为我而存在"的性质;人通过自己的实践活动创造了人和人的世界,实践因此构成了现存世界得以存在的根据和基础。在马克思哲学中,实践的权威是全方位的,它不仅存在于认识论中,而且存在于自然观、历史观之中:在自然观中,实践是自在自然与人化自然分化与统一的基础,实践扬弃了人与自然之间的二元对立;在历史观中,实践构成了社会的本质和人的存在方式,是"自然的历史"和"历史的自然"相统一的基础,实践消除了"物质的自然"和"精神的历史"对立的神话。

西方哲学自笛卡尔的"我思故我在"开始,确立了理性的优先权,把理性看作人的永恒不变的本质。与之相反,马克思立足于实践活动来考察人,强调人是在社会实践中逐步生成的,人的本质在其现实性上是社会关系的总和,不再认为人先天具有一种普遍的理性本质。实践是人的存在方式和生命活动的本质特征。因此,人与世界的关系首先是实践的关系,而非认识的关系。实际上,马克思先于海德格尔就表达了这样的思想:人的本质特征在于他是"在世界中的存在",人并非从他的孤独自我透过窗户去看外部世界的,他本已站在户外。因此,相对于作为西方形而上学产物的人道主义而言,马克思显然阐发了某种后人道主义的思想。

马克思批评旧唯物主义者"对对象、现实、感性,只是从客体的或者直观的形式去理解",主张要"把它们当作感性的人的活动,当作实践去理解",要"从主体方面去理解",正是在于强调:不是意识决定生活,而是生活决定意识;人们的存在就是他们的现实生活过程。因此,生活世界在本质上就是人的世界,回归生活世界也就是向人的现实或现实的人的回归。

马克思实践概念最基本的表述就是"感性的人的活动"或"对象性的活动"。实践原则即感性活动的原则。以感性活动亦即实践为主导原则的马克思主义哲学,直接就意味着把哲学从根本上理解为理论与实践的统一。以实践原则为枢纽,马克思确立了新唯物主义世界观。实践是人的存在方式,是整个现实世界存在和发展的基础,它以缩影的形式映现着现存世界。物质生产实践构成了社会发展的根本动力。人与自然之间的否定性关系是最深刻、最基本的矛盾关系,是人类一切否定性亦即革命性、批判性的活动之源。

马克思认为,理论认识只是人对待世界的一种方式,全部社会生活在本质上是实践的,实践构成了人与自然、人与人的关系以及整个现实世界的本质。马克思强调人类认识活动的社会历史性,认为人的五官感觉的形成是以往全部世界史的产物,认识的对象只能是现实的感性世界,语言也不过是一种实践的、既为别人存在因而也为我存在的现实意识。通过对德意志意识形态的解构,马克思指出:不是意识决定生活,而是生活决定意识;不是从观念出发去解释实践,而是从实践出发去解释观念;不是用单纯的观念批判去解释历史的运动,而是用现实的历史运动来说明观念的兴衰起落。后来西方哲学对概念、范畴的社会历史性的揭示,不过是马克思对认识、意识及思想观念的社会历史性的揭示的深入罢了。

马克思考察人类历史,是从现实的个人亦即他们的活动和他们的物质生活条件出发的。马克思从来都无意于构造普适性的社会历史运动的公式,他坚决反对把他关于西欧资本主义起源的历史概述变成一般发展道路的历史哲学理论,认为东方国家并不一定要走西方国家的老路。马克思拒绝把现实的社会历史运动看作先验理性借以实现自己的工具和过程。后现代主义否认历史本质和规律的存在只不过是把马克思的这个思想推向极端罢了。

马克思的实践观开启了批判黑格尔哲学乃至西方柏拉图以来哲学传统的先河，开辟了一条新的哲学道路。我们完全可以说，马克思的实践观具有后现代意蕴。而且，马克思在开辟现代西方哲学发展道路的同时，又对现代西方哲学其他流派构成了批判，这种批判既指向现代主义思潮，也指向后现代主义思潮。

三、马克思的思想与后现代理论的本质差别

马克思从实践出发去理解现存世界，建构了新唯物主义的思想体系。后现代主义则是基于对后黑格尔时代哲学发展潮流的批判考察形成的。因此，马克思哲学与后现代主义从根本上说，都是源于对黑格尔哲学乃至西方整个柏拉图主义哲学传统的反动。二者在思维取向上是一致的，都是否定性思维，都致力于揭示现实世界的社会历史性，反对用一套固定不变的概念和体系来解释世界，注重现实生活的动态性、不确定性和变化发展。但二者的区别也是非常明显的。马克思主义哲学具有后现代的意蕴，但马克思不是后现代主义者，马克思主义哲学也不是后现代主义哲学。这主要表现在以下四个方面：

（一）后现代理论对马克思的批评

就在有人试图把马克思归入后现代行列的时候，后现代思想家却因马克思的思想过于现代而对其进行了激烈的批评。马克思的思想被贴上"中心主义"、"权威主义"、"本质主义"、"整体主义"等等诸多标签，而成为后现代理论所解构的对象。同时，后现代的深度模式的消失使马克思的历史意识和辩证法被大大削弱，后现代去差异化的特征也对马克思关于经济、政治乃至阶级的划分提出了质疑。概括说来，后现代理论对马克思的批评主要来自以下几个方面：

一是总体化趋向，宏大叙事。在后现代主义者那里，与现代历史学研究方法不同，非连续性不再被视为一种有损于历史叙事的、原则上应予以指责的因素。相反，福柯把非连续性视为一个积极有效的概念。他用他的一般历史概念来反对现代的总体历史概念，并把总体历史概念的形成归咎于黑格尔和马克思等人。福柯把这两种历史概念之间的差别概括为："一种总体历史叙事将所有的现象都聚拢到一个单一的中心——一种原则、一种意义、一种精神、一种世界观、一个包容一切的范型——之下；与此相反，一般历史叙事展现的则是一个离散的空间。"① 福柯所反对的总体类型包括大尺度的纵向总体，如历史、文明和时代等，和横向的总体，如社会、时期，以及人类学或人本主义的主体概念。在福柯看来，像黑格尔或马克思等人所描绘的那种演化的历史，实际上是以一种非法手段，通过构造抽象概念体系而达到了其叙事的总体化。这种抽象概念体系所造成的混乱比其所能揭示的东西要多得多，它遮蔽了复杂的相互关系、分散变化的多元性、个别化的话语系列、各种不能被还原为某种单一规律、模式、统一体或纵向体系的事物。

后现代主义认为马克思哲学虽然具有怀疑和批判精神，却又被共产党人整合为统一的理论体系，作为某种政治的思想基础和行动纲领，因而不可避免地成为"元叙事"，难逃保守和封闭的命运。不仅如此，马克思哲学虽然倡导实践的首要性、人的现实性和生活的多元化，但其阶级斗争学说和人性解放学说仍是一种"宏大叙事"，因而导致现实社会主义运动对于统一整体的偏执和对异质成分的压抑。马克思把知识看成是解放性的，而福柯则强调知识与权力体系的不可分割性。福柯的"权力—知识"概念表现了后现代对理性和

---

① ［美］道格拉斯·凯尔纳，斯蒂文·贝斯特：《后现代理论》，张志斌译，中央编译出版社1992年版，第56页。

以理性名义提出的解放蓝图的怀疑。后现代主义者认为马克思虽然提供了考察资本主义社会结构的认识框架，但又过于迷恋和依赖作为认识范式的结构，以至极少涉猎犯罪、疾病、孤独和死亡等人类生存的基本困境。对于马克思哲学，后现代主义强调其方法而非结论，重视其思路而非体系，赞赏其片断而非整体。在后现代语境中，马克思哲学文本变得支离破碎，不再统一。

二是生产主义逻辑。博德里拉声称，马克思把使用价值当成一种外在于交换价值的乌托邦，没有意识到使用价值本身也是交换价值系统的一个产物，交换价值系统制造出了一个理性化的需求与客体系统，从而将个人整合进了资本主义社会秩序中。在博德里拉看来，马克思的激进理论只不过是重复了政治经济学的逻辑而已。博德里拉试图取消交换价值与使用价值之间的对立，在这种对立中，使用价值被认为是某种非历史性的、处在历史性的交换系统之外的东西，它植根于自然的、未异化的人类需求当中，就好像是交换价值根本不存在一样。在博德里拉的图式中，需求是真实的还是虚假的，劳动是自由的还是异化的，这些问题并不重要，因为这类概念仍然纠缠在生产主义逻辑之中。博德里拉相信，真正的革命性的出路应该是一种摆脱了一切功利主义律令、陶醉于狄奥尼索斯式的游戏与狂欢能量中的符号交换。马克思主义没能彻底同资本主义的生产主义决裂，它所希望的仅仅是一种更为有效且公正的生产组织，而不是一种完全不同的社会类型，具有不同的逻辑、不同的价值以及不同的生活方式。博德里拉认为，符号交换提供了一种活动模式，这种活动模式要比马克思主义者所倡导的实践更能彻底地颠覆资本主义的价值与逻辑，因为在他看来，马克思主义者所倡导的实践只不过是"生产之镜"的反映而已（例如工人的掌权，生产工具的社会化等）。

三是还原主义。拉克劳和墨菲认为，整个马克思主义——从马克思到葛兰西再到阿尔都塞——无论在理论上还是政治上，一直为一种还原主义逻辑所害，这种还原主义逻辑妨碍了人们对分化且多元的社会性质的理解，对各种被压迫群体的自主性的理解以及对一切政治认同和斗争之开放性和偶然性的理解。它们通过话语来分析社会，强调社会现实的推论性构成，并融汇了哲学、语言学、社会理论及政治理论等领域内的许多理论家的观点。在他们看来，马克思主义展现出一种"一元论的渴望"，试图抓住历史的本质和深层意义，这种历史可以通过劳动和阶级斗争概念来理解，其逻辑具有铁一样的必然性，沿着一个严格的进化阶段序列自行演进。他们认为，马克思主义将复杂的社会简化成了生产和阶级问题，把多样性的"主体立场"（阶级、种族、性别、民族、世代）消解为阶级立场。马克思主义者在对待社会群体的多元性时，总是试图将它们归结为受工人阶级领导的"阶级联盟"或"历史集团"。但是，传统的马克思主义真理已经遭遇到了一场"突如其来的历史巨变"的挑战。拉克劳和墨菲认为，战后新的商品化、科层化和同质化等过程使社会关系日益政治化，并且取消了旧有的社团形式和社团的亲密关系。这些过程起源于凯恩斯的福利国家的出现以及大众文化和媒体的骤增。它们产生了新的抵制与对抗形式，表现为许许多多的新的社会运动（包括女性主义、同性恋自由、和平与生态团体等）。这些运动表明了社会领域及其对抗形式的复杂性，并指出了存在着不能被还原为阶级立场和生产主义逻辑的新的政治。

综上所述，后现代主义理论家认为马克思属于现代性理论家，他的理论已经过时，对当代社会来说已经不合时宜了，不再具有任何指导性的意义。马克思所处的时代已经一去不复返了，马克思的理论基础也被后现代理论家从根本上解构了。

（二）关注点不同

马克思哲学的基础和关注的重点是现实社会实践，而后现代主义则注重的是观念和理论。就其本质而言，后现代主义还是局限于上层建筑领域，它重视的是理论和话语的可能性。马克思重视哲学的改变世界的功能，而后现代主义者则把理论的核心看作对文本的批判。所以说，后现代主义对现代性的进攻是平面化的，往往局限于语言层面上的"解构"，缺乏经济、政治、社会伦理层面上的批判。这在后现代主义的激进代表——法国解构主义那里表现得最明显。他们坚信，语言"背后"不存在任何东西，而所谓"解构"，只是对语言的逻辑规则加以"拆解"，以走向所谓的"前逻辑"。在后现代主义那里，语言成了一个独立的王国。马克思则认为，"语言是思想的直接现实"，是"现实生活的表现"和"现实世界的语言"。① 马克思仿佛预见到后现代主义的这一思想倾向似的，他指出："正像哲学家们把思维变成一种独立的力量那样，他们也一定把语言变成某种独立的特殊的王国"。与后现代主义不同，马克思对现代性负面效应的批判，是历史的深层的批判。马克思对资本主义条件下异化现象的揭露，总是从异化的表象走向经济、政治以及社会的深层，从中找出导致产生异化的历史根源；他对现代性在资本主义的负面表现问题，也是以从表面进入历史的深层这一思维方式展开批判的。如果说后现代主义的致思取向是从平面到平面，从语言到语言，缺乏经济、政治、社会伦理层面上的批判，那么，马克思主义哲学则是从社会的表象走向历史的深处。德里达等人消除了哲学与文学的对立，用文本分析取代了哲学分析，这是结构主义所带来的变化。结构主义使文学理论离开文学本身，成为意指含糊的

---

① 《马克思恩格斯全集》第3卷，人民出版社1960年版，第525页。

"文论",模糊了哲学与文学的界限。它也使哲学的对象变为文本,二者显然不在一个层面上。马克思的实践哲学重视现实性,而后现代哲学重视可能性。解构并不一定是一种现实性,而往往只是一种语言的可能性,由于语言体系的内在的不稳定性、矛盾或缺陷,造成了语言意义具有不断"滑动"的可能性。而许多理论家都忽视了解构作为一种可能性的特点,把它当成了现实性,从而造成了思想混乱。

(三)对现代性的态度不同

马克思不像后现代主义那样具有极端的反传统特色。马克思是在现代性的基础上追求人类的自由和解放的。从后现代主义的角度看,马克思的思想依然是"宏大叙事",马克思依然主张历史的进步性。而后现代主义哲学则在客观上否定了进步观念,认为进步概念明显地意味着一种目的论,一种形而上学尺度。后现代主义坚持彻底地反对一切形而上学的遗迹,它对任何关于历史进步的言说都持怀疑态度,因为,历史进步论也是"宏大叙事"之一种。马克思拒斥传统的形而上学,但其批判视角是以实践为基础,并不泛泛而谈反本质、反中心、反整体,而后现代主义则出于策略性考虑,拒绝总体化的哲学,强调彻底的反表象主义、反本质主义和反基础主义。马克思坚信革命的实践能够导致环境的改变和人的自我改变的一致,坚信历史进步的必然性,而后现代则由于对中心、本质、基础的消解,尽管也对前途保持一定的乐观姿态,但这种乐观显然缺乏现实的和历史的依据。其实,任何一种哲学都免不了要提出或预设一种"宏大叙事",关键在于这个体系有没有自我批评、自我超越的能力。马克思主义显然有这种能力,因为马克思哲学的本质就是批判的、革命的。马克思要破坏一个旧世界,颠覆一个旧世界,但这并不是他的最终目的,马克思的目的是要建设一个新世界,这一点是后现代理论所没有甚至是排斥的。

因此，马克思对待现代性的态度是建设性地批判，在唯物地剖析、彻底地批判了现代资本主义社会的同时，指出未来如何建构。既指出现代性社会的病症，也给出治疗的药方，指明唯物地建设新社会的方向。所以，马克思始终秉持的是一种辩证的立场：他既是现代性价值信念的信奉者，又是现代性传统的批判者，同时还是现代性理想的重建者，并且这种多元的立场在马克思那里完全有机地结合在一起，使马克思的现代性思考富于思想的张力和开放的空间，从而成为今天探讨现代性的丰富资源。

而后现代理论对现代性所持的则是非建设性的批判态度。"后现代理论的主流不仅对现代性持激烈、彻底的批判态度，而且要将现代性从根基处拆解掉，并拒绝任何重建的努力。"

（四）理论倾向不同

后现代主义不可避免地带有反辩证法的特点，它过分强调差异、不确定性、多样性，这就暗含着导致意义的崩溃和确定性的丧失的危险，同时也有陷入否定主义、相对主义、虚无主义、无政府主义的危险。虽然有的后现代主义者，如德里达，认为自己的思想与辩证法有着一致性，但二者的立场毕竟是不同的，不能简单地相提并论。马克思哲学始终带有唯物的辩证性特征。马克思也注重差异、多样性、不确定性等，但是，马克思始终都会看到事物的另一面。所以，马克思哲学不会导向否定主义、相对主义或者虚无主义。马克思始终都在和这些倾向作斗争。

从总体上看，马克思哲学着眼于对资本主义的宏观状况的批判，而后现代主义着眼于对资本主义的微观领域的剖析；马克思哲学着眼于对资本主义的经济基础和社会制度的批判，其目的在于从根本上推翻资本主义制度，而后现代理论主要是对资本主义主流意识形态的批判,而较少涉及这种主流意识形态赖以滋生的经济基础,尤其是所有制关系。这种不同导致马克思主义者指责后现代理论对资本主义的批判实质上无伤资本主义制度的根基,而后现代思想家则指责马克思哲学对资本主义的批判归根到底仍囿于资本主义的总体逻辑。

综上所述,后现代主义揭示了现代文明的病症,却为人类的前途开错了药方,走向反意义、反价值,以"游戏"、"调侃"的理论风格面对世界。后现代理论在致力于消解本质与现象、必然与偶然、中心与边缘等经验的二元对峙时,实际上秉持着特殊的目标和旨趣,即偏重于非基础性、非确定性和非中心性,以现象消解本质,以偶然取代必然,以边缘分割中心的效应和影响,而且它肯定的只是片断的、无深度的不确定的生活模式的意义与价值。因此,后现代理论指责现代性走向了极端,而它却走向了另一个极端。而马克思对人类的前途命运始终怀有深沉的终极关怀。马克思"绝不提供可以适用于各个历史时代的药方或公式",但由于它致力于对每个时代的实际生活和活动过程的考察与批判,因而坚信人类前景的"意义"、"价值",并主张实际地加入到推进人类历史前进的行列中去。

小 结

本章在现代与后现代的争论中,探讨马克思的有些模糊不清的身份。在现代性理论的视野中,马克思是个难以解开的谜题。在"传统—现代"的思维框架中,马克思的思想因其反"传统"而被认为属于"现代"的,但他同时又因为其对现代现象的深刻批判而被认为是"反现代"的;而在"现代—后现代"的思维框架中,马克思的思想因其现代性批判的立场常常被认为是"后现代"的始作俑者,但又因其"宏大叙事"、"基础主义"、"本质主义"等思想而被排斥在后现代之外。由于马克思所处的时代背景以及马克思对现代资产阶级社会的总体批判的态度,使得他的身份模糊不清。

把马克思划归现代阵营,因为他的理论所由之处正是启蒙思想的滋养,其理论指向与一生关注都是现代社会的运演及其命运,而其在彻底批判现代社会之后提出的共产主义理想,其对人类自由与历史进步的乐观态度,都依然是现代性的。而认定马克思与后现代理论具有亲缘关系,因为他批判传统形而上学的立场,彻底的批判精神,其理论的"问题"意识,及鲜明的实践特征,都与后现代理论不谋而合。但是,必须看到的是,马克思的思想与后现代理论有着鲜明的本质差别。首先,从后现代理论对马克思思想的激烈批评中,我们看到马克思不属于后现代阵营,比如其总体化趋向,宏大叙事的性质,生产主义倾向,还原主义逻辑等。其次,马克思的思想与后现代的理论基础与关注点不同。马克思理论的基础与关注点始终是现实的社会实践,而后现代理论关注的则是语言层面的"解构",缺乏经济、政治和社会层面的批判。再次,对现代性的态度差异巨大。马克思对待现代性始终抱持着辩证的批判立场,在深入批判旧世界之后,坚持建设一个新世界。而这正是后现代理论家批判的宏大叙事,后现代理论在批判、解构了现代之后,只是彻底的弃绝,并无重建的诉求。最后,二者的理论倾向不同。后现代主义不可避免地带有反辩证法的特点,它过分强调差异、不确定性、多样性,这就暗含着导致意义的崩溃和确定性的丧失的危险,同时也有陷入否定主义、相对主义、虚无主义、无政府主义的危险。马克思哲学始终带有唯物的辩证性特征,始终都会看到事物的另一面。所以，马克思哲学不会导向否定主义、相对主义或者虚无主义，相反，它始终都在和这些倾向作斗争。

在马克思的理论中，"现代"的以及"后现代"的特征都是那样鲜明而突出。他是"现代"里面的"后现代"，又是"后现代"里面的"现代"。这样纠结不清的身份，或许我们就不能简单地把他归结为"现代"的，或者"后现代"的。但是，我们终究可以从总体上来把握马克思的身份：马克思的思想具有现代性主旨和后现代意蕴。

第四章　现代性问题：马克思的西方传人

马克思的现代性理论是独特而丰富的。其独特在于他划分时代的方式以及对这一时代特质的独特把握，即，他以生产方式的变革来划分时代，然后紧紧抓住这一时代的核心问题——资本生产过程进行全面而深刻的解剖和批判，其现代性批判深入到异化的经济根源中，把现代性问题一层一层地剥离开来，最终抓住问题的根本，以资本来统领对现代社会的概括分析。马克思一改用理性或其他意识形式来解释历史的西方习惯，代之以唯物史观。马克思现代性理论的丰富性在于，他以总体的高度对现代社会做了横跨哲学、政治学、经济学乃至社会学的探究，这使得马克思的现代性理论至今仍是多个学科研究的不可缺少的资源。其丰富性还在于他对现代性所采取的辩证观，其既肯定又批判的态度，既是现代性的批判者，又是现代性理想的追寻者的身份，使马克思的现代性思考富于思想的张力和开放的空间，从而为后人提供了可从不同角度予以发挥的丰富资源。在他身后的一百多年时间里，他思想的影响一直长盛不衰。他的西方传人——西方马克思主义者正是汲取了马克思的思想营养，成为在现代性问题的探讨中一支不可或缺的力量。本文选取西方马克思主义中影响最大的法兰克福学派作为样本，来剖析西方马克思主义的现代性理论，是如何承袭了马克思的理论，又如何深受韦伯现代性理论的影响，背离马克思，否定启蒙，直至走向彻底的悲观主义，后又再次转折，经由现代性与后现代性的论争，在哈贝马斯的影响下进行现代性的重建的。之所以选取法兰克福学派的现代性理论作为样本，不仅因为这一学派的理论影响巨大，而且因为法兰克福学派的现代性理论浓缩了西方现代性及其理论的发展轨迹，从其理论的崛起、兴盛、转折、困境和重建的努力中，折射出的是整个20世纪西方的社会、文化和思想的历史。

一、社会批判理论与马克思的遗产

法兰克福学派①可以说是西方马克思主义思潮中影响最大、成果最丰、持续时间最久的一个学术派别，是西方马克思主义中最主要

---

① 1923年2月3日，法兰克福社会研究所成立，其创始人是F.威尔（F. Weil）、霍克海默和波洛克，并获得威尔父亲在财政上的大力支持。但是，研究所的成立，并不意味着我们今天所说的法兰克福学派的成立。因当时三位创始人都不具备教授资格，所以研究所聘任奥地利著名马克思主义历史学家格律伯格担任第一任所长。但格律伯格的兴趣与霍克海默等人不同，他的主要工作是经验性的，更注重政治经济学的研究，对于理论和意识形态评价并不关心。但他秉持兼容并包的原则，研究所在这一时期成为东西马克思主义思潮自由交锋的论坛。其研究人员来自不同政治派别，其出版物既发表第二国际伯恩施坦、阿德勒等人的文章，又发表共产国际政治家、理论家的文章，还发表西方马克思主义者卢卡奇、科尔施等人的文章。但这一时期研究所没有自己的理论风格，并未形成我们今天意义上的法兰克福学派。直至1930年，霍克海默出任研究所的所长，情况发生了彻底转变。霍克海默为研究所制订了明确的研究纲领和方向，自此，以社会批判理论为核心的法兰克福学派诞生了，并日益在理论界乃至社会公众当中产生深刻而长远的影响。

的流派。它因法兰克福社会研究所而得名,其发展大致分为三个时期①,从1923至1931年为初期,可称为"格律伯格时期",因为这一时期由卡尔·格律伯格②(Carl Grunberg)担任法兰克福社会研究所的所长,他强调马克思主义是一门社会科学,而不是哲学系统,因此,研究所的主要研究方向是经济学的实证研究,研究项目包括亚细亚生产方式研究,资本主义经济发展方向等。这一时期的理论不具有法兰克福学派理论的典型性。第二个时期大致从1931至1968年,可以称为"霍克海默时期",这一时期主要由马克斯·霍克海默(Max Horkheimer)担任研究所所长,他主张社会哲学而不是经济学史的研究。正是在霍克海默的倡导和定位下,法兰克福学派逐渐成为独具特色并且影响广泛的重要理论派别。这一时期是法兰克福学派声名鹊起并达到鼎盛状态的时期,它的"批判理论"曾一度在西方社会思想界乃至青年学生中产生巨大影响,尤其是在1968年的学潮中达到顶峰。第三个阶段是1970年代之后,法兰克福学派进入衰败期,作为一个学派的法兰克福逐渐解体,但其理论影响仍在尤尔根·哈贝马斯(Jurgen Habermas)、和阿尔弗雷德·施密特(Alfred

---

① 关于法兰克福学派的历史分期问题,国内外学者意见不一,如有的学者按照法兰克福学派的形成、发展过程,分为五个时期:孕育时期(1923—1929),创立时期(1930—1939),发展时期(1940—1949),昌盛时期(1950—1969)和衰落时期(1970—)(见欧力同等的《法兰克福学派研究》,重庆出版社1990年版第4—14页);另有学者按照同样的原则分为三个时期:孕育与形成(1923—1939),发展与成熟(1939—1969),转向与重建(1969—)(见王凤才《追寻马克思》,山东大学出版社2003年版75—84页)。也有学者按学派主要成员的活动地点划分:西欧时期(20世纪20年代末到30年代末),美国时期(20世纪30年代末至40年代末),西德前期(20世纪40年代末至60年代末),西德后期(20世纪70年代初至现在)(见俞吾金,陈学明《国外马克思主义哲学流派新编·西方马克思主义卷》上册,复旦大学出版社2002年版第127—128页)。本书是按照研究所的负责人来划分的,因为不同的负责人为研究所订立的研究纲领和方向不同,使得其理论呈现不同样貌,从而决定了研究所乃至学派的发展方向与命运。

② 有学者译为"格伦堡",也有的译作"格隆伯格"等。

Schmidt)等人的著作中得以延续。当然,哈贝马斯在西方学术界一直是举足轻重的人物,但是他已经不是马克思主义者了,他把批判理论变为了改良理论。然而他切中批判理论之现代性理论迷失的根源,并试图拯救、重建现代性的勇气与担当,使得他成为在后现代思潮冲击下的现代性阵营的领军人物。综观法兰克福学派,其著名的代表人物主要有霍克海默、阿多尔诺(Theoder Adorno)、马尔库塞(Herbert Marcuse)、弗洛姆(Erich Fromm)、哈贝马斯等。法兰克福学派的现代性理论明显受到马克思和韦伯的双重影响,但是最终背离了马克思,而把韦伯现代性的悲观色彩发展到了极致,以至于哈贝马斯最终要重建现代性——这一未竟的工程。从法兰克福学派的社会批判理论家对现代性理论的研究与哈贝马斯对现代性的重建中,我们可以清晰地看到二十世纪尤其是其后半叶以来现代性理论发展的轨迹。

(一) 社会批判理论与现代性

法兰克福学派的核心理论为"批判理论"(Critical Theory),或"社会批判理论"(Social Critical Theory)。社会批判理论家们以马克思对现代资本主义社会的分析与批判为前提,继承了马克思的基本精神和方法。但是,法兰克福学派所处的历史情境与马克思的时代相比已经发生的巨大变化,社会形势已与马克思的时代存在很大的差别。马克思的时代是资本主义生产方式得以确立,自由资本主义飞速发展的时代。在经历过血腥的资本主义原始积累后,大机器工业刚刚开始发展,无产阶级处于绝对贫困化的时代,革命运动风起云涌。而法兰克福学派的理论家所处的是发达工业社会,科技飞速发展改善了人们的生活条件,劳资关系不像马克思的时代那样紧张,异化向隐蔽和深化发展,但人们已毫无察觉。在这种情况下,萦绕在法兰克福学派的理论家们的脑海中的是这样一些问题:为什么资本主义的工人会心甘情愿地接受剥削和压迫？为什么先进的科技和管理技术可以肆无忌惮地应用于战场和集中营的杀戮？为什么少数法西斯分子可以操纵大多数有高度文化修养的德国人？为什么人民群众在争取民主和自由的革命之后，又陷入新极权主义的奴役和压迫？概括起来看，法兰克福学派的理论家们面临的是两大方面的问题：一是新的社会条件下工人阶级革命意识的丧失；二是在启蒙的旗帜下理性毁灭的灾难。因此，法兰克福学派的理论家们在霍克海默的主导下，承袭了马克思主义的批判精神，在加强对历史唯物主义研究的同时，挖掘了马克思的黑格尔血脉，同时加强从心理学和意识形态批判角度研究当代社会问题，以弥补恩格斯晚年承认的局限：重视对经济基础的研究，而忽视对上层建筑和精神文化现象的研究。因此，法兰克福学派以人道主义为思想基础，以独立思维和多维度的批判为学术原则，展开对当代资本主义社会跨学科的综合性批判研究。

"批判理论"这一术语是由霍克海默在1937年发表的《传统理论与批判理论》一文中首先界定并阐发的。霍克海默用这一概念来表征具有批判特征并与"传统理论"相区别的理论，也叫做"社会批判理论"。在霍克海默看来，一方面，传统理论立根于旧式分工之上，其本质是对现实的非批判地认同；而批判理论则以超越旧式分工为前提，其要旨是对现存社会的批判与超越，从而实现人的自由与解放。另一方面，传统理论表现为与现实无关的知识理论，一种独立于社会进程的纯粹理论；而批判理论则内在于社会运动，它是社会发展和革命进程的内在组成部分。法兰克福学派批判理论的目标在理论基础上是实证主义和同一性哲学，在社会层面的表现形式为意识形态批判、大众文化批判以及工具理性批判。

那么，法兰克福学派的社会批判理论与现代性是什么关系呢？这里，我们不得不回顾一下现代性的涵义及其问题域。如前所述，在最一般的意义上，现代性指由启蒙运动肇始的，以理性为核心的时代精神，及自由、民主、平等的价值取向，表现在经济、政治、社会、文化等各个方面。它既是一定的社会组织形式，也是一定的社会文化模式。在西方历史所指的"现代"时间段中，现代性有如下的表现形式：在经济层面上主要表现为市场经济的出现，工业化、专业化、科学技术产业化等等的发展；在政治层面上主要表现为民族国家、民主制度、官僚体系等等的出现与发展；在社会层面主要表现为城市化、福利化、市民社会的出现与发展；在文化层面上主要表现为世俗化和现代主义等等。如果深入探讨现代性的内涵，就会发现现代性本身是一个悖论式的概念，它包含了内在的矛盾和张力。如经济、社会方面的现代性与文化方面的现代性常常是冲突的。在欧洲，现代性是和世俗化过程密切相关的，因此，它集中地表现为对理性的崇拜、对经济发展、市场体制和法律—行政体制的信仰、对合理化秩序的信念。但是，产生于同一个进程的现代主义文学却具有激烈地反资本主义世俗化的倾向。实际上，对资产阶级市侩心态的美学批判一直是德国浪漫主义的主要特征，十九世纪欧洲现实主义文学和二十世纪的现代主义文学都构筑了对现代本身的批判视野。另外，人们常说起的科学主义与人文主义、理性主义与非理性主义在现代时期的斗争，也显示了现代性的内在矛盾。因此，现代性在某种意义上是一个"自己反对自己的传统"。

在这里我们看到法兰克福学派的社会批判理论正是现代性批判的合理部分。法兰克福学派的著名代表人物马尔库塞在谈到法兰克福学派对20世纪哲学发展的两大贡献时，曾亲自概括该学派对现代性的反思与批判：

从最简单的说起，它的决定性的积极贡献之一，是它对法西斯主义与资本主义的内在关系的预言和了解，其次（霍克海默本人也认为这是法兰克福学派的一大特点）是对当前一些重大社会问题和政治问题采取跨学科的研究方法，即打破了原有的学术分工格局，用社会学、心理学和哲学多种方法，来理解和阐释当代问题的发生和发展，并且用以回答这样一个问题（我认为这也是法兰克福学派最有意义的贡献）："西方文明究竟出了什么毛病？一方面是技术的高度进步，另一方面则是人性的倒退：非人化、残酷无情、作为审讯的正常手段的严刑拷打的复兴、原子能的破坏性发展、生物圈的污染等等，这些问题究竟是怎样发生的呢？"我们回顾了社会的和知识的历史，试图说明贯穿于西方文化史（特别是通常被认为是历史上最具有进步意义的启蒙运动）中的进步范畴和压抑范畴之间的相互作用。我们试图理解这种解放趋势与压抑趋势表面看来不可抗拒的融合。①

由此可见，法兰克福学派社会批判理论的出发点正是现代性问题的根本，即如马尔库塞所说："西方文明究竟出了什么毛病？一方面是技术的高度进步，另一方面则是人性的倒退……这些问题究竟是怎样发生的呢"？在对社会现实深刻分析的基础上，社会批判理论家们看到，人们在物质生活越来越舒适之后，在看似合理的社会秩序之下，已经丧失了独立思考和批判能力，都成了现实社会机器上的一颗螺丝钉，成为现存制度的肯定者和顺民。法西斯主义的昌盛，消费社会的无灵魂，理性社会的集体无理性，已经无法用经济基础—上层建筑的系统来解释了，必须挖掘人们精神文化的深处，人们的意识深处，怎样丧失了独立的人性。因此，现代社会需要批判理

---

① ［英］布莱恩·麦基：《思想家》，周穗明、翁寒松译，生活·读书·新知三联书店1987年版，第70页。

论，而这种批判理论的主旨就是给人以新的启蒙，以唤醒发达工业社会的意识形态控制下的大众，使他们认清自己的利益和真实的需求，从而摆脱虚假和欺骗意识对自己的宰制。批判理论是否定性的，其目的是用历史—社会方法对社会经济—文化现象作类似马克思当年在《资本论》中所作的那种批判考察。这样一种社会批判理论的核心就是意识形态批判理论。因此，社会批判理论首先在哲学领域开始了对实证主义和同一性哲学的批判，因其在理论上铸造了人们的肯定思维，进而在社会层面展开了现代意识形态批判、大众文化批判以及技术理性批判。其中大众文化批判和技术理性批判都可以看作是意识形态批判的一部分，因为大众文化和技术理性都已成为意识形态。

意识形态批判是 20 世纪哲学、政治学和社会学的重要主题之一，因为在现代人的生存状态中，意识形态不只是外在于人的理论形态，而成为现实的社会力量或文化力量，对人的生存和社会发展产生更为直接的影响。而在 20 世纪关于意识形态的争论中，法兰克福学派的现代意识形态批判理论最为系统且具代表性。

"意识形态"（ideology），作为一个概念，它的历史并不算长，它是两百多年前法兰西研究院院士德斯图·德·特拉西（Desttut de Tracy）创造出来的，由 idea（观念）和 logy（学说）组成，意为观念学（science of ideas）。这时的意识形态是研究人的心灵、意识和认识的发生、发展规律与普遍原则的学说，意在发现真理，消除迷妄，形成各种能用来改进现实的社会和政治的正确观念。然而，在其后的二百多年时间里，意识形态的含义愈益复杂起来。今天，人们在三种意义上使用这一概念，即肯定的，中性的和否定的意识形态。"肯定的意识形态"确认意识形态作为思想体系的有效性，从内容及价值方面对它持有肯定态度，并进一步肯定意识形态能正确地反映社会存在和现实的历史过程,从而能够昭示未来,成为人们追随的思想旗帜①。"中性的意识形态"也可以叫做"描述性的意识形态",是社会—文化总体结构中的一部分,它由群体所有的信念、态度、心理倾向、欲望、价值、艺术作品、宗教礼仪等组成,内容可以是进步的,也可以是保守的,不会引入某种价值观来批判或赞扬它。也就是说,只做客观描述,不作任何评论。"否定的意识形态"或者"贬义的意识形态"指人们承认这种意识形态的存在,并将其看作"虚假的意识"、"欺骗性的幻象",它歪曲、掩盖或颠倒现实,为统治阶级的利益服务。马克思和恩格斯是在否定或者贬义的意义上使用意识形态概念的,在他们那里,意识形态有两层含义:一是"虚假意识";二是"观念上层建筑",因此意识形态的功能就是替现实辩护。沿袭这一传统,社会批判理论家们也在这一意义上展开了现代意识形态批判,而社会批判理论的其另外两个主题——技术理性批判与文化工业批判,可以说都为意识形态批判提供佐证。即现代意识形态以科学技术和文化工业为手段,实现对社会与大众的操控与统治。

  社会批判理论家们正是认为意识形态就是一种虚假意识,它具有很强的欺骗性,从而成为操控社会的重要力量。在发达工业社会,意识形态的欺骗功能是以消遣、娱乐、舒适的生活等为手段,掩盖现存社会的内在冲突和分裂,像电影一样为人民提供美好生活的幻影,从而为维护现存统治服务。马尔库塞对意识形态有过这样的描述:

---

① 在这种意义上,马克思主义者也可以承认马克思主义是一种意识形态。但是,马克思和恩格斯是在否定的或者说贬义的意义上使用意识形态这一概念的。所以,现实中更多的是反马克思主义者把马克思主义认定为一种意识形态。

由于当今意识形态处于生产过程本身之中，发达工业社会比它的前身更意识形态化。……大众交通与传播工具、吃穿住日用品，具有非凡魅力的娱乐与信息工业输出，这些也同时带来了人为规定的态度、习俗以及多少舒适的方式使消费者与生产者结合并通过后者与整个社会结合起来的某些理智和激情反应。这些产品灌输、控制并促进一种虚假意识，这种意识不因自己虚假而受影响。而且，随着这些有益产品对更多社会阶层的个人变为可得之物，他们所携带的训诫就不再是宣传而是变成一种生活方式。它是一种美好的生活方式——比从前的要美好得多，而且，作为一种美好的生活方式，它抗拒质变。①

弗洛姆更详细地分析了现代社会中流行的各种意识形态，指出它们已经被悄悄地灌输到人们的意识深处，人们的行为往往不知不觉地受到这些意识形态的左右，没有意识到自己已经在多大程度上成了意识形态的奴隶。

我仅说明其中的一部分，因为这些意识形态实在是太多了：我们是基督徒；我们是个人主义者；我们的领袖是英明的；我们是善良的；我们的敌人（无论谁是我们的敌人）都是邪恶的；我们的父母亲爱我们，我们也爱自己的父母亲；我们的婚姻制度是成功的；等等；苏联炮制了另外一种意识形态：他们是马克思主义者；他们的制度是社会主义制度；这一制度代表了人民的意志；他们的领导人是英明的，是为人民谋幸福的；他们社会中的利益兴趣是"社会主义"性质的，完全不同于"资本

---

① ［美］马尔库塞：《单面人》，湖南人民出版社1988年版，第9—10页。

主义";他们所重视的财产是完全不同于"资本主义"的"社会主义"的财产,等等。所有这些意识形态通过父母、学校、教会、电影、电视、报纸从人的童年时就强加给人们,它们控制着人们的头脑,似乎这是人们自己思考或观察的结果。①

作为法兰克福学派的意识形态批判理论,更具特色的是他们对科学技术沦为意识形态的指认。霍克海默最早提出"科学也是意识形态"的观点,因为它保留着一种阻碍人们发现社会危机真正原因的形式,为"科学技术即是意识形态"的理论研究奠定了基调。马尔库塞指出,科学技术之所以是意识形态,因为它具有明显的工具性和奴役性,具备统治人和奴役人的社会功能。哈贝马斯虽然反对把科学技术当作"观念上层建筑"意义上的意识形态,但是他也承认科学技术已经成为新的意识形态,仍然发挥着使人们安于眼下的生活状况,阻止他们思考和议论社会的基本问题的作用。法兰克福学派对科学技术的深刻分析,集中于他们的技术理性批判理论中。关于这一理论的详细内容,我将在这一章的第三个部分——"启蒙之祸"中进行探讨,这里就不再赘述。而与技术理性批判理论相联系的,是法兰克福学派的文化工业批判理论②。

---

① [美]埃里希·弗洛姆:《在幻想锁链的彼岸》,湖南人民出版社1986年版,第130—131页。
② 文化工业批判理论,又称大众文化批判理论,后者在我国学界比较常用,但是"文化工业"(culture industry)与"大众文化"(mass cultrue)概念是有区别的,对此,法兰克福学派的理论家们曾专门予以说明。在《启蒙辩证法》中,阿多尔诺告诉读者,他们在初稿里采用的是"大众文化"这一术语,但是最终改为"文化工业",以便区分开"大众文化"的倡导者对这一术语的阐释:无论大众文化有何种缺陷,它毕竟是自下而上、自然而然在大众之中产生的,是大众艺术的当代版本。它体现着大众趣味的多样性,符合大众的真实意愿。而文化工业则不同。

"文化工业"是霍克海默和阿多尔诺在《启蒙辩证法》中提出的一个重要概念,指凭借现代科技手段大规模复制、传播商品化了的、非创造性的文化产品的娱乐工业体系。在发达工业社会中,这种娱乐工业体系大量制作和传播大众文化,通过大众传播媒介,如电影、电视、广播、报纸、杂志等,向大众灌输物化的、虚假的文化,从而成为束缚大众意识的工具、独裁主义的帮凶,并以较之从前更为巧妙有效的方法,即通过娱乐来欺骗大众,奴役和统治人。概括起来,文化工业之所以应当受到批判,原因如下:一是大众文化的商品化,致使人的创造性缺失。在发达工业社会的技术世界中,通俗化、大众化的文化已经丧失了真正的文化的本质规定性,即丧失了艺术品的创造性,呈现出商品化的趋势,具有商品拜物教的特征。二是文化工业制造出的齐一化的文化,致使个性消失。以现代技术发展为背景的文化工业具有批量生产、无限度复制的特征,致使大众文化不再具有真正的艺术品所具有的不可替代的个性。三是文化工业制造出具有欺骗性的文化,致使大众的超越维度消失。文化工业制造出的大众文化具有很强的欺骗性,它主要迎合在机械劳动中疲惫的人们的需求,通过提供越来越多的承诺和越来越好的娱乐消遣,来消解人们内心的超越维度和反抗意识,使思想失去深度,从而在平面化的文化中逃避现实,沉溺于无思想的享乐,与现存认同。综上特征,我们看到文化工业作为自上而下的制作,具有隐秘的操控性和统治性。而这种操控和统治却更为深入,无所不在,而又难以反抗。

综上,我们看到,法兰克福学派的社会批判理论,不管是意识形态批判、技术理性批判还是文化工业批判,其实都在回答一个问题,即"西方文明究竟出了什么毛病?一方面是技术的高度进步,另一方面则是人性的倒退",而这一问题正是现代性的核心问题。批判理论家们就是要分析人们是怎样在舒适生活的同时，失去人性甚至成为法西斯主义的帮凶的。这一秘密就在发达工业社会的文化与意识形态里面，在人们的意识深处。而在发达工业社会中，科学技术也成为一种意识形态，文化也失去了应有的批判性和否定性，失去了个性，成为肯定文化，成为维护现存的意识形态。所以，批判理论家们就是要揭露发达工业社会意识形态的虚假性、欺骗性，从而唤醒人们，找回人性，恢复人的个性与创造性，以建设一个健全的社会。从这个意义上说，法兰克福的批判理论典型地表现为一种解放的理论。而不论是文明的问题还是人性与社会的解放，都是现代性理论的题中之意。

(二) 马克思的遗产

马克思主义，从马克思到法兰克福学派，已经走过百年风雨。从马克思的时代到法兰克福学派的时代，历史境遇巨大变迁。而在马克思和法兰克福学派之间，我们能看到一脉相承的血缘关系。马克思以生产方式为根本划定了现代社会，以资本批判为轴心揭示了现代资本主义社会的基本特征，又以市民社会批判昭示了现代性的命运。马克思以总体性的视角，批判的方法，对资本主义社会进行深刻剖析。法兰克福学派的时代，资本主义已经发生巨大变化，他们面临的具体问题不同，但法兰克福学派继承了马克思的总体性视角和批判的方法。法兰克福研究所的格律博格时期以及早期霍克海默等都基本上接受马克思的理论，把现代性作为资本主义工业化生产的结果，把政治经济学批判作为重要的理论武器，其目的在于阐明资本主义现代性的历史轨迹和它向社会主义转变的内在必然性。格律伯格虽偏重经济学研究，但坚持兼收并蓄的原则，这一时期的法兰克福研究所成为东、西方马克思主义交汇的阵地，在客观上促进了理论的总体性。而到了霍克海默时期，则明确提出要对社会进行跨学科的综合批判。而其鲜明的实践批判性，也带有深深的马克思的痕迹。

1. 理论的总体性

众所周知，总体性是马克思现代性思想的一大特征，并因此而备受后现代主义的诟病。马克思对现代社会的研究是总体性的，以马克思看作现代资本主义社会本质的资本概念为例，马克思的资本概念不仅仅具有经济学意义，而是渗透到经济生活、政治生活、意识形态甚至人们的日常生活、思想意识、心理结构中的，正如卢卡奇在《历史与阶级意识》中所说："无论是研究一个时代或是研究一个专门学科，都无法避免对历史过程的统一理解问题，辩证的总体观之所以极其重要就表现在这里。因为一个人完全可能描述出一个历史事件的基本情况而不懂得该事件的真正性质以及它在历史总体中的作用，就是说，不懂得它是统一的历史过程的一部分。"① 卢卡奇还同时举出西斯蒙第作为反例，并援引了马克思对他的分析，"他虽然尖锐地批判资本主义，但是仍然囿于资本主义的客观形式，也就必然把生产和分配看做两个相互独立的过程，'看不到分配关系只不过是生产关系的另一种表现'。这样他就遭到了蒲鲁东的假辩证法所遭到的同样命运；'他把社会的各个环节变成了同等数量的独立社会'。"② 马克思对此作了明确的阐述："我们得到的结论并不是说，生产、分配、交换、消费是同一的东西，而是说，它们构成总体的各个环节、一个统一体内部的差别……因此，一定的生产决定一定的消费、分配、交换和这些不同要素相互间的一定关系。……不同要素之间存在着相互作用。每一个有机整体都是这样。"③ 这就

---

① [匈牙利] 卢卡奇：《历史与阶级意识》，商务印书馆1992年版，第60—91页。
② [匈牙利] 卢卡奇：《历史与阶级意识》，商务印书馆1992年版，第61页。
③ 《马克思恩格斯选集》第2卷，人民出版社1995年版，第17页。

如同全息理论，透过每一个细胞，马克思看到的都是资本主义社会的整体。所以，从学科角度看，马克思的分析与批判总是跨学科的，现代性的每一个问题都不单纯是哲学的、经济学的或者政治学的，而是一个整体。因为社会现实是不分科的。

法兰克福学派正是继承了这种总体性，他们在新的社会历史条件下，从总体的角度看待当代社会，对发达资本主义社会的经济、政治、社会和文化的关系及矛盾进行总体分析，吸收不同学科和不同学派的理论和方法，不仅重视对社会经济结构的分析，而且重视对文化和社会心理结构分析，从而使自己的理论具有更大的包容性，使社会批判理论对资本主义现代性问题的诊断具有其他理论不具有的优势。格律伯格注重经济研究，早期霍克海默的批判理论则跨越哲学、政治学、社会学，阿多尔诺涉及哲学、美学、政治学等，马尔库塞、弗洛姆等人除哲学、政治学、美学外，还涉及心理学等诸多学科范畴。批判理论称自己的研究是"跨学科"的工作，其目的是试图克服传统理论造成的科学和知识的分化以及由此造成的世界的分裂以及人的碎片化和片面性，从而在方法论上克服实证主义的物化意识。[①] 法兰克福学派的总体性方法对于复杂的社会体系的研究是卓有成效并具有极大的优越性的，所以，直到后来的哈贝马斯，尽管他的理论逐渐背离了马克思主义，但他始终延续了这种多学科的总体性的研究方式，所以他既是哲学家，也是社会学家，还是政治学家和语言学家。

[①] 当然，法兰克福学派对发达工业社会的总体性批判最终归结为意识形态批判，不管是其工具理性批判、大众文化批判还是性格结构、心理机制批判，最终都落脚在晚期资本主义社会对人们的意识统治上。这种意识和文化批判虽然是在一定程度上对马克思现代性理论的补充，但也从此埋下了理论困境的伏笔。

2. 实践批判性

批判性无疑是马克思现代性理论的鲜明特征，但"批判"并非马克思所独有，它是从康德开始的西方近代哲学的传统。但马克思的批判与其他思想家的批判是有很大差别的。马克思说："哲学家们只是用不同的方法解释世界，而问题在于改变世界"，马克思的批判理论具有强烈的实践指向，这是其他思想家所不具备的。马克思首先是一位革命家，其次才是一位理论家，而其理论旨趣就在于现实的改变现存世界的革命运动。从青年时代开始，马克思就鲜明地提出："全部问题都在于使现存世界革命化，实际地反对和改变事物的现状。"① 对现实的关注是一切真正的理论家的共同点，如同黑格尔，他既关注现实，也是批判大师，而如多数其他理论家一样，他们不具备的则是真正的实践旨趣，马克思通过黑格尔批评了这种非实践的批判："意识的一切形式和产物不是可以用精神的批判来消灭的，也不是可以通过把他们消融到'自我意识'中或化为'幽灵'、'怪影'、'怪想'等等来消灭的，而只有实际地推翻这一唯心主义谬论所由产生的现实的社会关系，才能把他们消灭；历史的动力以及宗教、哲学和任何其他理论的动力是革命，而不是批判。"②

法兰克福学派以"批判理论"著称于世，其早期批判承袭了马克思政治经济学批判的立场，一方面在哲学理论上反对实证主义、同一性的、肯定的哲学，唤醒人们麻痹的革命意识；另一方面要求诉诸实际的改变现实的活动。霍克海默在《传统理论和批判理论》一文中把批判理论定义为与传统理论相对的理论，传统理论是源于笛卡尔的、以经验科学为基础的实证主义的知识，它的本质是非批判性的，是对现实社会的认同。而批判理论则是源于马克思的、旨

---

① 《马克思恩格斯选集》第1卷，人民出版社1995年版，第75页。
② 《马克思恩格斯全集》第3卷，人民出版社1960年版，第47页。

在"超出通行的社会活动方式"的理论，它"不仅仅是德国唯心主义的后代……而是创造出一个满足人类需求和力量的世界之历史性努力的根本成分。无论批判理论与具体科学之间的相互联系多么广泛，该理论的目的绝非仅仅是增长知识本身。它的目标在于把人从奴役中解放出来。"① 早期批判理论相信通过无产阶级革命实现人类解放的马克思信念，但是基于社会现实的变化，无产阶级革命意识的丧失，批判理论把自己的重要任务之一规定为唤醒人们被麻痹的反抗意识："这种批判的主要目的在于，防止人类在现存社会组织慢慢灌输给它的成员的观点和行为中迷失方向。必须让人类看到他的行为与其结果间的联系，看到他的特殊存在和一般社会生活间的联系，看到他的日常谋划和他所承认的伟大思想间的联系。"② 可见，早期批判理论是有明确的实践指向的，"在批判理论影响下出现的概念，是对现在的批判。马克思主义的阶级、剥削、剩余价值、利润、贫困化等范畴是概念整体的组成部分，而这个整体的意义不应在对当代社会的维护活动中寻找，而应在把当代社会转变成一种正义社会的活动中去寻找。"③ 批判理论是人类历史进程的内在组成部分，因为它的功能是对现存的批判和超越，它就是变革现存世界的实践活动的一种重要形式。正是因为批判理论的实践性的未来指向，使得它极大地影响了60年代末席卷全欧洲的学生运动，从而展示了实践性批判的巨大威力。

在法兰克福的早期思想中，渗透着马克思的历史乐观主义精神，相信无产阶级革命，相信历史进步。但是，这一乐观主义哲学和历史信念从40年代中后期开始褪色，批判理论开始走向自我悖反和悲

---

① [德]霍克海默：《批判理论》，重庆出版社1989年版，第232页。
② [德]霍克海默：《批判理论》，重庆出版社1989年版，第250页。
③ [德]霍克海默：《批判理论》，重庆出版社1989年版，第208页。

观主义，其现代性理论也开始走向绝境，这是以霍克海默和阿多尔诺的《启蒙辩证法》为开端和典型代表的。

二、启蒙之祸与现代性理论的转折

19世纪末20世纪初，欧洲思想界的一个主要议题就是"现代性"问题或"传统社会向现代社会的演变"问题。众多思想家都针对现代性发表自己的看法，并由此来构建其社会理论。其中对后世影响最大的是韦伯的现代性理论。韦伯以"理性化"（rationalization）来表征现代西方社会的基本特征，认为现代西方的科学、法律、代议民主、科层制、大学、艺术、神学等等都是理性化的表征；但是，理性化的结果却成了人类发展的一个"铁笼"（iron cage）。其他学者也都程度不同地涉及现代性与现代西方社会不可分割的关联，虽讨论的角度和侧重点各不相同，但都把韦伯对现代性的解释视为经典而接受。西方马克思主义的现代性理论就深深地受到了韦伯的影响。正是马克思与韦伯两位巨星的双重影响与深刻烙印，使得西方马克思主义的理论迅速崛起而具有广泛而深远的影响。

韦伯的社会哲学是西方社会理论发展的重要里程碑，也是现代性思想发展的转折点。韦伯把合理化（rationalization）作为现代社会的特征，却又认为合理化最终又导致自由和价值的失落。韦伯对于现代性的这种诊断深化了人们对现代性的认识，同时也改变了人们对启蒙和现代性的态度，所以从韦伯开始，悲观主义成了现代性话语中挥之不去的阴霾。法兰克福学派的现代性理论走向对理性的全面批判进而走向悲观主义，在理论上与韦伯的影响直接相关。

（一）韦伯理论的影响

如前所述，在西方的现代性理论探讨中，影响最大的是韦伯的合理性思想。韦伯将黑格尔哲学中的"理性"（reason）概念改造成社会学的"合理性"(rationality)概念①,用以指称一种目的性,即人们通过理性的计算自由地选择适当的手段以求达到其目的。在这种意义上,韦伯赋予合理性概念以社会建构之意。正是这位伟大的社会学家,首次把欧洲"现代化进程"描述为"理性化(rationalization)过程",让"现代性"具有"合理性"的同等意义,从而把狭义上被看作是人的思考能力的理性拓展到人的行动和历史、社会的具体现实领域,成为人的行动或社会所具有的特性。从合理性的角度看,现代西方社会的转变不过就是两个层次的合理化过程:一是"祛魅化"(disenchantment)过程,即文化的世俗化,它使现代世界日益从神圣价值中脱离出来,成为一个世俗化的世界;二是"科层化"或称"官僚化"(bureaucratization)过程,即经济、政治的合理化,它使社会以一种形式合理性方式来规定资本主义的经济活动、私法关系和官僚统治形式,即组织化的资本主义。这样,资本主义的现实运作方式就是一种"合理"的形式:资本家不是靠政治特权、坐收利息和武力掠夺等这些非理性手段来发家致富,而是靠符合市场运作的企业模式,严格的经济核算以及科学的企业管理;政府也不再是特权阶层,而是按照科学的程序和严格的科层制度来运作,因而是合理的。从韦伯之后,对现代性的探讨在很大程度上就变成了对理性的探讨,理性在西方社会逐渐取代宗教的地位,成为统治社会的力量,也日益成为能够说明现代社会现代化发展的根据。

---

① Reason 和 rationality 是含义相近却又相区别的两个概念,要清晰准确地区分它们的含义并非易事。一般来说,reason 是含有"理由"、"根据"之意的那种"理性",是人类分析和提供理由的能力。而 rationality 的词根是 ratio(比例)和 ration(给量、定量),都跟数量有一定关系。所以 rationality 更多地译为"合理性",其中含有通过一定的数量计算,步骤,规则而达到合乎理性的性质或状态之意。因此,韦伯用 rationality 来表征现代社会的核心精神,本身就包含了对现代社会的组织基础的理解,也为理性分化打下了基础。

现代社会是按照理性原则运转的合理化社会，这似乎是个令人欣喜的消息。然而，当人们沉浸在合理化社会的科学与高效时，现实却向我们显示出硬币的另一面——自由和意义的失落。这是韦伯对现代性与合理性社会的深刻反省，也是留给后人的丰厚遗产。在韦伯看来，一方面，合理化意味着理性的增长、个人的自由，在这个意义上，传统社会向现代社会的转变，标志着人类历史的进步。但另一方面，合理化的结果却与启蒙理想背道而驰。这又是为什么呢？韦伯把人的社会行为分为四类：一是传统行为（traditional action）；二是情感行为（affective action）；三是目的合理性行为（purposive-rational action）；四是价值合理性行为（value-rational action）。传统行为和情感行为属于非理性行为，而目的合理性行为和价值合理性行为则属于理性行为。目的合理性行为强调合乎理性的权衡之后的决定，即根据目的、手段和附带后果来作为行为的取向，而且同时既把手段与目的，也把目的与附带后果，以及最后把各种可能的目的相比较，作出合乎理性的权衡；价值合理性行为则强调目的、价值的合理性对于人的行为的终极意义，即不管是否取得成就，首要的是伦理的、美学的、宗教的或者其他固有价值的纯粹信仰。人的行为不是表现为目的合理性行为，就是价值合理性行为，二者如同水火，始终处于一种紧张关系中。支撑目的合理性行为的是形式理性（formal rationality）或工具理性（instrumental rationality），支撑价值合理性行为的是价值理性（value rationality）。形式（工具）理性和价值理性之间的这种紧张对立的关系就是现代性内在危机的结构性社会根源。形式（工具）理性的扩张，必然会衍生价值非理性的后果，反之亦然。在现代社会的框架中，只有工具性的知识可以得到合理的证明，而价值和规范是无法通过理性证明的，因此，它们也就没有存在的权利。韦伯在《经济与社会》中道出了价值理性的失落:"从目的合乎理性的立场出发,价值合乎理性总是**非理性**的,而且它越是把行为以之为取向的价值上升为绝对的价值,它就越是**非理性**的,因为对它来说,越是无条件地仅仅考虑行为的**固有价值**(纯粹的思想意识、美、绝对的善、绝对的义务),它就越不顾行为的后果。"①现代人为了生存竞争必须讲求效率和实绩,但由此而膨胀的形式(工具)理性就会导致价值理性的失落,把作为手段的工具理性当作终极目标来追逐,从而产生林林总总的价值非理性现象,即现代社会的异化现象。这便是韦伯所说的"理性的吊诡"。实际上,这个问题韦伯在《新教伦理与资本主义精神》一书中就已经尖锐地提出了。在这本书中,韦伯一方面认识到理性化是现代西方文明的普遍趋势,各个方面都朝向合理化方向发展;另一方面他也察觉到工业化、现代化、科层化的高度发展会危害到人类社会的基本价值。由于工具理性具有合理化的优势,资本主义的现代化只能释放工具理性的潜能,与这种合理化相适应的经济和政治制度使人完全失去了自主性,成了被动执行系统命令的存在物。一旦行为者不再把价值合理性作为追求的目标,就意味着行为完全工具化了。一旦经济和法律秩序的规则成了行为合理性的准绳,并把人完全纳入到科层组织的功能之中,个人就失去了自由选择自己价值和生活目标的能力。当禁欲主义者从修道院进入日常生活,形成了庞大的近代经济秩序,"而这种经济秩序现在却深受机器生产的技术和经济条件的制约。今天这些条件正以不可抗拒的力量决定着降生于这一机制中的每个人的生活。而且不仅仅是那些直接参与经济获利的人。也许这决定性的作用会一直持续到人类烧光最后一吨煤的时刻。巴克斯特认为,对圣徒来说,身外之物只应是'披在他们肩上的一件

---

① [德]韦伯:《经济与社会》(上卷),林荣远译,商务印书馆1997年版,第57页。

随时可甩掉的轻飘飘的斗篷'。然而命运将注定这斗篷将变成一只铁的牢笼。"①

完全启蒙的世界是一个合理化、组织化的世界,是一个受非人格力量统治的世界。完全启蒙的世界是一个意义和价值失落的世界。自由的失落和意义的失落(loss of freedom/loss of meaning)成了韦伯对现代性的基本诊断,它们成了后人对启蒙和现代性理想反思和批判的两大主题。

(二)启蒙之祸

韦伯的两大诊断对所有严肃思考现代性的人都是一种挑战。接受韦伯的结论意味着接受悲观主义,拒绝这一诊断则与事实不符。正如哈贝马斯所说:"这两大论题直到今天仍然是怀疑社会进步的社会科学意识形态的主要依据,世界观的合理化确立了不同符号系统的合理性,却导致形而上学、宗教世界观意义统一体的解体和价值领域内不同要求的冲突。"②法兰克福学派正是接受了韦伯的结论,从《启蒙辩证法》到《工具理性批判》再到《单面人》,法兰克福学派的理论家们从指认理性的工具化,到批判其意识形态化形成对现代人的新的宰制,再到尖锐地指出启蒙已经成为新的蒙昧,使人片面化,社会病态化,启蒙的过程就是自我毁灭的过程,最终使其现代性理论陷入悲观和迷茫。

工具理性批判是具有鲜明法兰克福学派特色的现代性理论。尽管韦伯早已把合理性与现代性紧紧地联系在一起,但清晰、完整的工具理性批判理论,是由法兰克福学派完成的。可以说,工具理性批判是马克思政治经济学批判的韦伯主义转向的产物。马克思认为

---

① [德]韦伯:《新教伦理与资本主义精神》,生活·读书·新知三联书店1987年版,第142页。

② [德]哈贝马斯:《交往行为理论》第1卷,培根出版社1984年英文版,第245页。

社会合理化的动力是生产力的发展。科学知识的积累、生产技术的改进和生产能力日益向广度和深度的发展体现了社会的合理化,而资本主义生产关系和上层建筑的革命实践具有促进社会合理化的作用,通过革命可以释放资本主义社会生产条件中生产的合理性潜能。因此,社会合理化包括生产力自身的发展和社会关系的合理化。韦伯则认为,资本主义经济和政治制度并非是生产力发展的障碍,而是生产力发展的条件。资本主义的生产关系和上层建筑,或者说现代企业组织形式与合理化的法律和政治系统,同生产力一样是社会合理性的实现形式。但是这种社会合理性的根据是目的合理性,而非价值合理性,而目的合理性的发展不是人的自由的实现,相反,工业生产和现代官僚制使人日益陷入无法挣脱的"铁笼"。后期批判理论基本上是使用韦伯解剖现代社会的分析框架对现代性问题进行批判的。他们认为在现代社会中工具理性摆脱了价值理性对它的制约,把社会生活的所有领域都归入自己的统治之下,使得现代社会秩序从根本上具有了形式合理性和实质非理性的特征。

随着科学技术的发展和资本主义社会的结构转变,技术理性得到长足的发展,在发达工业社会中,技术理性越来越成为一切思维的标准。现代以来,技术的迅猛发展造就了一个自成体系的机器世界;科学技术的巨大成功,使得人们越来越根据实证科学的思维方式来调整自己的行为与价值理念,理性由此越来越工具化了。正如马尔库塞所说:"技术作为一种生产方式,作为工具、装置和器械的总体性,是机器时代的标志,它同时也是组织和维持(或改变)社会关系的一种方式,它体现了主导性的思考和行为模式,是控制和支配的工具。"[①] 在资本主义的条件下,技术理性自然成了这个巨大

---

① 仰海峰:《西方马克思主义的逻辑》,北京大学出版社 2010 年 3 月版,第 170—171 页。

的剩余价值生产体系的重要力量,成了万能的经济机器的辅助工具。马克思在《资本论》中曾经指出,榨取剩余价值的方式有两种,一是通过延长工作日而获得绝对剩余价值,二是通过提高劳动生产率而获得相对剩余价值。在发达工业社会,绝对剩余价值的榨取愈发不可能了,那么通过科学技术的发展而提高劳动生产率,进而榨取相对剩余价值,才是资本采取的最通常、最有效的方法。而这种方法是合理的方法,是不会遭到抵抗的方法。所以,技术理性有助于建构一种新型的、更有效的、也更加愉悦的社会控制和社会强制形式。"以技术为中介,文化、政治和经济融为一个无所不在的整体,它吞噬着一切,反对任何替代性的选择。这个体系的生产率和增长潜能稳定着这个社会,并把技术的进步包容于统治框架中。技术合理性已经变成了政治合理性。"① 这便是科技成为意识形态的根源。受韦伯合理化理论的影响,霍克海默等人不再像马克思那样,把生产力发展看作历史发展的动力,而是把它视为政治统治的工具。因为工具合理性潜能释放出的生产力不是起到社会解放的作用,而是起到稳定正在异化的生产关系的作用。他们认为,在资本主义社会,科学技术已经成了新的资产阶级意识形态,它为资本主义提供了新的合法化基础。霍克海默和阿多尔诺的《启蒙辩证法》最集中地体现了法兰克福学派对启蒙和现代性的激进批判。在这部"最凄凉的著作"② 中,霍克海默和阿多尔诺把马克思、韦伯、卢卡奇对特定文明形态的批判扩展到对整个文明史的批判,把对资本主义现代性

---

① 仰海峰:《西方马克思主义的逻辑》,北京大学出版社 2010 年 3 月版,第 171—172 页。

② [美]詹姆斯·施密特在评价《启蒙辩证法》时,引用了霍克海默的观点:充分启蒙的纳粹德国预示着一个恐怖的新世界,在这个世界中,个性的一切痕迹都会被灭绝,启蒙走向自我毁灭。见詹姆斯·施密特编:《启蒙运动与现代性——18 世纪与 20 世纪的对话》,徐向东、卢华萍译,上海人民出版社 2005 年版,第 23 页。

的批判扩展为对广义的启蒙历史的批判。这是法兰克福学派现代性理论的转折点，也是启蒙备受诟病的开始，是启蒙之祸的开端。

那么，祛除蒙昧使人获得启蒙的理性，或者说人类理性的启蒙，是怎样变成新的蒙昧呢？霍克海默和阿多尔诺认为，在理性精神和科学技术的推动下，人类极大地改变了自己的生存条件，并创造了前所未有的物质财富。然而，正是在这一理性化进程中，启蒙精神也在悄悄地走向自己的反面，用他们自己的话来说，就是启蒙蜕变为神话，是启蒙的"自我摧毁"。

启蒙蜕变为神话，这首先源于理性的工具化。本来，"启蒙的纲领是要唤醒世界，祛除神话，并用知识替代幻想"①，因而，近代以来，人们就信奉"知识就是力量，它在认识的道路上畅通无阻；既不听从造物主的奴役，也不对世界统治者逆来顺受"②。这是启蒙的原意，即人类用自己的理性来对待世界，用理性战胜神话与蒙昧。但是，启蒙是以形式的抽象的同一性原则把握世界的："形式逻辑成了统一科学的主要学派，它为启蒙思想家提供了算计世界的公式。柏拉图在其后期著作中把理念和数字等同起来，这点具有神话味道，但它体现了所有祛除神话的渴望：数字成了启蒙精神的准则。"③ 建立在同一性基础上的可通约的统一原则是神话和启蒙共同遵守的原则。神话以拟人化的方式把一切无生命的东西等同于有生命的东西，启蒙把有生命的事物等同于无生命的物质来看待和计算。启蒙要求一切都应该按照效用的标准来加以衡量，理性本身也无法幸免于这

---

① ［德］霍克海默，阿多尔诺：《启蒙辩证法——哲学片段》，渠敬东，曹卫东译，上海人民出版社2006年版，第1页。
② ［德］霍克海默，阿多尔诺：《启蒙辩证法——哲学片段》，渠敬东，曹卫东译，上海人民出版社2006年版，第2页。
③ ［德］霍克海默，阿多尔诺：《启蒙辩证法——哲学片段》，渠敬东，曹卫东译，上海人民出版社2006年版，第4—5页。

个要求,因此,"观念变得愈加自动、愈加工具化,任何人就愈少在它们之中看到自身具有意义的思想。它们被看作物件、机器。语言已经降低为只是现代社会的巨大的生产装备中的一个工具。……正义、平等、幸福、宽容,所有这些以前被假设是理性固有的或者由理性来认可的概念,已经丧失了它们的思想渊源"①。"对启蒙运动而言,任何不符合算计与实用规则的东西都是值得怀疑的"②,在这样的启蒙理性的引导下,理性和技术的发展并没有像启蒙精神所允诺的那样,增强人的本质力量,实现人的普遍自由。相反,技术本身成为自律的、总体性的统治力量,成为扼杀人的自由和个性的异化力量。在理性普遍统治的世界中,"人类不是进入到真正合乎人性的状况,而是堕落到一种新的野蛮状态"③。启蒙本来是以消除神话为己任,意欲以知识来代替想象;但是,在现实中,实证化的启蒙理性却走向了反面,走向了新的迷信,退化为神话。

启蒙理性蜕化为工具理性,而启蒙追求的主体性又是以自我压抑和牺牲人与自然的内在关联为代价的。霍克海默和阿多尔诺从人与自然和人与人关系的异化来解释启蒙的悖论。他们引用了《荷马史诗》中奥德赛(Odyssey)历险的一段故事来说明启蒙追求的主体性是以自我压抑和放弃自然的赐福为代价的。奥德赛为了拒绝塞壬(Siren)歌声的诱惑把自己捆在帆船的桅杆上,这一情节在他们看来具有非常复杂而深远的意义。塞壬的歌声使人想起人与自然同呼吸共命运的幸福,这种幸福是人靠自身力量无法抗拒的,奥德赛只有

---

① [德]霍克海默:《理性之蚀》,纽约1947年版,第22—23页。转引自詹姆斯·施密特编:《启蒙运动与现代性——18世纪与20世纪的对话》,徐向东、卢华萍译,上海人民出版社2005年版,第24页。

② [德]霍克海默,阿多尔诺:《启蒙辩证法——哲学片段》,渠敬东、曹卫东译,上海人民出版社2006年版,第4页。

③ [德]霍克海默,阿多尔诺:《启蒙辩证法》,重庆出版社1990年版,导言第1页。

靠绳索来强迫自己。他强迫自己拒绝塞壬歌声的诱惑意味着为了理性自我放弃与自然的联系，意味着自我压抑。"一旦人们不再意识到其本身就是自然，那么，他维持自身生命的所有目的，包括社会进步、一切物质力量和精神力量的增强，一句话，就是其自我意识本身就都变得毫无意义了，手段变成了目的，并达到了登峰造极的地步，在晚期资本主义社会里，这完全可以称得上是一种明目张胆的张狂，然而在主体性的史前史中，人们早就已经感觉到这样的情况了。"① 为了统治自然而牺牲人的自然本能和欲望正是工具理性的要求。霍克海默和阿多尔诺试图证明，充分启蒙的世界似乎是一个人类自主的世界，实际上却陷入了身不由己的深刻的异化状态中。"神话变成了启蒙，自然则变成了纯粹的客观性。人类为其权力的膨胀付出了他们在行使权力的过程中不断异化的代价。启蒙对待万物，就像独裁者对待人。"② 这是原始的自然力量对那些自以为获得了完全解放的人们的复仇。"启蒙的内在标志是对客观的外在自然的统治和对内在自然的压抑。"③ 启蒙业已从解放变成压抑，进而演变为极权。启蒙与极权的共谋正是《启蒙辩证法》探讨的初衷。

在对启蒙的深入探究中，霍克海默和阿多尔诺一步一步地把批判的矛头对准了启蒙和理性自身。启蒙的过程，就是理性代替神话逐步变成压迫和统治的过程，是人与自然、人与自我、人与人关系的不断异化过程，也是人类的自我毁灭过程。这种异化和自我毁灭过程的根源就在于人类根深蒂固的自我持存本能。霍克海默和阿多

---

① [德]霍克海默，阿多尔诺：《启蒙辩证法——哲学片段》，渠敬东，曹卫东译，上海人民出版社2006年版，第44页。

② [德]霍克海默，阿多尔诺：《启蒙辩证法——哲学片段》，渠敬东，曹卫东译，上海人民出版社2006年版，第6页。

③ [德]哈贝马斯：《关于现代性的哲学演讲》（英文版），政治出版社1987年版，第110页。

尔诺认为，斯宾诺莎的"自我持存的努力乃是德性的首要基础"这句话，包含了整个西方文明的真正原则。按照启蒙运动的观点，任何人如若不通过合理地依照自我持存的方式来直接安排自己的生活，就会倒退到史前时期。而服务于自我持存本能的只能是工具理性，自我持存在现实中就是要求按照合理性来操控客体与主体。"为了进一步实行严格的控制，主体性悄悄地把自己转变为所谓中立的游戏规则的逻辑。实证主义，最终没有给思想自身留有任何余地，消除了个体行为与社会规范之间最后的壁垒。主体在取消意识之后将自我客体化的技术过程，彻底摆脱了模糊的神话思想以及一切意义，因为理性自身已经成为万能经济机器的辅助工具。理性成了用于制造一切其他工具的工具一般，它目标专一，与可精确计算的物质生产活动一样后果严重。而物质生产活动的结果对人类而言，却超出了一切计算所能达到的范围。"① 自我持存的本能就这样在现实中排除了价值和思想色彩，变成了精确计算的工具理性，而工具理性却使生产力变成破坏力，理性变成非理性，解放变成新的压迫，文明退化为野蛮。"合理性不仅包含着观念中的自我毁灭趋势，也包含着实际上的自我毁灭趋势，而且从一开始就这样，而不是在自我毁灭趋势出现之后才是如此。"② 这一论断构成他们现代文化批判的基调。他们认为，现代文化，包括科学、道德和艺术已经完全工具理性化了，已经变成非理性统治的意识形态。科学已经变成实证主义意义上有用的技术知识。为了技术上的有效性，科学放弃了成为理论知识的要求。"启蒙把思想和数学混作一团，并且通过这种方法把

---

① [德]霍克海默，阿多尔诺：《启蒙辩证法——哲学片段》，渠敬东，曹卫东译，上海人民出版社2006年版，第23页。

② [德]霍克海默，阿多尔诺：《启蒙辩证法——哲学片段》，渠敬东，曹卫东译，上海人民出版社2006年版，前言第5页。

数学变为一种绝对例证"。① "从思想到数学公式的还原过程,同时也是世界对其自身标准的认定过程:所谓主体理性的胜利都归属于逻辑形式主义的实在,都以理性对既定事物的直接顺从为代价。"② 现代科学知识的有用性和精确性是以理论教养的全面退化为代价的。这种知识放弃了对事物本质的全面认识,把对象还原为实证主义的功利片段,取消了事物的本质性、历史性和全面性。

霍克海默和阿多尔诺以辩证思维反对逻辑实证主义的形式主义,强调对事物的认识不能局限于抽象的时空关系,应该把事物理解为有中介的历史的东西,把握事物同主体的多方面联系。这一批判虽有其合理性,但他们的批判却走向了另一个极端:从对实证主义科学观的批判上升到对整个现代科学的拒绝,认为现代科学已经完全被工具理性同化,堕落为权力和统治的工具。

霍克海默和阿多尔诺进一步认为,不仅科学,而且现代道德,也由于单纯强调道德形式的普遍性,撇开道德的具体内容,成为了一种形式主义的道德,使得道德成为空洞的教条。这种道德与其说是道德的,不如说是非道德的,因为只要赋予自己的行为以普遍性,罪恶也可以成为道德。一切资产阶级思想,尤其是资产阶级道德规范和绝对无视道德标准的生活方式,都具有趋向于对立面的倾向。

艺术一向被批判理论家们认为是拯救现实的希望。在他们看来,传统艺术既是对现实苦难的抗议,又是超越现实的乌托邦。艺术通过作品的风格表现人的个性追求,这种风格是艺术审美品质的基本要素,也是艺术品个性与精神追求的基础。然而,启蒙的社会浸透

---

① [德]霍克海默,阿多尔诺:《启蒙辩证法——哲学片段》,渠敬东,曹卫东译,上海人民出版社2006年版,第19页。

② [德]霍克海默,阿多尔诺:《启蒙辩证法——哲学片段》,渠敬东,曹卫东译,上海人民出版社2006年版,第20页。

了实证主义的铜臭，以致"艺术必须首先证明它的功效性"①。在这种世俗化的证明中，"具有整体表现性的艺术，在各个细枝末节上都效仿科学，并重新迎合着世界，成为意识形态的复制品，成为一种温顺的再生物。"② 艺术如果失去了与现实抗争的力量，就会堕落为廉价的大众消费品，从而丧失了对现实的批判意义，使启蒙倒退为意识形态。

这样，霍克海默和阿多尔诺从科学、道德和艺术等方面对现代性展开了全面的批判，认为现代理性已经堕落为工具理性，随着早期文化中的宗教和形而上学因素被根除，文化与社会之间失去了批判和调节的中介，文化已被社会同化，理性失去了曾经拥有的对现实的批判能力，启蒙和理性不再是人类拥有的正义之剑，它已经同权力同流合污了，成为权力的统治工具。

现代社会就是这样一个形式上的理性社会，而人，便是这种形式理性的执行者。在这里我们再一次清晰地看到了韦伯的痕迹。韦伯认为资本主义社会就是一个生产的合理化机制，这种合理性在社会层面表现为科层制。在科层制中，任何事情都受一定的程序、法则所支配，自成体系，甚至自动运转。在这个区别为不同层级的体系中，人的主观价值必须按照合理性原则来校准。在组织结构上，科层制以专业化、权力等级、规章制度和非人格化为其要素，专业化的分工使人越来越成为专业技术的依赖者，新的权力等级产生了技术权威，规章制度使人们的组织方式越来越依赖于外在的机构，人只是这一机构中具体行为的执行者，所有这些造就的是一个非人

---

① [德]霍克海默，阿多尔诺：《启蒙辩证法——哲学片段》，渠敬东，曹卫东译，上海人民出版社2006年版，第14页。
② [德]霍克海默，阿多尔诺：《启蒙辩证法——哲学片段》，渠敬东，曹卫东译，上海人民出版社2006年版，第13页。

格化的体系，人是根据合理性原则在非人化体系中来行动的。这样一来对现代人来说，就带来了两个后果：一是人的个性与灵魂的隐遁，人只是成为社会大机器上的一枚螺丝钉，是机器工业的典型的附属物和助手。人的责任是与机器运行过程保持协调一致，他的工作是对机器的补充而不是对机器的利用。相反，是机器运行过程利用了工人。二是在这一组织化运转的社会机器中人性的消失。在这个理性工具化的时代，传统思想中的价值之维消失了，人越来越成为异化的存在。当技术理性取得自己的主导地位时，支撑着人们行为的理性基础不再是那个要被征服的和要被改变的社会，而是已经建立起来的机器化过程；人们的理想也不再是充分地实现理性和真理，充分地发挥个体的潜能，实现真正的自由，而是如何与这个机器化过程协调一致，因为在生产过程中，人与机器的关系就是按照这种理性原则来建构的。它的每一个环节都是合理的，精密的，不容置疑的，人在其中只是各就各位，各司其职，做好那一环节的规定动作而已。在这里，人的主动思考和主体性都消失了，价值评判也随之消失。在这一机制的运转下，我们就能够理解奥斯维辛的惨剧如何能够发生，专业人员如何能毫无心肝地执行一个命令，如同中了邪魔一般用最专业的水准去屠杀自己的同类。这就是理性化过程产生的非理性结果。因为在这一过程中人性消失在铁律一般的技术理性之中了。

（三）背离马克思

理性并不是启蒙的独创，它在西方文明中一直占有举足轻重的地位。在历史上，实质意义上的理性总是要求人们接受一种观点就不能接受与之对立的另一种观点。在相互对立的观点和理论中，实质的理性主义者总是立场坚定、态度鲜明，总是赞成一些，避免或拒绝另一些。这种理性主义在不同的历史时期，当然有不同的形式、内容和表现。在古希腊时代，巴门尼德把人的理性规定为一条制服虚幻之见而去求得完美真理的逻辑道路；与之相反，人的感性认识则是一条由变化万端的现象的具体经验所支配的完全非理性的道路。到了中世纪，由于宗教神学和经院哲学打着理性和真理的旗帜与国家权力紧密结合在一起，占据了人类精神的最高位置，以致形成了几乎是空前绝后的文化暴政和理性专制。在这个时期，人类所关切的一切事情都来自神圣不可侵犯的圣经。甚至直到今天它依然在数十亿人的心目中保持着它那照亮整个宇宙和人类心扉的光环。直至启蒙运动，理性才从天国降到人间。它祛除了神的迷雾，赶走神话的蒙昧，要求用人类自己的理性去思考和生活。这是对人类及其理性的最高礼遇和高扬，是人类对自身和理性地位的确立。它造就了现代世界，形成了新的人与自然的关系，同时也铸造了一个新的人类形象。

而《启蒙辩证法》是对理性和启蒙的最激进批判，这既是法兰克福学派的理论家们对现实的悲鸣和对理性的失望，又是他们为现代人所作的最后的抗争。这本书写在二战前期，这正是西方现代史上最黑暗的时期，也是法兰克福学派最为艰难的时期。从人生际遇的颠沛流离、背井离乡、寄人篱下、财政拮据、语言不通、文化隔膜，到精神境遇中的上帝之死、理性之死、精神家园的迷失，都是这一时期独特的景观。而且，他们都目睹了20世纪人类历史的颠簸动荡和残忍厮杀，仅仅在20世纪的前50年中就爆发了两次世界大战。所有这一切使他们深刻地反思：以启蒙理性为引导的现代世界，为什么变成了非理性的人间地狱？现实生活的体验渗透到他们对整个启蒙的悲观主义评价中，而一种不屈不挠的拯救意识又使他们意识到这个时代最需要的是启蒙的批判意识。所以，他们认为，这个疯狂的世界需要的是对启蒙本身的批判。但是，他们不仅批判了现代性中理性的异化，而且也彻底否定了现代性本身。这种批判只能使他们的现代性批判理论陷入不可自拔的危机。"一旦对意识形态的怀疑变成了总体怀疑，就没有任何变异的可能性。它不仅反对资产阶级理想的非理性功能，而且反对资产阶级文化本身的合理性，因此就动摇了任何意识形态批判内在进程的基础。"① 批判理论家们片面地把欧洲理性主义等同于工具理性，把人类灾难和现代性病症视为启蒙的自我毁灭倾向的结果，最终使自己的批判陷入了自我指涉的两难境地。因为一旦批判的矛头指向批判的工具——理性本身，批判就失去了可以依靠的基础。《启蒙辩证法》是一部讽刺性的著作，它一方面意欲通过对工具理性的批判指出通达真理的道路，同时又证明这一道路实际上是不存在的。

通过上面的追述可以看出，30年代的批判理论家还坚持理性的信念。他们一方面继承了资产阶级启蒙理想，相信积淀在资产阶级哲学和艺术中的理性潜能的批判力量，相信资本主义社会生产力潜能的积极作用，并将其作为人类解放的条件；另一方面，他们又相信可以依靠欧洲工人阶级去释放这种文化和生产力的解放潜能，推进人类解放。但是，这一乐观的信念没有保持多久。欧洲无产阶级革命的失败、纳粹主义的兴起、苏联社会主义的堕落、西方资本主义民主国家阶级矛盾的缓和以及社会的日趋稳定，使霍克海默等人认为现代社会已经变成一个完全非理性的总体管制的社会。早期批判理论虽然看到了现代性的病症，却没有抓住现代性的病根，因此也就不能为现代性问题的解决提供切实可行的方案。他们批判工具理性，却错误地攻击了理性本身，最终走向对现实问题的非理性解决。他们的救世方案，不论是否定辩证法还是艺术乌托邦，都充分

---

① [德]哈贝马斯：《关于现代性的哲学演讲》，剑桥，政治出版社1987年英文版，第119页。

暴露了批判理论已经走入绝境，解构了自身理论的基础，无力承担现代性理论重建的任务，更无法解决现实问题。工具理性批判不能把握现代性病症的实质，而且容易陷入理性悲观主义。如果把启蒙和现代性理解为工具理性化，就无法找到用来克服工具理性的力量，只能回到前现代的传统宗教，或通过把内在主观性激进化、审美化这一途径去寻找现实的拯救力量。霍克海默晚年回到宗教，试图用基督教的苦难意识和弥赛亚的乌托邦意识作为救赎的记忆，使人类意识到自己的共同性，把人类从原子化的异化状态中解放出来。阿多尔诺则诉诸现代艺术的拯救力量，把艺术作为理性的最后一个避难所，走向美学乌托邦主义。他们的共同特征都是理性失败主义。

社会批判理论的现代性理论在一定程度上继承了马克思的思想，他们都没有对现代社会持盲目乐观的态度，都是从社会的问题出发，具有深刻的批判意识，都有独特的现代性批判思想。但是，社会批判理论家们从马克思出发，经过韦伯的现代性理论，沿着理性线索进行的现代性批判，最终在根本性问题上背离了马克思：

1. 对现代性的态度

马克思对现代性持辩证态度，既有肯定，又有批判。马克思首先赞扬现代社会所取得的前所未有的成就，并肯定资本主义社会中的进步因素，一方面是比传统农业社会进步了，另一方面是为未来社会创造了条件。而且，马克思没有因为现代社会充满了矛盾、异化和诸多不合理的现象就对现代性持悲观绝望的态度，相反，他依然坚持对现代性理想的追求，并探讨实现共产主义的现实条件。

而批判理论则主要继承了马克思的批判向度，又极大地吸收了韦伯对现代性的悲观态度，所以主张对现代社会进行彻底的批判。法兰克福学派批判理论的主旨是通过理论批判来对抗晚期资本主义的普遍统治。社会批判理论包含了法兰克福学派成员对现代资本主义社会的总体态度：批判，拒绝，否定。这一总体的态度虽然有着深深的马克思主义的印记，但是，其对现代性的悲观态度背离了马克思对于现代性的辩证立场，然而这一态度却是两次世界大战的深深创伤以及韦伯现代性理论进一步发展的结果。其中在韦伯的分析框架下展开的工具理性批判成为法兰克福学派现代性理论的转折点。批判理论的现代性的轨迹基本上是从马克思的政治经济学批判和无产阶级解放的理论出发，通过韦伯的合理化理论，最后走向对启蒙和现代性的总体批判；从雄心勃勃的对资本主义的跨学科的总体研究走向对启蒙和理性的抽象的哲学批判。这一现代性理论的轨迹最终使批判理论本身陷入困境。由于其理论主旨就是否定和批判，而在发达工业社会的条件下，又把矛头对准了科技理性，这样就致使批判理论看不到社会的希望，最终只能陷入绝望和乌托邦的境地。

2. 批判的指向

马克思从对社会生产方式的考察入手，对现代性的病根有深刻的洞见，认为现代性问题根源于资本主义的生产方式和私人占有制。马克思的现代性批判主要表现为现实社会（资本主义社会）的批判。把针对"副本"（上层建筑）的批判归结为针对"原本"（经济基础）的批判。从唯物史观出发，马克思否认观念的社会形态决定现实的社会形态。相反，是社会的现实的经济结构决定了社会的上层建筑以及意识形态，要想改变现实的社会结构，关键的是首先要改变社会的经济基础。因此，马克思批判的主要对象是代表着资本家利益的现代社会制度。

而批判理论家的现代性批判并不是以现实的社会结构为批判对象的，而是以不断发展的合理化过程的负面效应为批判对象，意在揭露现代性的内在矛盾：现代性一方面造成了社会生活的合理化、经济领域的秩序化和行政管理的科层化，另一方面又造成了压制与奴役。而其罪魁祸首就是理性本身。所以，他们把现代性批判简化为理性批判，又把理性批判简化为工具理性批判。在他们的视野中，现代社会中的"理性"是用"工具理性"、"科技理性"等来诠释的。理性被理解为逻辑地建构人的认识行为、社会行为和主观行为的自觉能力，自然科学的知识和研究方式被视为知识和理性的唯一典范。所以，在他们眼里，现代性所面对的问题，总是与理性的僭越密切相关，而理性的僭越就是工具理性的僭越。这样，他们的合理化社会的重建，把人从压抑和奴役状态中解放出来，总是要通过批判理性的无处不在的统治来完成。而对批判的武器——理性自身的批判，则不可避免地陷入自我指涉、自相矛盾的境地，最终是批判理论陷入绝境。

3. 对科学技术的态度

马克思一贯赞扬科学技术的力量，认为科技是生产力发展的重要动力，尤其是对于现代社会来说，科技越来越成为决定性的力量。马克思把科学技术置于生产力的重要因素的位置上，把现代科技作为现代社会的解放力量来看待。因为生产力是社会发展的最终决定力量，生产关系乃至上层建筑的变革，都取决于生产力发展的程度。而在现代社会，科学技术越来越成为生产力发展的巨大杠杆，甚至成为第一生产力。因此，在马克思这里，科学技术蕴含着巨大的解放潜能。而法兰克福学派的思想家们却把科学技术置于理性的发展序列，指认科学技术是工具理性的实现形式，"在通往现代科学的道路上，人们放弃了任何对意义的探求。他们用公式替代概念，用规则和概率替代原因和动机"[1]。科学技术不仅在现实生活中工具化

---

[1] [德]霍克海默，阿多尔诺：《启蒙辩证法——哲学片段》，渠敬东，曹卫东译，上海人民出版社2006年版，第3页。

了，而且成为资本主义统治的同谋，"技术的发展给人们带来了生活的安逸，统治也以更为沉稳的压榨手段巩固了自己的地位，同时也确认了人类的本能。……在机器发展已经转变为机器控制的地方，技术和社会的发展趋向总是相互交织在一起，最后导致的是对人的总体把握，这种落后的状态也并非是不真实的"①。这样，批判理论家们通过分析科学技术的工具理性性质，指认它与现代统治的共谋关系，从而确定科技理性不但不是社会的解放力量，而且是极权与统治的有力帮凶。他们抛开特定的社会背景，片面地强调科技理性影响的消极性，甚至把科学技术直接等同于意识形态。这样做的后果，不仅会引导人们对技术文明的彻底怀疑和全盘否定，而且还会消解人们对资本主义制度本身的怀疑意识和批判精神。本来科学技术本身并不具有意识形态所特有的阶级性或政治偏向性，当代资本主义社会中所出现的"技术统治"不过是垄断资产阶级统治的表现，它完全是由于科学技术在资本主义条件下被资本主义式的利用所造成的。而批判理论家们却把科学技术钉在历史的耻辱柱上，从而把它送上了断头台。

　　从总体上看，社会批判理论积极关心现代性问题，致力于从经济、政治、法律、文学艺术、社会心理等各个方面去研究和批判所谓发达的资本主义的现代性问题，从而形成了其闻名一世的"社会批判理论"。从理论渊源上看，这一批判理论直接继承了马克思《1844年经济学哲学手稿》中的异化理论和人道主义思想，所以二者有着表面上的相同之处；法兰克福学派"继承"的是马克思早期从人本主义异化史观出发的哲学批判，而丢弃的是马克思成熟时期立足于唯物史观和剩余价值理论的科学批判。马克思

---

① [德]霍克海默，阿多尔诺：《启蒙辩证法——哲学片段》，渠敬东，曹卫东译，上海人民出版社2006年版，第28页。

的社会批判本质上并不是一般的、单纯的价值判断活动，而是一种反思性的、实践指向的历史认识、评价活动。它是要将一定社会及其历史作为认识、反思的对象，从而正确地认识现实社会，并对其本质特征做出合乎历史发展规律的认识，并在此基础上指明未来社会的发展方向。然而，法兰克福学派的思想家们在深刻地批判了现实之后，丢弃了未来。从总体上看，由于法兰克福学派割裂了马克思主义的批判性与科学性的统一，片面强调它的批判性而否定其科学性，因而马克思主义的革命精神和现实批判的锋芒被他们所钝化。而且批判理论家的现代性批判主要是文化层面和社会意识层面的批判，他们对于资本主义概念的构架与马克思之间存在根本差异。

三、哈贝马斯与现代性的重建

后现代理论兴起之后，便爆发了激烈的现代与后现代之争。后现代阵营一直是人员庞杂，思想差异极大，而在现代性的捍卫者中，哈贝马斯堪称最强劲、最具代表性的一位。后现代理论虽然"轮廓尚不清晰、混淆不清、模棱两可，但是，它们的核心经验，即理性死亡的经验，显然要宣告如下一系列历史设想的终结：现代性的设想，欧洲启蒙运动的设想，最终也是希腊和西方文明的设想。"① 来自后现代主义以及社会批判理论的对理性和欧洲文明的激进批判引起了哈贝马斯的焦虑和不安。哈贝马斯看到现代性的种种问题，他虽然否认自己是备受攻击的现代性理想的单纯卫道士，但仍然坦然承认自己属于这一传统。他的全部理论就是要对自己置身于其中的启蒙传统进行批判性反思，站在今天的立场上维护这一虽然有缺点，

---

① [德] A. 韦尔默：《现代性和后现代性的辩证法》，载《实践国际》第 4 期 1985 年 1 月英文版，第 337 页。

但仍然具有解放潜能的理想。因为在他看来，现代性仍是"一项未竟的事业"。

（一）传统批判理论的现代性理论困境之根源

就现代性西方传统来说，哈贝马斯非常深刻地看到了法兰克福学派的社会批判理论在现代性问题上陷入的困境，并对其工具理性批判进行了批判。可以说《启蒙辩证法》代表着批判理论的重大转折，它抛弃了30年代通过哲学和社会科学的结合对资本主义进行总体批判的纲领，转向对文明的抽象的历史哲学批判，放弃了现代性经验诊断的任务，从对启蒙和现代性的辩证扬弃转向全盘否定，从相信人类能够实现彻底解放的乐观主义转向消极绝望的悲观主义。在哈贝马斯看来，这一倾向是非常危险的，因为它威胁到现代性的理性基础和规范前提，它是批判理论的倒退，理论上存在着严重的局限性。那么，法兰克福学派的现代性批判理论失足的根源在哪里呢？

在哈贝马斯看来，早期法兰克福学派陷入这种悲观主义境地的根源，就在于其理论本身存在三个致命弱点。"第一，批判理论没有认真对待社会科学和分析哲学中发展起来的理论思想。……第二，批判理论以一个批判工具理性的方式蜷缩到一个抽象层面上，对我们十分复杂的社会只做了贡献微乎其微的经验主义分析。第三，批判理论没有清晰、明确地考虑其规范性基础，也就是考虑其独特的性质，阿多尔诺拒绝了系统地建立一个他经常隐含地使用的理性概念的可能性。"① 概言之，早期法兰克福学派局限于工具理性批判，放弃了理论的总体性，没能建立一个完整有效的理性概念。而其之所以未能建立起批判的理性根据，关键在于其哲学始终未能跳出意识哲学的框架，没有摆脱意识哲学的影响。这里，"意识哲学"范式，指的是由笛卡尔开创的，由洛克和康德确立起来的，在黑格尔

---

① 转引自艾四林：《哈贝马斯》，湖南教育出版社1999年版，第51—52页。

哲学中达到鼎盛状态的近代主体性哲学。它从主客体的二元结构中去把握人的主体性和理性能力。在主体意识哲学的语境中，理性被理解为人的意识与生俱来的认知和实践能力，主体与客体之间的认知与行为关系是理性的基本框架。理性是主体对客体的表象和干预能力。在这一语境中，主体对客体的反映成为真理的源泉。意识哲学的核心是认识论或知性的思维方式，它所使用的理性概念是以主体为中心的理性，它被简单地理解为一种能够帮助主体有效地控制客体、战胜自然的认知工具。意识哲学的范式是一种典型的通过理性经验的运用，来思考存在或世界的统一性的思维模式。哈贝马斯认为，这一理论范式必然导致主体对客体的宰制，导致理性的片面化，它无法容纳现代性理想，必然会导致理性和自由、自然与社会、个人与社会、情感与理性的冲突。

因此，哈贝马斯认为："以前的批判理论，不是因为这样或那样的衰落而失败的，而是因为意识哲学范式的枯竭而失败的"。① 在意识哲学的框架下，主体所能设想和运用的理性形式只能是目的合理性，它是主客之间最直接、最有效的理性形式。但是，一种解放的社会合理性无法建立在这样一种理性形式之上。这就是工具理性批判的根本困境，"仍然受主体哲学条件约束的工具理性批判，暴露了它的限制……因为它缺乏充分灵活的概念，来说明工具理性破坏的东西的完整性"。② 哈贝马斯对"工具理性批判"的批判，目的是要说明批判理论需要进行哲学基础和范式的转换，只有从主体哲学走向主体间哲学，由工具理性走向交往理性，由意识哲学范式转向语言哲学范式，才能使批判理论走出困境。只有在新的理论语境中，

---

① ［德］哈贝马斯：《交往行为理论》（英文版）第1卷，培根出版社1984年版，第386页。

② ［德］哈贝马斯：《交往行为理论》（英文版）第1卷，培根出版社1984年版，第389页。

才能保留理性的积极因素，又不堕入理性的怀疑主义，堕入形式理性而实质非理性的深渊。

（二）现代性理论重建的规范基础

哈贝马斯通过理论历史的考察，指出法兰克福学派的现代性理论之所以走入困境，是由于意识哲学范式的枯竭。意识哲学把主客关系理解为基本的认知和行为关系，在行为理论中只能证明目的合理性行为或工具合理性行为的合法性，在文化领域中只能解释客观自然科学的合理性。因此，摆脱主体哲学的现代性理论困境，又不抛弃启蒙和现代性的批判和解放意向是哈贝马斯现代性理论所要解决的根本问题。

为了解决这一重大的、根本性的问题，哈贝马斯梳理了源远流长的现代性的哲学话语，清理了对理性的批判，同时力图拯救因理性批判而陷入困境的现代性理论。哈贝马斯依然沿袭探讨现代性问题的理性传统，认为理性在现代社会的一个最大的病态，就是走向了片面的认知—工具化道路。理性的工具化和形式化，使现代性面临着重重危机。为了克服现代性危机，哈贝马斯给出的方案是"交往理性"。而所谓的"交往理性"（kommunikative rationalitaet）就是要让理性由"以主体为中心"，转变为"以主体间性为中心"（intersubjektive orientiert），以阻止独断性的"工具行为"继续主宰理性，而尽可能地使话语性的"交往行为"深入理性，最终实现理性的交往化。理性的交往化应当以"普遍语用学"（universale Pragmatik）为前提，在一个"理想的言语环境"中，从分化到重组。

哈贝马斯认为，现代性理论重建的基础应该是交往理性。因为现代性理论新的规范基础不能从传统宗教和形而上学的理性中寻找，只能从日常交往行为中寻找。为了阐明交往理性的内涵，哈贝马斯首先分析了交往行为，而为了分析交往行为，他又首先区分了不同的行为。哈贝马斯把人的行为分为四种类型：目的性行为（teleological action）；规范调节行为（normatively regulated action）；戏剧行为（dramaturgical action）；交往行为（communicative action）。目的性行为关联客观世界，它因果性地介入客观世界以实现自己的行为计划。规范调节行为对应于社会世界，它是基于合法的规范而组成的，它的要求是正当性和有效性。戏剧行为与主观世界相连接，用以表现自己的观点。交往行为对应"生活世界"，它反思地或间接地与客观世界、社会世界、主观世界相关联。在交往行为模式中，行为者基于自己的生活世界视野，用自己的语言表达经验，同时论及客观世界、社会世界和主观世界中的事物，以研究共同的状态规定。也就是说，交往行为意在取得协调一致的意见，而且同时和上述三个世界具有反思性关联，全面地把握社会行为中的各种行为角色，协调地考虑这三个世界。所以，与其他三种行为相比，交往行为更具合理性。交往行为的核心是相互理解，为了达到相互理解，就要以语言为中介。正是在语言中，在言谈中，自我和他人在相互理解中得到认同和彼此承认。这样，哈贝马斯就把我们的注意力从目的论的社会行动观转移到交往论的社会行动观，从个人目的行动转移到社会交往结构。这样，人们的行动协调不再是自我定向的功利算计的相互结合，而是由文化传统和社会化所提出的规范和价值所形成的整合的社会共识，合作即相互理解与沟通。

　　旧的现代性的理论植根于主体主义的"意识哲学"，与之相对应的是工具性行为。工具行为把手段关联于目的，把技术关联于目标，却没有去反思这些目标本身是否合理，是否公正。它植根于主宰大自然的主体主义计划，而缺乏一种主体间向度。这种行为以成功为指向，以合理谋划为特征，带有强烈的功利主义色彩。与此相反，交往行为（相互作用）却是以达成理解和共识为目的的行为。它是以主体之间通过符号协调的相互沟通和社会一致性为基础，致力于达成理解，形成非强迫性的共识。这种主体之间的符号协调和相互沟通便是普遍语用学，而对取向于相互理解的交往行为的普遍语用学分析，可以在形而上学理论背景之外重建理性概念。交往行为的合理性不是以行为效果来判断的，也不是从自我意识明证性来判断的。交往行为的合理性来自交往双方对言语行为中的有效性的合理认可。只有交往理性才能使主体哲学摆脱困境，因为，交往理性包括三个层面："第一，认识主体与事件和事实世界的关系；第二，在一个行为关系的社会世界中，处于互动中的实践主体和其他主体的关系；第三，一个成熟而痛苦的主体（费尔巴哈意义上的）与其自身的内在本质、自身的主体性、他者的主体性的关系。从参与者的角度分析交往过程，这三个层面便呈现出来"①。这三方面构成传统哲学所说的理论知识、实践知识和审美知识。理性必须揭示体现在这三种知识中的理性统一性，即"理性应该揭示游弋在康德三个批判中的理性统一性：道德实践观、审美判断同理论理性的统一性"②。理性不是单纯消极意义上的乌托邦，它是一切相互理解行为的前提，它本身就植根于现代生活条件之中。哈贝马斯认为，交往理性概念作为理解现代性的普遍范畴，正如抽象劳动概念在马克思的《资本论》中的地位一样。随着资本主义生产方式的出现，劳动已经脱离传统的社会关系，变成创造商品价值的一般劳动。同样，在现代文化和社会条件下，交往已脱离传统相互理解的文化背景，转向根据抽象的事实陈述的真理性、道德规范的正当性和自我表达的真诚性要求进行相互理解的言语行为。交往理性已成为现代文化传统的更新、社会法律和道德规范的形成和个人社会化的基础。现

---

① ［德］哈贝马斯：《现代性的地平线：哈贝马斯访谈录》，上海人民出版社1997年版，第57页。

② ［德］哈贝马斯：《现代性的地平线：哈贝马斯访谈录》，上海人民出版社1997年版，第48页。

代性理论就是要阐明资本主义发展是否和如何体现交往理性的要求，或者说如何阻碍交往理性的制度化。

哈贝马斯认为，交往理性概念可以克服工具理性批判的自相矛盾。这一矛盾表现在：工具理性本身既是主体意识哲学的产物，又是主体哲学所要克服的对象。从主体意识哲学出发，只能把理性作为实现主体目的的工具，它体现为人对自然的认识和改造，体现为社会文明的物质成果。主体哲学虽然承认为社会规范和人生理想提供合理的基础是理性的根本目的，但是，它却无法从理论上阐明非强制的集体生活和自我实现的理想。而只有交往理性才能兑现理性这一承诺。通过交往行为理论重建现代性的理性理想，把科学、道德和艺术同等程度地作为理性的表现形式，可以克服工具理性批判的困境，也可以克服实证主义的片面性。

（三）现代性的病理与重建

交往理性是哈贝马斯为其现代性理论寻找的一个新的立足点，它既是西方现代性源远流长的理性话语的一支，又扭转了法兰克福学派对理性的悲观态度。接下来的任务，就是对现代性的捍卫和重建。然而，要完成这一艰巨的任务，仅仅在学理上梳理现代性的理性话语是远远不够的，哈贝马斯必须要面对真实的现代社会，指明交往理性与现代社会的关联，解释交往理性和工具理性的潜能如何转变为塑造社会合理化的力量。对哈贝马斯来说，所有的现代性问题都可归结为合理性和合理化问题，前者是理性的规范结构问题，后者是理性的具体历史性问题。交往行为理论的主要任务是揭示现代世界观和文化结构的合理性潜能，对理性可能的形态进行分析，为社会的合理化提供基本的标准。因为从理性出发，社会理论本质上是社会合理化理论，它要解释文化的合理潜能是如何在社会结构中制度化的。哈贝马斯认为，"生活世界"和"系统"是交往理性和工具理性制度化的体现，两者的区别和联系是社会理论研究的基本内容。在哈贝马斯看来，现代性的内在矛盾是理性的两种应用方式和逻辑的矛盾。质言之，是以语言表达意义的相互理解为机制的交往行为同以行为效果为机制的目的和策略行为之间的矛盾。前者是交往行为，后者是工具行为。工具理性体现在现代经济和行政管理系统中，交往理性体现在文化知识和生活世界中。现代性危机不是由理性自身造成的，而是由于在资本主义的社会条件下，交往理性和工具理性、生活世界和系统之间的不平衡关系造成的。体现工具合理性的经济和行政系统凌驾于由交往行为作为再生产机制的生活世界之上，从而导致生活世界被非交往的力量侵蚀，这一现代性的病态现象，哈贝马斯称之为"生活世界的殖民化"（colonization of life-world）。

1. 生活世界的殖民化

哈贝马斯把现代社会划分为系统（system）和生活世界（life-world）①两大领域，它们是现代社会中互不隶属的两大领域，不能在一个更高的主体中统一。社会既不统一于生活世界，也不统一于系统。因此，社会合理化的分析必须同时关注两大社会领域的不同结构和社会调节机制。"生活世界"概念首先在胡塞尔晚期哲学中使用，这一概念同时也是伽达默尔哲学解释学的基础。在西方哲学中，

---

① "生活世界"是胡塞尔开创的现象学中的重要的基础性的概念，它指朝向我们涌现的直观对象的总体，是"自然态度中的世界"。这一世界是"作为唯一实在的、通过知觉实际地被给予的、被经验到并且能够被经验到的世界"。胡塞尔反对对"生活世界"持一种单纯日常生活态度，拒绝将其视为纯粹客观的给定之物。在他看来，生活世界不能被落实为任何意义上的对象，不能被理解为任何客观意义上的永恒实体。它是"第一世界"，但并非"真实的世界"。所以，生活世界不是研究的课题，我们之所以需要它，因为它是研究的出发点和基础，必须从它出发去追问先验的领域。因而，生活世界是"前科学的"、"前概念的"和"前理论的"，属于先验的原发境域。但是哈贝马斯使用的生活世界概念与胡塞尔并不相同，他同时吸纳了维特根斯坦、米德、迪尔凯姆等人的理论，突破了胡塞尔对生活世界的单纯现象学解释，认为仅仅以意识为中心的行动和世界均不足以称为生活世界，生活世界必须与行动理论和社会理论联系起来去理解，从中突显语言或符号互动构成的交往关系。

"生活世界"被引入哲学所产生的冲击力,不亚于哲学的语言学转向。哈贝马斯对这一概念加以改造,应用于他的现代性理论中,从而把这一现象学概念改造成一个重要的社会哲学概念。在哈贝马斯看来,"生活世界"概念主要涉及相互理解的交往行为的文化背景。生活世界在此是前反思的知识储存库,它为人们之间的相互理解提供背景知识。这一生活世界对社会行为来说是必不可少的。首先,它是交往行为活动的领域。"交往行为的主体总是在生活世界的视域中进行理解。"① 其次,生活世界是前反思的价值和意义的资源,"生活世界是分散的、不成问题的背景性信念,这一生活世界的背景为情境的定义提供资源,它总是交往参与者作为不成问题的东西预先假定的"②。最后,生活世界作为世代相传的知识,具有稳定性和承续性,能够抵御由于理解的个体差异而产生社会分歧这一风险。从社会层面来看,生活世界指"非正式的、未市场化的社会生活领域:家庭和家务、文化、非党派政治生活、大众传媒、志愿者组织等等"③。哈贝马斯把生活世界和交往行为联系起来,使得生活世界这一概念不但有描述的功能,而且具有批判的意义。人类通过生活世界所达到的沟通,不单是使得人类相互的交往成为可能,而且进一步发展、改进和更换其在社会的角色和自我的认同。换言之,生活世界对哈贝马斯来说,一方面代表着一种规范人类互动的整合原则,指示人类共同接受的价值规范理念,同时也构成了个人行为趋向的资源。也就是说,生活世界是交往行动的主体通过交互主体性行为构成的某种内在境域,借以建立彼此都能接受的行为规范,形

---

① [德]哈贝马斯:《交往行为理论》(英文版)第1卷,培根出版社1984年版,第70页。
② [德]哈贝马斯:《交往行为理论》(英文版)第1卷,培根出版社1984年版,第70页。
③ [英]芬利森:《哈贝马斯》,邵志军译,译林出版社2010年版,第50页。

成群体的归属认同感，强化社会整合。在交往或者日常沟通实践中，生活世界以一种先于反思的形式存在于背景假定、背景感受或者背景关系中，每一位交往参与者的相互理解都有赖于它的支持。所以，生活世界与我们之间不存在任何间隔和反思，它是能使先验意识得以具体化的现实的实践境域。生活世界包含文化、社会和个人三个结构要素，对应着文化再生产、社会一体化和个体社会化的过程。从生活世界出发，能使一切社会过程都进入合作解释过程，使得交往行动者通过他们的交往行动在经验场域上促进社会演化，统合理论与实践、理智与行动，走向社会解放，即生活世界的理性化。

本来，生活世界的再生产过程与"系统"运行过程应该是相辅相成的。"系统"是哈贝马斯社会哲学的另一个重要概念，是人类控制社会环境与自然环境，从事物质再生产以维持自身生存的能力机制，主要指经济、政治、法律等制度，它们作为制度或组织影响着人类的生活。系统作为社会整合的能力机制，重点在于解决人的生存问题，所以人们在系统中进行的是目的合理性的行动，其实质是工具理性行为，即人们首先权衡并确立最好的行动目的，然后选择最有效的手段和工具，通过功能地整编行动后果，促进社会满足人类物质生活需要的能力的提高。所以，系统是积淀下来的结构和已确立的工具行为类型。根据它对行为人有何种外在目标要求，系统可以分为两个不同的子系统：金钱和权力。金钱和权力一方面形成了资本主义经济的内在指导、协调机制，另一方面形成了国家行政管理及相关的机制。金钱和权力两个子系统的主要功能是进行社会的物质再生产，即商品和服务的再生产与流通。除此之外，还有一个类似生活世界所具有的重要功能，即对行为进行协调和对系统进行整合。哈贝马斯称之为"系统整合"，对应于生活世界的"社会整合"作用。随着现代社会的发展，系统和生活世界都日益分化成许多不同的部分。一方面，生活世界在文化、社会和人格等方面的常识相互分离；另一方面，系统也分化成一个个彼此独立的制度。这种分化趋势也同时迫切需要通过交往理性的交流来达到理解和共识，从而再生和整合生活世界和社会系统。但是，随着现代社会的工具理性化，使得社会系统更多地采用技术手段，以及权力和金钱等"非交流手段"来整合日益分裂的社会。这些手段无法达成主体间真正的理解与共识，不仅不能整合社会和再生生活世界，而只会加剧社会的进一步分化。

按照哈贝马斯的观点，现代社会就存在于系统和生活世界的脆弱平衡之中。虽然系统和生活世界是互不隶属的两大领域，但是系统实际上是寄生于生活世界之上的，也就是说，生活世界享有优先权。生活世界是自给自足的，而系统却不是。系统只能在来自生活世界的意义资源的基础上运行。但是，在发达工业社会中，系统却倾向于侵蚀、破坏甚至是取代生活世界，这便是哈贝马斯所说的现代性的病症——"生活世界的殖民化"（colonization of life-world），即"具有交往结构的生活世界听任具有形式结构的独立的系统的摆布"，[①] 使原本属于私人领域（private sphere）和公共领域（public sphere）的非市场和非商品化的活动，被市场机制和科层化的权力侵蚀了，即被金钱和权力子系统侵蚀了。首先是作为主导机制的金钱和权力从生活世界中分离出来，资本主义经济和行政系统逐渐脱离家庭、文化领域以及公共领域。随着工具行为的迅速扩张，它们便逐渐侵入生活世界并弱化了后者的功能。策略性决定留给了市场或者被交到专业控制者手中。生活世界的透明性遭到破坏，公共监管和可能的民主控制对行为和决议的基础作用消失了。最终，由于系

---

① [德] 哈贝马斯：《交往行为理论》，曹卫东译，生活·读书·新知三联书店2001年版，第一卷，第一版导言。

统实际上依赖于生活世界,因而生活世界殖民化过程也导致了系统的动荡和危机。这就是哈贝马斯概括的生活世界殖民化导致的现代性病理:

1. 共享意义和相互理解的减少(失范)
2. 社会纽带的侵蚀(分裂)
3. 无助感的增加以及缺乏归属感(异化)
4. 由此导致的不愿为自身行为以及社会现象负责的心理(道德沦丧)
5. 社会秩序动荡和崩溃(社会动荡)①

因此哈贝马斯断言,当今威胁人类和社会的,主要不是如马克思所言的经济剥削,也不是如早期法兰克福学派而言的政治专制和意识形态操控,而是经济和行政系统侵入生活世界,生活世界的结构由此遭到破坏并丧失人性。

2. 未竟的事业

二十世纪八十年代,正当西方社会后现代思潮风起云涌之时,哈贝马斯在接受"阿多尔诺奖"时,发表了一篇题为"现代性:一项未竟的事业"的演讲,立时引起巨大震动。因为彼时对现代性的批判以及后现代思潮正汹涌澎湃,现代性与启蒙事业似乎风雨飘摇,俨然将与历史告别了。在这样的历史情境下,哈贝马斯的演讲勇敢地昭示出:现代性是一项事业,而不是即将过去的历史阶段;更重要的是,这项事业本该可以完成,然而现在并未完成。

哈贝马斯之所以称现代性为"未竟的事业",是因为现代性所面临的问题仍然没有解决,而现代性中含有这样的潜能,使其问题得

---

① [英]芬利森:《哈贝马斯》,邵志军译,译林出版社2010年版,第55页。

到解决。因此现代性问题的解决方案,既不是反现代性的,也不是后现代性的,而仍是现代性的。"系统和生活世界的脱离,是欧洲封建主义等级制社会向现代阶级社会转型的必要条件;但是现代化的资本主义模式是以生活世界符号结构的扭曲和物化为标志的,生活世界受制于从金钱和权力中派生的,并变得自主的亚系统的命令"①。这就是说,系统和生活世界的分离,本来是以资本主义作为开端的现代社会的要求,但是,资本主义现代化的模式却是以经济和行政管理系统体现认知—工具合理性,并以权力和金钱作为一般化的媒体来侵蚀和削弱交往的生活世界为手段实现的。资本主义现代化是以牺牲道德实践和审美实践的合理性为代价取得统治地位的,这就导致了生活世界符号结构的紊乱。哈贝马斯的这一论断为现代性诊断提供了新的理论框架。现代性的病态不是现代化本身的必然结果,而是资本主义现代化模式的片面性造成的。这一基本论断使物化批判和工具理性批判理论获得新的意义。既然现代性的病症是生活世界的殖民化,那么,重建现代性理论,完成现代性的任务,就意味着绝不能牺牲现代性带来的成果,如知识的增长,经济的利益以及个人自由的拓展,而是在此基础上,根据世俗的人文主义理想合理地释放现代社会文化的、技术的、经济的潜能。哈贝马斯要找到一种方法将启蒙进程中产生的专门知识与日常生活过程重新联结,将这种专门知识与生活世界和公共利益重新联结。由此,哈贝马斯在交往理性这一新确立的现代性的规范基础上,建立起交往行为理论和商谈伦理学,以此扭转启蒙理性及其解放理想在现实中的工具化所带来的负面影响,从而找到生活世界与系统的平衡,重建现代性。

---

① [德]哈贝马斯:《交往行为理论》(英文版)第2卷,培根出版社1987年版,第282页。

在哈贝马斯看来，现代性重建的核心领域是生活世界，因为现代性的病症就是生活世界受到系统的殖民。生活世界的整合媒介应该是语言，因为"非语言的驾驭机制"只能使沟通成为利益的交换。因此，只有建立起有效的语言使用规范，才会有正常的主体间的交往行为，而只有正常的主体间的交往行为才能促进生活世界的再生产。在生活世界殖民化的条件下，权力和金钱逐渐代替语言成为生活世界整合的媒介，行为关系的调节规范不再依赖特殊地域的文化共同体，也不来自外在的强制力，而是基于人们的理性获得的共识，即作为交互主体性中介的话语在交往行为中达成的一致意见。这里突出了"规范"的关键作用，它在现代社会里调节人们的行为，使系统和生活世界达到平衡或者失衡。哈贝马斯反复强调理性的普遍规范，特别是法律与道德的普遍规范，对于合理化的社会关系以及社会制度的合理化建制有重大的意义。人类作为既倚重经验又具有理性反思能力的存在，其进步不仅仅是依靠经验知识的不断积累和进步，而且还借助于对普遍的理性规范（法律和道德）的反思而不断合理化自己的社会关系，改善社会的制度形态。商谈伦理学的主要任务就是要对规范进行反思性的证明，即新的现代社会条件下不断追问：约束人们的行为规范何以具有有效性？这一追问对现代社会的整合具有重要作用，对此，哈贝马斯论述道：

> 规范的有效性要求的基础不是缔约双方的非理性行为意志，而是由理性所产生的对规范的承认，这些规范在任何时候都可以接受质疑。因此，规范的认知因素并不仅限于规范的行为期望的命题内涵。规范有效性要求本身就具有一种假设意义上的认知性。这种假设就是：规范的有效性要求可以用话语来兑现，

即它可以用参与者通过论辩达成的共识来加以论证。①

系统的官僚体制破坏了生活世界的交往理性，摧毁了私人领域和公共领域内相互理解的逻辑基础。因此商谈伦理学致力于恢复通过商谈达到共识的民主政治的理性前提。可见，哈贝马斯讨论语言、话语的关键不在话语本身，而在如何形成理性、民主的话语集体意志和行动共识。参与形成集体意志的过程，就是接受理性权威的过程，这一权威是商谈中的权威，一种基于对正确性主张的证明的权威。虽然商谈不是体制的构建原则，单纯的商谈并不能造就合理的社会体制，但是商谈却是民主政体权威的合理性原则。依照现代政治的运作规则，我们必须在商谈的层次上才能把握民主体制的运作，讨论它包含的正确性主张和前提，并进而讨论这些主张和前提能否得到证实。正因为商谈（discourse）②的意义如此重大，所以哈贝马斯将消除现代性的危机、弊病以及实现新的解放的乌托邦的希望都寄托在它身上：

我们应该知道每一个对话参与者从各自的观点出发用以进入所有相关利益的普遍化的语境。因此，我们能够把商谈实践

---

① ［德］哈贝马斯：《合法化危机》，刘北成，曹卫东译，上海人民出版社2000年版，第137—138页。
② "商谈"是哈贝马斯哲学的重要概念，德文为diskurs，意为"讨论"、"谈论"；英文为discourse，意为"正式的讨论"、"交谈"、"对话"、"演说"、"谈论"、"论述"等。对这一概念的中文译法国内尚未统一，常见的有"商谈"、"话语"、"交谈"、"对话"等。根据哈贝马斯的用意，我采纳"商谈"这一译法。哈贝马斯把这一本来普通的词汇变成专业术语，用以指称在交往行动中，交往参与者提出假定和要求并被置于集体讨论之下，经过理性话语的主体间性过程以决定是否接受这些假定和要求。商谈在交往中具有重要作用，人们在交往中通过商谈分享信息，提出意见和批评，提供挑战与论证，达成共识，建立和维持社会关系。

理解为一种框架，绝对命令的实用问题在这个框架内被提了出来。关于对所有人同样有利的事情，商讨的参与者只能期望在每个人都愿意不断地接受他人的观点的条件下，达成协议，以期能够实现皮亚杰（Piaget）所说的自我——一种种族中心主义的自我——的渐进的"去中心"，即对既定世界（le monde donné）理解的"去中心"。①

商谈伦理学是为推进现代民主、增强现代民主的合理性服务的。现代民主主要不是一种外在的形式，而是公民共同参与的论证实践，稳定的公共生活和繁荣的民主政治是以社会中多数人的积极参与以及成熟的、带有共识性质的公共判断支撑的。所以，商谈伦理学不仅是道德的交往理论，也是民主社会中法律和决策形成的规范的分析理论。哈贝马斯以此重建了从霍布斯开始分离了的道德与政治的内在关联。正如我们看到的那样，在现代性工程展开之后，传统变成一片废墟，政治的神圣维度以及传统维度都分崩离析了，道德和法律是唯一留下的政治的两根支柱。现代性要求一种理性精神，道德和法律必须根据某种普遍原则证明自身作为政治基础的适当性。这样一种普遍主义意识构成道德和法律的基础，而这种意识一旦渗透到人们的合法化意识之中，就构成商谈民主理论的根本基础。

这样，哈贝马斯就从商谈伦理过渡到商谈民主和商谈政治。实际上，商谈民主理论不过是哈贝马斯始终强调的交往过程的主体间性在政治层面上的反思性的理论化落实。它将涉及正义问题的商议规则和辩论形式作为民主政治的核心，它们一方面表现为现实政治机制的商议制度形式，另一方面则表现为公共领域中的商议制度形

---

① ［德］哈贝马斯：《对话伦理学与真理的问题》，沈清楷译，中国人民大学出版社2005年版，第7—8页。

式,非正式的意见形式贯彻在制度化的选举抉择和行政决策当中,通过它们交往权力转换成行政权力。公共权威也就因此获得了厚实的合法性基础。

(四) 现代性之哈贝马斯与马克思

启蒙之后,现代性一直居于西方学术话语的中心,每一位思想家都以各自的视角和个性探寻着它的足迹,描述着它,形塑着它。哈贝马斯和马克思两位堪称思想大家,在不同时代对这一重大问题作出了各自的回应与解答,个中相似之处,更多本质不同。

首先,从总体上对待现代性的态度上,二者颇为相似,都对现代性采取一种批判态度,但都不放弃现代性理想,在这一重大问题上都采取了辩证的态度。哈贝马斯在对启蒙和现代性的反思中,基本上持批判保留的态度,既不美化现代性,也不全盘否定现代性。他说,我们要像马克思对待黑格尔那样,"务必小心翼翼,切莫将婴儿与洗澡水一起倒掉,然后再翱翔于非理性的天空"[①]。哈贝马斯的现代性理论的基本动机在于,反思从启蒙运动到社会批判理论对现代性的误读,克服建立在主体哲学范式上的现代性理论自相矛盾、自我解构、自我否定的倾向,把现代性视为虽然有缺点,但尚有解放潜能的方案。哈贝马斯强调,现代性仍是一项未竟的事业,它是不能被抛弃的,也是无法抛弃的:"首先,(现代性)它并非某种我们已经选择了的东西,因此,我们就不能通过一个决定将其动摇甩掉。第二,它仍然包含着规范的、令人信服的内容。第三,我充分意识到现代的社会和经济发展中存在着根植于体制性的、自我生产的危险,这些只被那些保守主义和后结构主义觉察到了。所需要的

---

① [德] 哈贝马斯:《现代性的地平线:哈贝马斯访谈录》,上海人民出版社1997年版,第37页。

是把握和经历整个过程的内在矛盾和复杂性。"① 也就是说，现代性不是我们选择的结果，因此也无法被我们抛弃。尽管现代性已经病态百出，现代社会和经济发展中呈现出这些病态的再生与稳定结构，但是，现代性仍是包含着令人信服的规范内容的理想，是不能被抛弃的事业。

现代性的病态不是现代化本身的必然结果，而是资本主义现代化模式的片面性造成的。在这一基本立场上，哈贝马斯和马克思也是一致的。马克思也看到现代性的病态，但没有把其病根归结为现代性本身。马克思认为生产力是现代社会的推动力量，而现代性的病态并不是生产力本身造成的，而是在现代社会中，资本主义的生产方式造成的，也就是资本主义的运作方式，它阻碍了现代性的进一步发展，致使现代社会出现根本病态。从理论基础上说，二者都没有把理性作为现代社会的万恶之源，这就避免了批判理论的困境，避免因工具理性的批判而导致的抽象性，从而使其理论有了进一步关注现实和实践的余地。他们都批判地看待现代社会，既不盲目乐观，又不陷入悲观境地；既能充分认识到现代社会的矛盾和危机，又不放弃进步和解放的信念。哈贝马斯是当代西方马克思主义的主要代表人物，他的理论内容、态度和方法始终注意汲取马克思的思想养分。哈贝马斯的交往行为理论和商谈伦理学是对晚期资本主义社会现实状况的积极回应，当然，他提出的交往理性作为拯救现代性的理想，带有明显的浪漫色彩和乌托邦性质，但他对现代西方社会交往困境的深刻洞见和理性分析，为我们加强马克思主义现代性理论的研究具有重要的借鉴意义。

不管哈贝马斯与马克思有多少相似之处，二者的差异是更根本

---

① [德] 哈贝马斯：《现代性的地平线：哈贝马斯访谈录》，上海人民出版社1997年版，第123页。

的。哈贝马斯把拯救现代性的希望寄托于交往理性基础上的商谈民主，以此抵御系统对生活世界的侵蚀，无视现实的政治斗争，无视不同阶级利益的不可商谈性。与马克思相比，哈贝马斯的现代性重建就显得更具浪漫情怀而厚具乌托邦色彩了。马克思没有在理性范围内兜圈子，而是把矛头指向阻碍现代性潜能得以解放的资本主义制度及其资本逻辑下的生产与社会运转，二者在关乎现代性理论根基的两大问题上，存在着根本差异：

1. 现代性建基何处

从本质上看，哈贝马斯与马克思对现代性的致思路径和基本观点存在根本差异。对哈贝马斯而言，马克思对现代社会困境的分析罕有人及，但他的重大缺点也是相当明显，即马克思过于从经济角度着眼，把一切问题都还原到经济层面，忽视了其他制约着现代人的因素。哈贝马斯认为马克思看不到现代社会里，特别是晚期资本主义社会里，以科层结构（bureaucracy）出现的行政机关所产生的权力形态，是如何跟市场机制（market mechanism）形成共谋，相辅相成地控制着现代人生活的各个领域的。而且这些问题不像马克思所论述的那样，可以简单化约为劳动力商品化的结果。在此，他认为韦伯对现代社会科层结构组织的分析，可以弥补马克思的这一缺点。"生活世界的殖民化"这一命题正是哈贝马斯在韦伯的基础上提出的对现代性病症的诊断。实际上哈贝马斯仍然沿袭探讨西方现代性的理性思路，无论是对历史的梳理还是对现代性的批判与重建，始终是沿着理性线索进行的。现代性的理性线索发展到法兰克福学派的工具理性批判，可以说是走上了绝路。但是，哈贝马斯转变了现代性问题的叙述框架，恰如尼格尔·多德所说："哈贝马斯把理性看作是双重性的。理性有两个维度：工具性和沟通性。它们与现代社会中两个并行且各具特色的发展模式相呼应：技术进步和道德进步。这一理论论点为哈贝马斯把批判理论作为规范工程来看待的思想提供了根基。"① 哈贝马斯对理性与现代性病症的重新解释,不但扭转了对工具理性的否定态度,而且为现代性重建又提出了交往理性这一规范基础,这样,哈贝马斯的双重架构,即工具理性与交往理性对应于系统与生活世界的双重架构,不但肯定了系统的地位,即工具理性的作用,而且为现代性的理性批判带来了转机,从而也洗清了因工具理性批判而给强加给启蒙的不白之冤,为理性的现代性致思路径寻找到新的突破口。但是,哈贝马斯把传统现代性理论的困境归咎于意识哲学范式,把拯救现代性的希望寄托于交往理性基础上的商谈民主,以此抵御系统对生活世界的侵蚀,这本身是值得怀疑的。

可以说,交往行为理论作为现代性的新方案,具有浓厚的乌托邦色彩,就连高斯、麦卡锡等同情哈贝马斯的西方学者都对哈贝马斯的语言学交往乌托邦持怀疑态度,他们认为自由社会的理想无需一个语言学的交往理性概念支撑,交往理论是批判理论战车上一个没用的轮子。事实上,现实社会中的现代性是一个复杂的动力场,其中不仅交织着民族国家内部的斗争,包括性别、种族、阶级的斗争,而且包括国际的经济、政治和文化话语权的斗争。在这些斗争中人类必须找到一个人类共存的规则,但不限于哈贝马斯所说的自我认识、自我决定和自我实现,它包括经济、政治和文化权利及非个人主体的基本生存和发展权利。哈贝马斯用交往范式取代马克思的劳动范式,并没有解决现代性问题,而是离现实地解决现代性问题更远了。因为,交往行为理论的核心内容是通过语言媒介达成一

---

① [英]尼格尔·多德:《社会理论与现代性》,陶传进译,社会科学文献出版社2002年版,第126—127页。

致和共识,这是以普通语用学关于言语行为的"有效性要求"为前提的。也就是说,交往理性要求的是一种平等的、非强迫性的"理想言辞环境"。而在现实中,这种理想环境,这种完全相互理解和共识,就像奇缘一样可遇而不可求。因为交往的目的是要达到"非强制性"的、"较高水平的互主体性"的共识,它要求交往行为者之间角色结构的对称性、相同的生活世界意义背景、时间和空间上的无限开放性等客观条件,还要求交往行为者纯化自己的动机,共同追求真理,不带任何私利等主观条件。这些条件都过于理想化而在现实中难觅芳踪。

而哈贝马斯在交往问题上对马克思的批评,可说是曲解在先。哈贝马斯断言,马克思只强调劳动,而忽略了交往,将交往化约为劳动。而实际上,马克思在《德意志意识形态》一书中就曾明确指出,劳动不仅是人类改造自然的一种感性活动,而且是人们之间结成一定的关系而进行的社会活动。"生命的生产,无论是通过劳动而达到的自己生命的生产,或是通过生育而达到的他人生命的生产,就立即表现为双重关系:一方面是自然关系,另一方面是社会关系;社会关系的含义在这里是指许多个人的共同活动。"① 马克思在《雇佣劳动与资本》中也指出:"人们在生产中不仅仅影响自然界,而且也互相影响。他们只有以一定的方式共同活动和互相交换其活动,才能进行生产。为了进行生产,人们相互之间便发生一定的联系和关系;只有在这些社会联系和社会关系的范围内,才会有他们对自然界的影响,才会有生产。"② 显然,马克思并没有用人与自然的关系取代人与人之间的关系。马克思在其著作中虽然没有出现过"交

---

① 《马克思恩格斯选集》第 1 卷,人民出版社 1995 年版,第 80 页。
② 《马克思恩格斯选集》第 1 卷,人民出版社 1995 年版,第 344 页。

往行为"的字眼,但关于交往的论述还是非常丰富的。像在《德意志意识形态》中,马克思一再讲到"交往"、"交往形式"、"交往关系"、"精神交往"、"世界交往"等概念及其关系。根据马克思的理解,完整意义上的交往概括了全部社会生活中人与人之间的物质的和精神的交往关系,是人与人之间交换其活动、能力及其成果的过程,是人与人之间以一定的物质和精神的手段为媒介的互为主客体的相互作用过程。这与哈贝马斯的交往行为理论中的交往概念存在明显的差异:首先,马克思交往概念的含义较广。按照马克思的原意,交往主要是相对于人与自然关系、人与人的"社会的物质变换"关系而言的,既包括物质交往,也包括精神交往:"思想、观念、意识的生产最初是直接与人们的物质活动、与人们的物质交往,与现实生活的语言交织在一起的。人们的想象、思维、精神交往在这里还是人们物质行动的直接产物。表现在某一民族的政治、法律、道德、宗教、形而上学等的语言中的精神生产也是这样。人们是自己的观念、思想等等的生产者,但这里所说的人们是现实的、从事活动的人们,他们受自己的生产力和与之相适应的交往的一定发展——直到交往的最遥远的形态——所制约。"[①] 后来,马克思在1846年12月28日致安年柯夫的信中也写道:"为了不致丧失已经取得的成果,为了不致失掉文明的果实,人们在他们的交往[commerce]方式不再适合于既得的生产力时,就不得不改变他们继承下来的一切社会形式。——我在这里使用 commerce 一词是就它的最广泛的意义而言,就像在德文中使用 Verkehr 一词那样。"[②] 而 commerce 或 Verkehr 最广泛的意义不仅包括生产过程中的由所有制和分工所导

[①] 《马克思恩格斯选集》第1卷,人民出版社1995年版,第72页。
[②] 《马克思恩格斯全集》第27卷,人民出版社1972年版,第478页。

致的人与人之间的交换关系,而且还涵盖贸易、商业、交通、运输、两性关系和社交,甚至战争也是交往的一种形式。相比之下,哈贝马斯的"交往"含义狭窄得多,基本上是局限于精神交往。哈贝马斯这样定义他的交往行为:"我所说的交往行为是由符号协调的互动。它服从的是必须实行的规范。这些规范决定交往双方的行为,而且至少被两个行为主体所理解、承认。"① 其次,马克思认为精神交往是从物质交往过程中产生出来的,物质交往决定精神交往。而哈贝马斯的交往行为理论则是在论述"相互作用"基础上提出来的,所说的交往并不包括人们在生产中的互动和关系。在他看来,生产过程中的社会化的协作,也是一种工具行为或策略行为。也就是说,马克思在谈交往时,基本前提是现实世界中个人之间的交往取决于他们的生产方式,而哈贝马斯所说的交往则与生产方式无直接关系。

就现代性活动的基础领域而言,马克思的着眼点是市民社会,哈贝马斯则是生活世界。马克思认为"市民社会"是"全部历史的真正发源地和舞台",市民社会理论是马克思现代性理论的重要基础:通过对市民社会与国家关系的探讨,马克思阐明现代国家与市民社会的分离是现代性确立的重要标志;通过对市民社会经济领域的考察,马克思指出市民社会是现代性发展的真正的实践领地;在对市民社会进行全面探究后,马克思看到市民社会的局限与矛盾,从而提出超越市民社会,从政治解放到人类解放的共产主义理想。这里,市民社会又成为马克思的现代性批判与超越的基础。市民社会理论几乎完整地代表了马克思的思想历程及其对现代性的辩证态度,从肯定市民社会的历史意义,到解剖市民社会揭示

---

① 转引自艾四林:《哈贝马斯》,湖南教育出版社1999年版,第82—83页。

现代性诸多悖谬的根源，从而提出超越市民社会的理想，马克思一步步地揭示出资本主义的全部社会生活，从而阐明了现代性的发生、发展及其命运。

而在哈贝马斯看来，现代性的重要领地在生活世界。而哈贝马斯的"生活世界"概念主要涉及相互理解的交往行为的文化背景。它是前反思的知识储存库，它为人们之间的相互理解提供背景知识。这一生活世界对社会行为来说是必不可少的。首先，它是交往行为活动的领域。"交往行为的主体总是在生活世界的视域中进行理解。"① 其次，生活世界是前反思的价值和意义的资源，"生活世界是分散的、不成问题的背景性信念，这一生活世界的背景为情境的定义提供资源，它总是交往参与者作为不成问题的东西预先假定的"② 最后，生活世界作为世代相传的知识，具有稳定性和承续性，能够抵御由于理解的个体差异而产生社会分歧这一风险。从社会层面来看，生活世界指"非正式的、未市场化的社会生活领域：家庭和家务、文化、非党派政治生活、大众传媒、志愿者组织等等"③。

由此我们看到，马克思现代性理论的建基处是更为广阔的视角和深刻的社会关系，而哈贝马斯的视角却只见生活世界和系统的冲突，不见经济利益和政治地位的冲突，其语言交往的拯救方案最终只能陷入乌托邦的境地。

---

① ［德］哈贝马斯：《交往行为理论》（英文版）第1卷，培根出版社1984年版，第70页。

② ［德］哈贝马斯：《交往行为理论》（英文版）第1卷，培根出版社1984年版，第70页。

③ ［英］芬利森：《哈贝马斯》，邵志军译，译林出版社2010年版，第50页。

2. 现代性的动力

就现代性发展的动力问题，哈贝马斯与马克思的区别可以概括为"交往范式"与"生产范式"之争。马克思的历史动力系统是生产力与生产关系、经济基础与上层建筑的矛盾运动，包括阶级斗争、社会革命、科学技术的发展等等，其中起最终决定作用的是生产力。这是一般历史理论，当然也适用于现代性发展。对于现代社会，也即资本主义社会，马克思进行了具体地、历史地分析。马克思看到现代性的特征及其病症都来源于资本主义的生产方式，也即资本的逻辑带来的普遍异化，其中最根本的就是劳动的异化。而治疗现代性病症，克服资本主义社会的异化现象的动力机制，依然是马克思的历史动力系统。这一点被哈贝马斯等许多学者概括为"生产范式"。

可以说，哈贝马斯的现代性理论是以批判吸收马克思理论为起点的。哈贝马斯认为，随着社会历史的变迁，到了"晚期资本主义社会"，社会组织原则和制度框架已经发生了巨大变化，阶级斗争已经平息，"生产范式"因其巨大缺陷也已经失效。哈贝马斯把马克思的理论归为应该超越的传统"意识哲学"范围，把历史唯物主义由以建基的"劳动"范畴归入"工具—目的性行为"，然后指出："马克思主义社会理论的规范基础方面，从最初起就缺乏某种明晰性，"① 因为马克思没有对"劳动"和"相互作用"作出区分，并用前者包揽、替代后者。生产劳动的发展、生产力的提高，是决定社会制度能否继续稳定、继续存在下去的基础原因，它虽能导致既存的制度产生系统问题，能提出变革的要求，但是它并不能直接造成制度变革的实现、社会形态的转变。社会的变革必

---

① ［德］哈贝马斯：《交往与社会进化》，重庆出版社1989年版，第99页。

须借助于人们交往活动和交往关系的发展，一旦它们为适合生产力发展的要求而改变自身的形态时，才会导致制度和社会形态的变革、进化。

马克思的历史理论表明，生产力是社会发展的最终的决定力量。虽然生产力的发展并不能直接变革制度和社会形态，但是交往与交往形式的发展及其所导致的制度变革，最终还是由生产力的发展所引起，并适应生产力发展的要求。换言之，总是由于生产力的发展才导致交往关系和交往形式的改变。唯物史观从物质生产活动与物质交往活动及其关系中引出生产力与生产关系范畴及其辩证关系原理，又从精神生产活动与精神交往活动中引出社会政治上层建筑与思想上层建筑范畴及其辩证关系原理，同时通过精神生产、精神交往与物质生产、物质交往之间的内在联系，科学地揭示了上层建筑与社会经济结构之间的辩证关系。所以，经济基础对上层建筑的决定作用并不是直接实现的，而是通过一系列中间环节实现的，其中包括交往和交往关系的作用。

哈贝马斯对马克思的理论作了修正，赋予交往以优先地位。哈贝马斯认为恰恰在生活世界的交往行为中，蕴藏着拯救现代性的理性的力量。交往理性不仅能在与工具理性的抗衡中，阻止系统（经济和行政）的势力借助金钱和权力的操控向生活世界侵蚀和蔓延，而且还能重建批判理论的规范基础。哈贝马斯以"系统—生活世界"双重架构，为"晚期资本主义"把脉，认为"生活世界殖民化"是现代性的病症，这一病症只有借助于释放交往理性的潜能才可以予以治疗。在他看来，社会进化过程作为理性化过程，实际上包含着两个向度，一是作为"目的—理性行为"的"生产活动"或"劳动"的理性化过程；二是作为"交往行为"的"道德—实践活动"的理性化过程。前者意味着生产力的提高，它是社会进化不可缺少的动力;后者则意味着人们的道德意识和实践能力的提高,它同样是社会进化所不可缺少的动力。在哈贝马斯看来,后者比前者更为根本。生产力的提高取决于科技知识的增长,而交往水平的提高则依赖于道德实践知识的增长。社会的进化不能归因于生产力的提高,而要归因于道德实践知识的增长。然而,道德知识何以会增长?哈贝马斯吸取劳伦斯·科尔伯格的儿童道德发展理论中的学习机制,认为社会进化过程取决于学习活动及其水平。哈贝马斯用个体道德意识的发展来类比社会的发展,把社会进化的过程划分为前习俗社会、习俗社会和后习俗社会三种类型。现代社会正是建立在普遍的道德观和合理的法律基础上的后习俗社会。对于社会进化来说,道德—实践知识领域里的学习过程发挥着"起搏器的功能"。虽然生产力是"触发"制度产生问题的"机制",但不能导致生产关系和生产方式的变革。尤其是当科学技术作为第一生产力成为晚期资本主义社会的统治工具时,生产力就再也不是解放的潜力,再也不能引起解放的运动,其本身也就成为使统治合法化的基础。只有内在于道德实践领域中的学习机制,才能解释社会系统的问题"如何被解决",才能实现社会制度的根本性变革。正如前文所述,他以交往理性为基础构筑的解救现代性病症的交往行为理论以及社会进化论,其实只是为人类社会的发展构思了一个理想的商谈模式,一个新的乌托邦,即"由非强制性意愿形成的较高水平的互主体性所提供出来的"、"无限制的交往共同体"。

其实,哈贝马斯并没有完全否定马克思社会发展学说中关于生产力作用的理论。他批驳的实际上正是马克思也反对的、被后人教条化了的"唯生产力论"和"经济决定论"的观点。马克思一再强调,生产力对整个社会制度的决定或推动作用只具有"最终"和"根源"的意义。实际上,生产力本身的发展也要取决于诸多的社会条件。社会作为整体、系统的存在，只讲生产力的单一决定，并不符合历史事实，也有悖于马克思的原意。

总之，马克思的现代性理论奠基于物质生产实践的基础上，而哈贝马斯的现代性理论的核心是交往行动理论。就交往理论本身来说，马克思基于物质生产实践的交往思想，注重的是人与自然的物质变换过程中所形成的人与人之间的生产关系、经济关系、阶级关系以及由此决定的社会关系，凸显的是个人与个人、民族与民族、国家与国家之间的物质交往、利益交往和阶级交往关系以及所采取的与之相应的敌对和统治、贸易和战争等诸种交往形式。而哈贝马斯基于语言互动规范结构的社会交往行动理论，注重的则是人与人在话语交流过程中所形成的主体间在思想观念、语言符号、道德价值等精神方面的联系，凸显的是主体间的精神沟通、视界融合、道德同情等交往关系，以及在相互承认一定的语言有效性前提下的话语交流形式。马克思把现实的劳动和积累起来的劳动作为人类所有交往活动发生与发展的前提条件，同时也揭示了基于物质生产活动基础上的各种交往活动的历史限制性，以及在生产力和分工的特定历史条件下，物质交往的第一性和基础性，交往在政治与经济方面所表现出来的不平等性、差异性、强制性和交往的地域性。而志在拯救生活世界的殖民化的哈贝马斯，则把语言符号的互动沟通模式作为包括劳动在内的人类"普遍行为"和社会进化的背景基础，寻求构建自我发展的一般理论，揭示理解的普遍条件，以及强调语言互动或沟通在范畴和本体论原则上的优先地位，交往在语言方面的平等性、同一性和对话性，以及基于个体发生学基础上的语言交往模式的普遍性、规范性和非历史性。在马克思看来，"普遍交往"和理想"共同体"的实现，归根到底有赖于"生产力的巨大增长和高度发展"，而不是理论演绎的结果。生产力的普遍发展是使狭隘地域性的个人为世界历史性的、真正的普遍个人所代替，各民族突破原始闭关自守状态走向世界各民族人民之间的普遍交往的基础，是历史向世界历史转变的物质基础。生产力的普遍发展以及在此基础上建构起来的世界交往的普遍性是消除异化，达到人的全面发展和解放，实现共产主义的现实前提。

诚然，由于马克思注重的是揭示社会存在和社会发展的历史根源，从宏观的角度思考现代性的前进方向，所以，没有或极少系统地论述主体自我如何在其物质生产实践中与其他个体的沟通，以及在改变社会形态的实践中，个人相互之间的社会交往或联合的形式；在主体自身的社会化过程中，个人相互之间的交往形式；在特殊的文化生产过程中，精神活动和语言变迁的形式等。但是，这并不等于说马克思没有对这些问题进行思考从而奠定其现实的、理论的基点，也不影响跨学科的交往理论的建构。哈贝马斯基于语言本体的社会交往理论，从基本理论上综合了当今社会出现的一些根本问题，可以说是博采众长而为己所用，其理论在国际上引起了很大的反响，占有举足轻重的地位。但是，他用"交往范式"来取代马克思的"生产范式"，既是建立在对马克思基本观点的错误的解释上，又是建立在他的片面的浪漫的理想的交往模式上。哈贝马斯在对马克思主义的诠释过程中，常常是以自己预先铺陈的理论框架来批评、修改和取舍马克思的历史唯物主义。他反对劳动和阶级斗争的片面的主客体思想，最后又陷入了以语言为中心的主体间性的片面性。这种试图通过人们内在的活动，即学习、思维、辩论等主观因素来参与当代社会生活，推动社会发展的交往行动理论，从论题上忽视了当今社会面临的严峻的生态问题，忽视了社会同外部自然的社会经济的发展关系，忽视了由劳动和阶级的历史所决定的社会交往的历史限制性和非语言交往的可能性（诸如战争，物质交往的诸种形式),从而使其理论呈现出相当浓厚的理想色彩。当然,他的研究涉猎学科之广泛性和探讨方法的独特性,在当代社会科学和社会思潮领域里似乎是无可匹敌的;"在探讨个体发生和种系发生的过程及其意蕴方面,他的著作吸收而又丰富了诸如心理学,社会学,人类学和政治科学的治学方法",① 他对主体交往行动的特殊规律或语言逻辑结构所作的跨学科研究,对行动社会中文化革新的目的和一体化的产生、检验和协调具有某种直接实践的参考价值。所以,虽然他的理论具有浓厚的乌托邦色彩,但他仍不愧为当代捍卫现代性理想的领军人物。

小　结

本章可以说是马克思现代性思想的当代西方视野。这里选取马克思的西方传人——西方马克思主义中影响最大的法兰克福学派作为样本,来剖析西方马克思主义的现代性理论,是如何承袭了马克思的现代性理论,又深受韦伯现代性理论的影响,背离马克思,否定启蒙,直至走向彻底的悲观主义,后又再次转折,经由现代性与后现代性的论争,在哈贝马斯的影响下进行现代性的重建的。之所以选取法兰克福学派的现代性理论作为样本,不仅因为这一学派的理论影响巨大,而且因为法兰克福学派的现代性理论浓缩了西方现代性及其理论的发展轨迹,从其理论的崛起、兴盛、转折、困境和重建的努力中,折射出的是整个20世纪西方的社会、文化和思想的历程。

法兰克福学派的社会批判理论家们在马克思的遗产和当代发达资本主义社会的双重语境下,从现代性的根本问题(即"西方文明

---

① [美]费莱德·R.多尔迈:《主体性的黄昏》,上海人民出版社1992年版,第292页。

究竟出了什么毛病？一方面是技术的高度进步，另一方面则是人性的倒退"）出发，演化出现代性理论的独特脉络。第一阶段，早期法兰克福学派继承了马克思现代性理论的鲜明的批判性特征，坚持理论的总体性和批判的实践性导向，以政治经济学批判为基础，对当代资本主义社会进行了跨学科的综合批判，这便是广为人知而又影响深远的意识形态批判、文化工业批判以及工具理性批判。而正是在对工具理性批判的深刻挖掘过程中，社会批判理论的现代性理论出现了转折，这便是以《启蒙辩证法》为转折点的第二阶段——启蒙之祸与现代性理论的转折。这一阶段的批判理论深受韦伯的现代性理论影响。韦伯的社会哲学是西方社会理论发展的重要里程碑，也是现代性思想发展的转折点。韦伯把合理化（rationalization）作为现代社会的特征，却又认为合理化最终导致自由和价值的失落。韦伯对于现代性的这种诊断深化了人们对现代性的认识，同时也改变了人们对启蒙和现代性的态度，所以从韦伯开始，悲观主义成了现代性话语中挥之不去的阴霾。法兰克福学派的现代性理论正是在韦伯思想的深刻影响下，展开针对理性以及启蒙的激烈批判。霍克海默和阿多尔诺从科学、道德和艺术等方面对现代性展开了全面的批判，认为启蒙理性已经堕落为工具理性，随着早期文化中的宗教和形而上学因素被根除，文化与社会之间失去了批判和调节的中介，文化已被社会同化，理性失去了曾经拥有的对现实的批判能力，启蒙和理性不再是人类拥有的正义之剑，它已经同权力同流合污，本身就已经成为统治和极权的工具。批判理论家们片面地把欧洲理性主义等同于工具理性，把人类灾难和现代性病态现象视为启蒙的自我毁灭倾向的结果，其理论不仅背离了马克思的批判理论，背离了现代性批判的初衷，而且使自己的批判陷入了自相矛盾而又悲观绝望的境地。第三阶段是哈贝马斯对现代性理论的重建。哈贝马斯认为社会批判理论的现代性理论陷入悲观困境的根源是意识哲学范式的枯竭，并不是现代性本身的失败。而现代性尽管备受诟病，它仍然具有解放的潜能，启蒙的价值和理想仍然是美好且可期的，因此，现代性是一项未竟的事业。以此为出发点，哈贝马斯开启了他的现代性理论重建的鸿篇巨制。他把重建现代性理论的规范基础置于交往理性之上，认为交往理性可以克服工具理性的独断倾向。针对"系统对生活世界的殖民"这一现代性的病症，哈贝马斯在交往理性这一新确立的现代性的规范基础上，建立起交往行为理论和商谈伦理学，以此扭转启蒙理性工具化带来的负面影响，从而找到生活世界与系统的平衡，进而重建现代性。

在对待现代性的基本态度上，哈贝马斯与马克思是相似的。哈贝马斯没有因为现代性的诸多病症以及后现代理论的一片嘘声而抛弃现代性理想，而是如马克思一般采取了辩证的立场。但是，二者在重大的基本问题上还是存在巨大差异，如关于现代性建基何处的问题，市民社会与生活世界的区别，就是现实路径与乌托邦的差别；再如现代性的根本动力问题，马克思认定生产力的最终决定作用，哈贝马斯则由交往行为而陷入循环论证。

第五章　现代性之中国现实：社会转型

实现现代化一直是中国人民的富民强国之梦。中国的现代化历程，历经一百七十余年，并在百年屈辱中九死一生。国人对现代的追寻是从殖民主义时代开始的，这种追寻本身包含着抵抗殖民主义和批判资本主义的历史含义。就新中国的现代化历程而言，对资本主义的过度批判和抵制曾经使得现代蒙尘，从而对于现代化方向的把握也出现了偏差，比如对市场经济的排斥，对人类进入世界历史时代的无知等等。但是，随着改革开放的加速，另一种倾向日益突出，那就是"惟西方是从"——只要是西方的就是先进的，只要是先进的就是该接受的，这一倾向同样会扰乱对社会转型方向的把握。漫漫中国现代路，艰难九曲十八弯，而真正快速、有序、大规模的现代化实践是从新中国的改革开放开始的，至今也不过三十余年。这三十年的沧桑巨变，是古今中外历史上从未有过的"千年之大变局"。从传统社会向现代社会的转变，是人类历史上跨度最大的一次转变。这一转变之巨大，不但彻底改变了人与自然的关系、人与人的关系，而且改变了人自身的形象，甚至上帝的形象。这一现代转型在西方大约历时三百年。而西方历史上三百年的巨变，被压缩在当代中国三十年的时间里，可以想见，这样空前绝后的剧变，在当今纷繁复杂的国际局势下，对中国的社会转型将是怎样一种考验。那么，面对纷繁复杂的社会思潮和社会局面，该怎样辨明方向呢？

在艰难曲折的现代之路上，每一阶段都透露出怎样的现代性理念呢？我们该如何实现现代化和实现什么样的现代化呢？这一系列问题都蕴含着对中国现代性转型的世纪难题的思考。

一、转型的方向：传统与现代的两难

中国正处于从传统社会向现代社会的转型时期，处于传统、现代、后现代三个历史向度的交汇处。前现代的遗存还在持续产生着深远的影响，仍在潜移默化地左右着现代化的步伐，后现代思潮又随着改革开放的潮流汹涌而来。西方国家基本是依次经历了前现代、现代和后现代的历史演变过程，也就是说，西方社会历时态地经历了这一系列的社会演变。而在中国，历时态的社会历程却共时态存在着，同时影响着中国的现代化进程。尤其值得注意的是，前现代和后现代极易结成联盟，共同抗拒现代性，因为前现代与后现代都具有反现代性的主题。这在当代中国是一种十分危险的倾向。因为在中国社会里，现代因素是先天不足的，不管是科学精神，理性精神，还是法制精神这些现代性的核心精神因素，还是承载现代生产方式的市场经济，都是与传统相异的舶来品，在中国这片土地上常常水土不服，生长困难。但是，我们都明白，走向现代，我们别无选择，试图阻止或者逆转现代化终将是徒劳无益的。所以，我们对后现代和前现代倾向都是应该警惕的。

在世纪之交前后，后现代披着时髦的光怪陆离的外衣，席卷中国大地。许多人迅疾将其作为最先进、最时髦的方向而接受，于是学界掀起了一股后现代热，俨然谈论现代已经过时，似乎现代已经失去了其合法性。尤其在文学艺术领域，后现代来势汹汹。管窥一下青少年包括大学生在内对《大话西游》等无厘头文化以及一些类似的网络文化的狂热追捧，就知道后现代其实在潜移默化地影响着中国的年轻一代。而当后现代耗尽了它的喧嚣，我们终能看清，后现代，不过是一种社会思潮，或者说，后现代不过是"更加现代"的冲动，其在中国的影响远远没有许多学者想象的那么深远。在还没有完成现代转型的中国社会，后现代未曾生根。

实际上中国社会转型中最大的矛盾不是现代与后现代之争，而是传统与现代的矛盾。尽管在经历了五四运动、文化大革命以及改革开放之后，传统似乎已经淡出中国人的生活。但是一旦深入中国社会深处，我们仍会看到传统因素对中国现代化的影响远远超出我们的想象。中国是一个文明古国，是世界上唯一一个没有中断过的文明。它有着太悠久的文化传统，在长达几千年的封建社会中，形成了一整套以家族本位、血缘关系、自然经济和高度集权的王权政治制度为特征的社会结构。从鸦片战争以来，中国的传统社会结构才开始解体，由此开始了"现代转向"的艰苦历程。这的确是一个非常艰苦的历程！其间传统与现代不停纠缠，从"体用之争"到"全盘西化"以及"新儒家"，在一百七十年的现代化进程中，传统与现代之争常常表现为"中西之争"，人们常常把西方的指认为现代的，把中国的指认为传统的。激进主义西化派对中国社会转型的观点基本上是以现代性或时代性来立论，其实质是以西方现代性标准衡量民族传统。他们认为传统文化或者旧文化与现代化格格不入，中国如若想融入现代的世界潮流，就要抛弃传统选择西化。与之相反，保守主义新儒家则站在民族本位的立场上，肯定中国传统文化的价值，揭露西方现代文明的流弊，坚持文明传承的连续性，主张中国社会现代化的出路不在于西化，而是东方化或本位化。但是这一派始终未能圆满解答一个根本问题，就是传统与现代世界的冲突问题，这使得立足本土的新儒家一直备受质疑。

在中国特殊的历史情境下,现代化过程中传统与现代的矛盾一直被转换为中西之争,这看似自然而然的逻辑,其实是存在很大问题的。现代化的确来自西方,中国作为一个后发外源式现代化国家,在现代初期,把凡是"西方的"就指认为是"现代的"本也无可厚非。但是当我们经过一百七十年的漫漫而曲折的现代路之后,在西方世界已经过于现代的今天,我们可以重新思考传统与现代的关系,重新思考中国文化与西方文化的关系。

在西方文化中,有一部分属于西方传统,一部分属于现代化;中国也是如此。在经历过现代初期之后,我们应该超越传统与现代对立的思维模式,传统必须走向现代,而现代必须立足于传统,并不是要现代化就要放弃传统。关于这一点,罗荣渠先生概括得十分精彩:

> 传统与现代化是现代化过程中生生不断的"连续体",背弃了传统的现代化是殖民地或半殖民地化,而背向现代化的传统则是自取灭亡的传统。适应现代世界发展趋势而不断革新,是现代化的本质,但成功的现代化运动不但在善于克服传统因素对革新的阻力,而尤其在善于利用传统因素作为革新的助力。①

我们曾经"左"过,也曾经"右"过;曾经急躁冒进,也曾裹足不前,但终究还是在不断地探索中前进。中国的现代化理念,已经超越传统与现代对立的思维模式,从努力实现"四个现代化",强调市场经济,到"和谐社会"理念的提出,再到"中国梦"的愿

---

① 罗荣渠:《现代化新论》,北京大学出版社 1993 年版,第 376 页。

景，我们看到改革开放后的中国现代化从努力西化到融传统于现代，再到立足传统走向现代的发展理念。

三十年来中国现代性理念的变迁经历了三个阶段。第一个阶段包括实现"四个现代化"、"以经济建设为中心"和建立"社会主义市场经济体制"，从具体器物层面的富国强兵到市场经济制度，其现代化的目标向纵深发展。这一阶段中国在追赶、追随西方现代性，虽然在中国的传统和具体国情下中国没有走"全盘西化"的道路，但是这一阶段的现代性理念还未达到反思现代性的程度。第二个阶段包括"科学发展观"和构建社会主义"和谐社会"的提出，从对前此发展观的反思到独树一帜的"中国模式"，其现代化全面展开的同时，现代性理念也进入反思现代性阶段，抛开了对西方现代性的单一模式依赖。尤其是和谐社会理念的提出，第一次在现代化理念中加入鲜明的中国传统文化概念，表明中国的现代理念已走出一味否定传统的误区，同时也拆解了"现代"与"西方"的绝对关联，开始在反思现代性的基础上思考传统与现代的关系，探索适合中国国情的现代转型之路。尤其值得关注的是，和谐理念的提出使得人们更加关注对东方现代性的探讨，关注其对西方现代性造成的诸多分裂的弥合：首先，它是对人与自然关系的新理解。众所周知，西方现代性是在主客二分的哲学理念下生长起来的，自然界成为人类的客体，成为人类探索、改造的对象，成为人类理性高歌猛进的实践场所。人类一厢情愿地成为自然的主人。经过几百年的现代工业开拓，环境问题、生态问题等等不断地向人类昭示着大自然的报复。而和谐理念的提出，不仅指向人类社会的矛盾和解，同时指向更加基础性的人与自然关系的和解。其次，和谐社会理念在西方现代性的工具理性中融入价值理性，是弥合工具理性与价值理性的分裂、医治许多现代性病症的新思路。第三，它让人们重新思考现代与传统的关系，思考现代社会中传统的地位，是弥合传统与现代裂痕的契机。总之，和谐社会理念的提出，对世界范围内现代性理念的发展，乃至社会的发展都具有非常重要的意义。第三阶段是"中国梦"、"理论自信"等观念的提出，预示着中国现代性理念已进入自觉阶段，从反思现代性进入多元现代性，坚定地立足本国传统，走中国自己的现代之路。

总之，对于正在艰难转型，又处于前现代、现代、后现代三个向度的中国社会来说，明辨方向是十分重要的。在这一关键问题上，马克思对现代性的辩证态度是我们应该汲取的最大精神资源。因而转型期的中国应该明确现代方向，采取兼收并蓄的原则，既不能再被传统绊住手脚，又不能过早地拥抱超越我们现实生产阶段的后现代思潮。当然，后现代思潮中也有诸多对我们具有启发意义和警醒作用的因素，如它对差异的尊重，对极权与霸权的批判，对微观政治、文化、结构的重视等等。但是，应该明确的是，在现阶段的中国，应该大力弘扬的就是现代科学精神和现代人文精神，这是毋庸置疑的。因此，转型期必须牢牢抓住社会现代化这一大目标，立足传统，兼收并蓄，使中国的社会转型既立足本土，又具有全球视野。

二、转型的视野：全球化之差异与融合

全球化是现代性的题中之意，是现代性带来的必然后果。而众多国家、民族之所以热衷于参与全球化，目的是为了加速自己的现代化进程。全球化是在世界现代化进程中逐渐推行的，现代化又是在全球化背景下展开的，二者是紧密交织在一起的。这就要求我们以全球化为视野，来考虑社会转型中的问题。由于全球化一开始就是由资产阶级发动的，带有明显的资本主义特征，所以全球化与现代化的关系又是非常复杂的。尤其是对于像中国这样的有过被殖民

和受压迫的经历的、后起的发展中国家来讲，客观、清醒地考察全球化与现代化的关系是非常之难的。因为在当今的全球化背景下，要接受现代性，就不可能完全回避由资本主义所主导的全球性；而接受了这种全球性，又可能造成不完善的现代性，这确实是发展中国家的一大难题。尤其重要的是，全球化发展到今天，已经从经济层面向政治、文化层面推进，这种势不可挡的趋势，不是简单拒绝就可以解决的问题。如何在全球化时代保持独立性与民族性，如何看待全球性与现代性的关系，对于顺利推进全球化、现代化至关重要。在全球化问题上，马克思的"世界历史"与"普遍交往"的思想是我们可资借鉴的宝贵思想资源。

尽管马克思没有运用过"全球化"与"现代性"这样的术语，但确实是把全球化与现代性联系起来考察的。虽然马克思在其生活的年代还没有遇到像今天这样的全球性问题，也没有形成系统性的全球化理论，但他确实从全球的视野阐发了"世界历史"的重要思想。"单个人随着自己的活动扩大为世界历史性的活动，越来越受到对他们来说是异己的力量的支配……受到日益扩大的归根结底表现为世界市场的力量的支配"。"每一个单个人的解放的程度是与历史完全转变为世界历史的程度相一致的。""只有这样，单个人才能摆脱种种民族局限和地域局限而同整个世界的生产（也同精神的生产）发生实际联系，才能获得利用全球的这种全面的生产（人们的创造）的能力。"[①] 马克思指出，世界历史性的活动是由世界市场的强势推动而带来的，它既是一种异己的支配力量，也是社会发展和人类解放的必由之路。现代社会的基本特征就在于历史转变为"世界历史"，它不同于封建社会的孤立隔绝状态，而是具有巨大的开放性，

---

① 《马克思恩格斯选集》第 1 卷，人民出版社 1995 年版，第 89 页。

每个国家要想发展,都必须同其他国家紧密地联系在一起,与整个世界连为一体。如果说,以往的社会还能关起门来长期发展延续的话,那么,现代社会自始至终都不能在自我封闭的历史环境中生存,根本不可能设想一个国家孤立起来实现现代化。所以,现代社会生来就有明显的世界性或国际性。马克思认为,现代性的本质就是现代生产方式的出现,正是现代生产方式才造就了世界历史。

世界历史的形成具有必然性,因为它主要是由生产力的发展以及由此产生的交往普遍发展而引起的。就其实际进程来说,首先是生产力的发展引起分工的扩大,随之引起交往的发展;交往的发展使得商业贸易普遍繁荣,进而冲破国内市场走向世界;世界市场的出现,使得各个国家、民族都卷入普遍竞争,而普遍竞争又大大促进了大工业的发展,这样,大工业到处造成了社会各阶级间相同的关系,从而消灭了各民族的特殊性;大工业首次开创了世界历史,因为它使每个文明国家以及这些国家中的每一个人的需要的满足都依赖于整个世界,因为它消灭了各国以往自然形成的闭关自守的状态。

世界历史的形成和发展也是由资本的本性决定的。马克思认为,世界历史就其直接表现来说,是世界贸易和世界市场的建立。而世界贸易和世界市场的序幕又是由资产阶级揭开的。不断扩大商品销路的需要,驱使资产阶级奔走于全球各地。它必须到处落户,到处开拓,到处建立联系。这样,便逐渐冲破了各个国家、民族原有的孤立和闭塞的状态,使世界各个国家和地区越来越紧密地联系在一起,最终形成一个互相依存、不可分割的世界整体。

需要指出的是,从其发源和形成来看,全球化实质上是资本的全球化。世界历史就其直接表现来说,是近代以来资产阶级竭力开拓世界市场、扩大世界贸易的结果。这主要是由资本的内在本性决定的。为了攫取最大限度的利润,"资本一方面要求摧毁交往即交换的一切地方限制,夺得整个地球作为它的市场,另一方面,它又力求用时间去消灭空间,就是说,把商品从一个地方转移到另一个地方所花费的时间缩减到最低限度。资本越发展……也就是力求在空间上更加扩大市场,力求用时间去更多地消灭空间"。① 可以说,近代以来出现的全球化实质上就是资本的全球化,随之才带来了政治全球化、文化全球化等等其他领域的冲突与融合。尽管全球化的发展已经经历了不同的发展阶段,每一阶段的表现形式和具体内容也各不相同,但这种全球化的实质并未发生什么改变。当代全球化基本上仍是按照资本的内在逻辑行进的。

马克思考察现代社会与世界历史的方法,对于我们思考在全球化的背景下的社会转型问题具有重要的指导意义。全球化既然是经济发展以及由此引起的交往普遍发展的产物,是一个客观的历史进程,那么,我们决不能回避这一大趋势,必须自觉加入这一历史潮流,按照现代化的规律来加速现代化的进程。在一个各国经济联系日益密切的世界上,根本不能想象一个国家或地区孤立于世界之外得到迅速发展。为此,必须积极参与国际经济合作与竞争,充分利用全球化带来的各种条件和机遇,引进外资和国外资源,以弥补国内建设资金和资源的不足;引进先进的技术设备和管理经验,以实现技术和管理上的现代化;发展国际贸易,以开拓国际市场。尤其值得注意的是,加入全球化进程往往是跨越生产力个别发展阶段的前提条件。因为一个国家、民族孤立地发展,必然带来技术发明创造的重复性,而在全球化的条件下则会避免这种重复性,使某些国家的生产力发展阶段有可能出现跨越。经济落后的国家完全可以通

---

① 《马克思恩格斯全集》第46卷下册,人民出版社1979年版,第33页。

过向发达国家学习，直接吸取新的发明创造，从而压缩发展的"阶段"，节省发展的时间。

全球化既然是由资本运动引起的，是资本主义扩张的结果，那么，面对全球化，就不能简单地"顺应"，而是应当积极参与，有所作为，并争取为己所用。应当看到，目前的世界经济格局基本上是被西方国家左右着，资本主义的全球化总是要把各个国家的发展纳入资本主义的框架之下。更为严重的是，全球化同时也是资本主义基本矛盾向全球范围扩展的过程，是发达国家向国外输出经济危机、摆脱困境的主要手段。所以，发展中国家在顺应全球化潮流的时候，要注意避免处于新的依附和被殖民的地位。为此，加强发展中国家的联合与合作是非常重要的。如果没有联合与合作，各个发展中国家仅凭自身的力量，很难在国际经济、政治格局中占据应有的位置，自然也就很难取得现代化的快速发展，对于中国来说，就很难加速社会转型的步伐。值得一提的是，中国"一带一路"①的战略构想，正是冲破国际经济旧秩序，走向全球化的主动模式。它的意义不仅仅是为经历经济危机打击后缓慢复苏的世界经济带来活力，更重要的是它打破了以资本扩张和军事霸权为基础的国际经济旧秩序的建立理念，代之以和平发展、文化交流、共同繁荣的全球化新理念，在顺应经济全球化的同时，倡导世界多极化，文化多元化，为中国的社会转型开辟了广阔的国际空间和视野。

全球化发展到今天已远非经济全球化所能涵盖。虽然对于全球化的界定至今尚未达成共识，但是它无疑是一个正在不断拓展和延伸的概念，它是在现代化进程中世界范围的经济、政治、文化等不

---

① "一带一路"是"丝绸之路经济带"和"21世纪海上丝绸之路"的简称，是由中国国家主席习近平于2013年9月与10月提出的经济战略构想，旨在利用"丝绸之路"这一历史符号，以和平发展之理念，主动发展与沿线各国的经济合作与伙伴关系。

同层面的人类交往的过程及其结果。今天，在中国社会转型的关键时期，更大的挑战不是来自经济全球化，而是政治全球化与文化全球化。经济全球化已毋庸置疑，市场经济已经成为世界共识。但政治全球化与文化全球化问题要复杂得多。在政治层面上，虽然自由、民主观念日益取得了世界范围的价值认同，但是资本主义和社会主义在基本的政治制度方面还无法取得基本一致的认同；在文化层面上，强势的西方文化已经不同程度地遍布世界的各个角落，但是不同的文化就如同人的不同个性一样，无法也不应该整齐划一。如果以资本主义大工业的产生为开端，经济全球化已历时百余年。百余年的经济全球化造就了世界经济一体化，但并未产生经济利益共同化。只要世界上还存在不同的民族、国家，政治和文化就会存在差异。就转型期中国的政治走向来说，重要的是区分全球化中"现代的"与"西方的"因素，实现政治的现代化，不能因为"现代的"来自"西方"而拒绝，从而错失政治现代化的良机，也不能认为"西方的"都是"现代的"。因而，中国特色社会主义注定是一条艰难的创新之路。就转型期的中国文化来说，重要的是中华文化传承与传统文化的现代化，前者需要"整理国故"，"找回自己"，后者需要兼收并蓄，开放融合。全球化进程中的经济转型、政治改革以及社会协调发展，迫切需要文化发挥导向、创新、整合的功能，然而目前的中国文化却难堪此任。在经历了五四运动、文化大革命和市场经济之后，中国的传统文化出现断层，文化认同危机并非危言耸听。因此，中国文化的首要任务是"认识自己"、"找回自己"，重塑在现代化的历程中已然破碎的中国文化形象。而这一重塑，必然要在兼收并蓄的原则之下进行。目前国内有这样一种倾向，认为西方文化与中国传统文化是对立的，要现代化就要西化而抛弃传统；要找回传统就要拒绝西方文化、放弃现代化。这是一种危险而且无视历史的倾向，实际上西方文化也不是始终不变的，都是在世界范围内的冲突与融合的过程。罗素在《中西文明比较》中就曾谈到西方文化的发展，指出不同文明之间的交流过去已经多次证明是人类发展的里程碑，希腊学习埃及，罗马借鉴希腊，阿拉伯参照罗马帝国，中世纪的欧洲又模仿阿拉伯，而文艺复兴时期的欧洲则效仿拜占庭帝国……而且，17、18世纪的西方也曾吸收过印度文化与中国文化。所以，如果我们说欧洲文化有生命力的话，是因为它不断吸收不同的文化要素而丰富发展自己。因此，今天的中国传统文化的现代化问题，也要借鉴西方的经验与文化。两个方面结合起来，才是中国社会转型的全球化视野，即差异与融合。

三、转型的保障：市民社会与社会建设

中国的社会转型已经进入关键时期：一方面，随着经济的快速增长，现代化取得了巨大成效，其成就之卓著，令世界刮目相看；另一方面，社会发展又潜藏着较大危机，其危机主要体现为经济、政治、社会、文化发展不平衡，尤其是社会建设滞后。正是在这样的情况下，党的十七大提出在发展经济的基础上，着重加强社会建设，推动和谐社会的全面建设。

面对中国的特殊国情，怎样进行社会建设？这是摆在我们面前的一大课题，需要多学科、多角度的探索与回答。为此，学界首先在努力界定或诠释"社会"与"社会建设"。应当说，这是一项很有意义的工作，因为它是研究的基本前提。"社会"与"社会建设"的明确之所以重要，一方面是因为"社会建设"是颇具中国特色的概念，在西方的话语体系里很难找出相对应的词汇，而且在汉语环境里，"社会"是一个使用很含混的概念，经常在多个层面使用，有"大社会"、"中社会"和"小社会"的区别；另一方面因为现阶段

中国现代化背景与实践的复杂程度在世界历史上是空前的，没有现成的理论与实践可以直接移植过来。但是，强调研究的特殊性，并不排斥问题的普遍性。西方现代性理论尽管不能作为我们实现现代化过程中出现问题的"药方"，但西方现代性建构过程中社会层面发展的理论与实践仍是我们可资参考的前车之鉴，尤其是马克思的对市民社会的产生、性质和发展方向的理论与分析，是我们探讨社会建设之路的重要理论资源。

马克思虽然没有使用过"社会建设"概念，但不能说马克思没有这方面的理论思考。我们不必局限于词语本身，重要的是深入马克思思想中社会层面发展的逻辑，厘清"社会"发展的脉络。

"社会"（society）概念古已有之，几千年来人们从未停止对社会的观察与描述，但是，作为一种分离出来的独特现实形式，可以在完全世俗和经验的意义上予以分析，能够成为理性探究和解释的对象，则无疑是一种现代的观念，而且这种观念只是在启蒙运动的话语中才最终确定下来。黑格尔是第一位在现代意义上使用"社会"概念的人，他第一次把社会确立为一种具有自身发展规律的实体，这便是黑格尔的"市民社会"（civil society）概念。黑格尔主要是将市民社会视为一个与家庭和国家相对的私人经济活动领域，他把它叫做"需要的体系"，即个人满足自己物质利益和需要的场所，它虽有司法制度和警察，但基本上不是一个政治的领域。黑格尔在肯定市民社会历史意义的同时，又对它持批判态度，因为公共的善或全体的利益在它那里没有地位，自由归根结底是追求自己利益的自由，而权力则最终是占有和维护自我利益的权利，"在市民社会中，每个人都以自身为目的，其他一切在他看来都是虚无。"所以，市民社会是人的私利支配的因果必然王国。这种特殊利益之间互动形成的市场自发秩序是脆弱的，必须求助于国家，因为黑格尔认为国家是普遍理性的代表。

马克思翻转了黑格尔的逻辑,认为国家不能解决市民社会的问题,因为在资本主义条件下,国家已经成为"虚幻的共同体",不是国家决定市民社会,而是市民社会决定国家,市民社会的问题只能到经济领域中去寻找答案。

市民社会是马克思现代性理论的重要基础。通过对市民社会与国家关系的探讨,马克思阐明现代国家与市民社会的分离是现代性确立的重要标志;通过对市民社会经济领域的考察,马克思指出市民社会是现代性发展的真正的实践领地;在对市民社会进行全面探究后,马克思看到市民社会的局限与矛盾,从而提出超越市民社会,从政治解放到人类解放的共产主义理想。这里,市民社会又成为马克思的现代性自我批判与超越的基础。

纵观西方市民社会理论,共经历了三个阶段,即市民社会的三次分离过程:第一次是市民社会与野蛮社会的分离,其标志是古希腊罗马城邦的出现,这一时期的市民社会几乎与政治国家同义,"指业已发达到出现城市的文明政治共同体的生活状况"。第二次是市民社会与政治国家的分离,这一过程正是西方早期现代化的过程。黑格尔和马克思的市民社会理论属于这一阶段。马克思把这一时期的市民社会界定为经济基础,是社会的经济关系领域。第三次是市民社会与经济社会的分离,这一分离在西方社会正在进行中,其理论表现是从葛兰西到哈贝马斯等当代思想家的市民社会理论。葛兰西首开从文化角度研究市民社会之先河,他把市民社会界定在上层建筑领域,从意识形态功能来分析市民社会,把市民社会视为统治集团赢得和实施领导权的核心所在。哈贝马斯则在市民社会中区分出私人领域与公共领域,私人领域指以市场为核心的经济领域,公共领域指社会文化生活领域。公共领域追寻公共性,可以看作是国家与市民社会之间以及市民社会内部的利益个体之间通过自由沟通以形成理解，或通过商谈以达成妥协的机制或制度化渠道。它使得经济市民变成国家公民，均衡了他们的利益。公共领域可以调节国家与社会的关系，并保有批判功能，成为纠正市民社会与国家极端行为的重要环节。哈贝马斯的这种用法在西方产生了巨大影响，其后的许多学者则干脆将"市民社会"界定为介于经济与国家之间的一个社会领域，主张把经济领域从市民社会中分离出去，认为市民社会主要应该由生活和文化领域构成，同时强调市民社会的社会整合和文化传播与再生产功能。

市民社会理论的当代变化反映出社会的发展和理论视角的开拓与细化。国家—经济—市民社会的三分结构，是新的社会情境和时代背景的产物，强调市民社会独立于国家而享有的自主性，以对抗日益严重的国家对社会的宰制以及系统对生活世界的殖民。

中国的市民社会大致处于西方的第二阶段，即市民社会与政治国家的分离阶段，因此马克思对市民社会的分析对于社会主义市场经济条件下的中国社会建设具有重要的启示意义。首先，市场经济是市民社会的产生与发展使得政治与经济相分离，从而赋予国家与社会以现代性质的关键因素；其次，市民社会孕育和保护了自主的个人和社会组织，在人类自由和解放的历史上迈出了巨大的一步；再次，它自身蕴含的巨大矛盾和成就又使得超越市民社会成为必要和可能。

应当承认，虽然国家和社会的二元化在私有制的条件下不可避免地会生产出它自身难以克服的局限性和种种社会矛盾，但这较之中世纪国家和社会一体化的状态，还是一个巨大的进步。资本主义之所以能够在不到一个世纪的时间里创造出比过去一切时代所创造的全部生产力总和还要多的生产力，根本的原因就在于社会依靠商品经济的自由发展而摆脱了封建的等级制度、人身依附和政治特权对生产的束缚，并且进一步创造出政治民主化的社会条件，创造出向一个更高的更合理的社会形态发展的社会条件。因此，国家和社会的二元化是社会发展历史过程中一个不可逾越的阶段，它对任何迈向现代化的社会而言，都具有普遍的意义。

中国拥有世界上最漫长的封建制度史，在无处不在的皇权之下一直没有发育出相对独立的社会。新中国成立之后，在传统计划经济模式下国家权力依然无所不包，社会淹没于国家之中。经济与政治没有分离的后果是，经济受到严重束缚而发展缓慢，而政治国家也不具备现代国家的结构与特征。改革开放之后，随着对市场经济的培育和发展，政府职能的转变，经济与政治在逐步、艰难地分离过程中。因此，在中国目前的历史条件下，首要的任务仍是建立健全市场经济体制，理顺与之相适应的各种制度和关系，进而推进政治体制改革。政府权力必须从广泛的社会经济领域撤出，把市场的权力还给市场，把社会的权力还给社会。政府应着力解决职能界限内的事务，而不能逾越其界限管理所有社会事务。只有健全市场经济体制，推进政治体制改革，促进经济与政治的进一步分离，才能为社会发展和社会建设创造有利条件。

第一，加强以改善民生为主的社会建设，培育公民社会。市民社会在西方现代性运演中始终扮演着主导角色。但中国的公民社会还十分弱小，因而在市场经济起始阶段，其发育和发展基本上是由政府推动的。或者说，中国的社会建设目前主要是以政府为主体。实行以政府为主体，以改善民生为主的社会建设，主要有两方面的原因：首先，中国属于强政府弱社会类型，现代化进程始终是政府主导，在目前的历史条件下，除政府外，没有任何一种力量可以强有力地推动社会建设。其次，民生问题是社会建设的重点。长期以来，政府对社会的投入非常少，依据联合国提供的数据，从卫生和教育的公共支出占GDP的比例来看，发达国家一般在10%—15%，而我国不足5%，比泰国和印度还要低。从整个社会支出占公共支出的比重来看，即便是发展中国家也多在60%左右，而我国2006年刚刚达到21%，政府投入太小。这种情况进一步加剧了贫富差距，从而增加了社会不公平感。要使经济和社会协调发展，必须关注民生。

然而，从长远来看，中国的"社会建设"不能仅以政府为主体，必须以公民为主体。政府办社会永远是"不堪承受之重"。因此，必须培育自主的个人和社会组织，即中国的公民社会，使之成为有序化、理性化、稳定化的和谐社会。如果没有社会主体的自觉，就没有自由和民主，也不会有现代性的型塑。所以，长期的许多社会建设的任务需要由政府培育出的公民社会来完成。而公民社会的建设又可以提高国家对矛盾与冲突的承受力，保障转型期以及未来的社会稳定。中国的公民社会建设实际上就是培育自主的个人和社会组织，使之成为家庭和国家之间的中间力量，同时成为社会与国家风险的缓冲地带。

第二，促进社会与国家的良性互动，克服市民社会的内在矛盾。市民社会是一个非自足的领域，它由其各种利益关系所决定，必然包藏着种种内在矛盾。因而注意解决市民社会的矛盾进而超越市民社会，这是社会建设的必然趋势和人类社会发展的方向。对于当前的中国历史和现实来说，建设未来社会的条件还不具备，但这并不是说我们就要听任市民社会的矛盾在我们的社会生活中自然上演，而是要发挥社会主义制度的优势，促进社会与国家的良性互动。

社会与国家的良性互动正是目前中国学者们普遍认同的国家与社会模式，它的实质是政府与社会之间不是相互排斥、相互对立的关系，而是一种统一、互补、合作的关系，即"相互促进、共生共强"的关系。也就是在中国的历史与现实情况下,寻求一种国家与社会双向的适度的制衡关系,国家既要对社会生活进行必要的干预与调节,同时也要承认公民社会的独立性,为其提供保障;公民社会也要既具有制衡国家的力量,捍卫自身的独立自主性,又要顾全国家和民族利益,积极参与社会生活,为民主政治奠定坚实的社会基础。

小 结

本章是在马克思现代性思想的视野中对中国社会转型的检视。中国正处于从传统社会向现代社会的转型时期,处于传统、现代、后现代三个历史向度的交汇处。西方社会在三百年间历时态地经历的这一系列的社会演变,在中国却共时态存在着,同时影响着中国的现代化进程。在这样复杂的历史情境和国际形势下,中国的社会转型遇到了诸多前无古人的问题。

首先是传统与现代的两难。对于后发外源性现代化的中国,在经历了一百七十余年的曲折现代化历程而今成为世界第一大经济体的中国,传统与现代之争从来也没有像今天这样醒目而深刻。中华文明是唯一未曾中断的文明,而经历五四运动、十年文化大革命以及改革开放的洗礼,传统文化已经明显断裂。在中国现代化的过程中,传统与现代之争常常表现为"中西之争",中体西用或西体中用,全盘西化或闭关锁国都曾经历过,今天中国社会转型需要的是立足传统的现代化。其次,中国社会转型的全球化视野。在当今的全球化背景下,要接受现代性,就不可能完全回避由资本主义所主导的全球性;而接受了这种全球性,又可能造成不完善的现代性,这确实是发展中国家的一大难题。而且,全球化已经由资本逻辑主导的经济全球化向政治全球化与文化全球化推进,在政治层面上,虽然自由、民主观念日益取得了世界范围的价值认同,但是资本主义和社会主义在基本的政治制度方面还无法取得基本一致的认同;在文化层面上,强势的西方文化已经不同程度地遍布世界的各个角落,但是不同的文化就如同人的不同个性一样,无法也不应该整齐划一。就转型期中国的政治走向来说,重要的是区分全球化中"现代的"与"西方的"因素,实现政治的现代化,不能因为"现代的"来自"西方"而拒绝,从而错失政治现代化的良机,也不能认为"西方的"都是"现代的"。因而,中国特色社会主义注定是一条艰难的创新之路。就转型期的中国文化来说,重要的是中华文化传承与传统文化的现代化,前者需要"整理国故","找回自己",后者需要兼收并蓄,开放融合。两个方面结合起来,才是中国社会转型的全球化视野,即差异与融合。最后,中国社会转型的立足点与保障是公民社会建设。中国的社会转型已经进入关键时期:一方面,随着经济的快速增长,现代化取得了巨大成效;另一方面,社会发展又潜藏着较大危机,其危机主要体现为经济、政治、社会、文化发展不平衡,尤其是社会建设滞后。中国的现代化与改革开放都是自上而下地推动,如果这个"下"不能被真正地推动起来而现代化,那么中国的发展与现代化就失去了实践领地和根基,这个"下"便是公民社会。参照马克思的市民社会与现代性理论,以及西方公民社会实践发展的经验,中国的市民社会大致处于西方的第二阶段,即市民社会与政治国家的分离阶段,因此马克思对市民社会的分析对于社会主义市场经济条件下的中国社会建设具有重要的启示意义。首先,市场经济是市民社会的产生与发展使得政治与经济相分离,从而赋予国家与社会以现代性质的关键因素;其次,市民社会孕育和保护了自主的个人和社会组织,在人类自由和解放的历史上迈出了巨大的一步；再次，它自身蕴含的巨大矛盾和成就又使得超越市民社会成为必要和可能。中国拥有世界上最漫长的封建制度史，在无处不在的皇权之下一直没有发育出相对独立的社会。新中国成立之后，在传统计划经济模式下国家权力依然无所不包，社会淹没于国家之中。经济与政治没有分离的后果是，经济受到严重束缚而发展缓慢，而政治国家也不具备现代国家的结构与特征。改革开放之后，随着对市场经济的培育和发展，政府职能的转变，经济与政治在逐步、艰难地分离过程中。因此，在中国目前的历史条件下，首要的任务仍是建立健全市场经济体制，理顺与之相适应的各种制度和关系，进而推进政治体制改革。政府权力要从广泛的社会经济领域撤出，把市场的权力还给市场，把社会的权力还给社会。政府应着力解决职能界限内的事务，而不能逾越其界限管理所有社会事务。只有健全市场经济体制，推进政治体制改革，促进经济与政治的进一步分离，才能为社会发展和社会建设创造有利条件。为此，必须加强以改善民生为主的社会建设，培育公民社会 。同时，促进社会与国家的良性互动，克服市民社会的内在矛盾。

主要参考文献

1. 《马克思恩格斯选集》，人民出版社 1995 年版。
2. 《马克思恩格斯全集》，人民出版社。
3. 丰子义：《现代化的理论基础》，北京大学出版社 1995 年版。
4. 赵家祥，李清昆，李士坤：《历史唯物主义教程》，北京大学出版社 1999 年版。
5. 刘小枫：《现代性社会理论绪论》，生活·读书·新知三联书店 1998 年版。
6. 康德：《历史理性批判文集》，何兆武译，商务印书馆 1990 年版。
7. [德] E.卡西勒：《启蒙哲学》，顾伟铭等译，山东人民出版社 1996 年版。
8. [美] 斯蒂文·贝斯特，道格拉斯·凯尔纳：《后现代理论》，中央编译出版社 1999 年版。
9. 艾四林：《哈贝马斯》，湖南教育出版社 1999 年版。
10. 佘碧平：《现代性的意义与局限》，生活·读书·新知三联书店 2000 年版。
11. [英] 阿伦·布洛克：《西方人文主义传统》，生活·读书·新知三联书店 1997 年版。
12. 王岳川，尚水：《后现代主义文化与美学》，北京大学出版社 1992 年版。

13. ［英］安东尼·吉登斯,克里斯多弗·皮尔森:《现代性——吉登斯访谈录》,尹宏毅译,新华出版社2001年版。

14. 金耀基:《从传统到现代》,中国人民大学出版社1999年版。

15. 成伯清:《格奥尔格·齐美尔:现代性的诊断》,杭州大学出版社1999年版。

16. 罗荣渠:《现代化新论》,北京大学出版社1993年版。

17. ［法］利奥塔尔:《后现代状态:关于知识的报告》,车槿山译,生活·读书·新知三联书店1997年版。

18. 赵修义,童世骏:《马克思恩格斯同时代的西方哲学》,华东师范大学出版社1994年版。

19. 衣俊卿,丁立群等:《20世纪的新马克思主义》,中央编译出版社2001年版。

20. 张立波:《后现代境遇中的马克思》,民族出版社2002年版。

21. 汪行福:《走出时代的困境》,上海社会科学出版社2000年版。

22. ［德］霍克海默,阿多尔诺:《启蒙辩证法》,洪佩郁,蔺月峰译,重庆出版社1990年版。

23. ［德］哈贝马斯:《交往与社会进化》,重庆出版社1989年版。

24. ［英］戴维·麦克莱伦:《马克思主义以前的马克思》,李兴国等译,社会科学文献出版社1992年版。

25. 吕世荣:《马克思社会发展理论研究》,中国社会科学出版社2001年版。

26. 郁建兴:《自由主义批判与自由理论的重建》,学林出版社2000年版。

27. ［英］安东尼·吉登斯:《现代性的后果》,田禾译,译林出版社2000年版。

28. [美] 丹尼尔·贝尔：《资本主义文化矛盾》，赵一凡等译，生活·读书·新知三联书店1989年版。

29. [美] 丹尼尔·贝尔：《后工业社会的来临》，高铦译，商务印书馆1984年版。

30. [英] 托姆·博托摩尔：《现代资本主义理论》，顾海良，张雷声译，北京经济学院出版社1989年版。

31. [英] 尼格尔·多德：《社会理论与现代性》，陶传进译，社会科学文献出版社2002年版。

32. [英] 约翰·基恩：《公共生活与晚期资本主义》，马音等译，社会科学文献出版社1999年版。

33. 《现代性的地平线——哈贝马斯访谈录》，李安东，段怀清译，上海人民出版社1997年版。

34. [法] 雅克·德里达：《马克思的幽灵》，何一译，中国人民大学出版社1999年版。

35. 阮新邦：《批判诠释与知识重建》，社会科学文献出版社1999年版。

36. [德] 马克斯·韦伯：《新教伦理与资本主义精神》，于晓等译，生活·读书·新知三联书店1987年版。

37. [匈] 卢卡奇：《历史与阶级意识》，杜章智等译，商务印书馆1992年版。

38. 邓正来等：《国家与市民社会》，中央编译出版社1999年版。

39. [美] 詹明信：《晚期资本主义的文化逻辑》，张旭东译，生活·读书·新知三联书店1997年版。

40. [英] 齐格蒙特·鲍曼：《流动的现代性》，欧阳景根译，生活·读书·新知三联书店2002年版。

41. ［加］查尔斯·泰勒：《现代性之隐忧》，程炼译，中央编译出版社2001年版。

42. ［法］乔治·麦克林：《传统与超越》，干春松译，华夏出版社2000年版。

43. ［英］特里·伊格尔顿：《后现代主义的幻象》，华明译，商务印书馆2000年版。

44. ［美］罗兰·罗伯森：《全球化社会理论和全球文化》，梁光严译，上海人民出版社2000年版。

45. ［英］H.P.里克曼：《理性的探险》，姚休译，商务印书馆1996年版。

46. ［英］马丁·阿尔布劳：《全球时代》，高湘泽译，商务印书馆2001年版。

47. ［美］伊曼努尔·华勒斯坦：《历史资本主义》，路爱国译，社会科学文献出版社1999年版。

48. 王岳川：《后现代主义文化与美学》，北京大学出版社1992年版。

49. 乔伊斯·阿普尔比：《历史的真相》，刘北成、薛绚译，中央编译出版社1999年版。

50. 理查德·沃林：《文化批评的观念》，张国清译，商务印书馆2000年版。

51. 曹卫东：《交往理性与诗学话语》，天津社会科学院出版社2001年版。

52. ［法］利奥塔：《重写现代性》，载《国外社会科学》1996年第2期。

53. ［英］安东尼·吉登斯：《现代性与后传统》，载《南京大学学报》1999年第3期。

54. ［英］齐格蒙·鲍曼：《对秩序的追求》，载《南京大学学报》1999 年第 3 期。

55. ［美］梅泰·卡利内斯库：《两种现代性》，载《南京大学学报》1999 年第 3 期。

56. ［德］阿尔布莱希特·韦尔默：《现代和后现代辩证法》，载《南京大学学报》1999 年第 3 期。

57. 杨耕：《马克思主义哲学与后现代主义在当代的相遇》，载《学术界》2000 年第 2 期。

58. 丰子义：《马克思"世界历史"思想研究中的几个问题》，载《教学与研究》2002 年第 3 期。

59. 何中华：《现代性·全球化·全球性问题》，载《哲学研究》2000 年第 11 期。

60. 曹天予：《科学和哲学中的后现代性》，载《哲学研究》2000 年第 2 期。

61. 谢立中：《"现代性"及其相关概念词义辨析》，载《北京大学学报》2001 年第 5 期。

62. 周宪：《后现代性是一种现代性》，载《南京大学学报》1999 年第 3 期。

63. 洪峻峰：《全国"现代性与社会、文化转型"研讨会综述》，载《哲学动态》2001 年第 1 期。

64. 王德峰：《现代性状况和对历史唯物主义的"近代解读"的终结》，载《复旦学报》2000 年第 6 期。

65. 贺来：《后现代主义哲学与中国现代性的建构》，载《吉林大学社会科学学报》1998 年第 2 期。

66. 贺来：《马克思哲学与"现代性"课题》，载《吉林大学社会科学学报》2000 年第 5 期。

67. 张辉：《论哈贝马斯与现代性》，载《天津社会科学》1997 年第 4 期。

68. 王兆良：《马克思的市民社会思想新思考》，载《哲学动态》1998 年第 7 期。

69. 荣剑：《马克思的国家和社会理论》，载《中国社会科学》2001 年第 3 期。

70. 郁建兴：《从政治解放到人类解放》，载《中国社会科学》2000 年第 2 期。

71. [加] E. M. 伍德：《现代性、后现代性或者资本主义》，载《国外社会科学》1998 年第 3 期。

72. 傅永军：《现代性与社会批判理论》，载《文史哲》2000 年第 5 期。

73. 王振林：《生产、语言与交往》，载《社会科学战线》1999 年第 4 期。

74. 何萍：《马克思主义哲学与现代性问题》，载《江汉论坛》2002 年第 2 期。

75. 吴开明：《现代性批判的两种传统》，载《厦门大学学报》2000 年第 1 期。

76. 任剑涛：《现代性、历史断裂与中国社会文化转型》，载《厦门大学学报》2001 年第 1 期。

77. 吴开明：《现代性哲学基础的反思》，载《厦门大学学报》2001 年第 3 期。

78. Albrecht Wellmer, *the Persistence of Modernity*, the MIT Press, Cambridge, 1991.

79. Jürgen Habermas, *the Philosophical Discourse of Modernity*, Polity Press, 1987.
80. Douglas Kellner, *Critical Theory, Marxism and Modernity*, Polity Press, 1989.
81. Max Horkheimer, Theodor W. Adorno, *Dialectic of Enlightenment*, The Continuum Publishing Company, 1988.
82. Jürgen Habermas, *the theory of communicative action*, Beacon Press, Boston, 1984.

后 记

搁下沉重的笔,却没有轻松的感觉。有人说电影是一门遗憾的艺术,那么一部专著又何尝不是呢?眼前这部作品是在我的博士论文的基础上多次修改而成的。这些浸透着汗水和心血的文字,每次读来,都让我感到几丝宽慰又几多惭愧。宽慰于一天天丰厚起来的文字,就像一天天长大起来的孩子,蹒跚幼稚但又充满希望;惭愧于自己的才疏学浅,虽文字丰厚起来,却未见得思想一起深邃起来。

终于要结束书稿,燕园的学习生活悄悄地滑进脑海。我深深为自己能走进浩瀚如海的北大而庆幸,也为自己得遇名师指点、帮助而感恩。首先要衷心感谢我的导师丰子义先生。在当年博士论文的写作过程中,先生倾注了巨大的心血。不仅如此,先生严谨勤奋,平等谦逊,正直凛然,其传统知识分子特有的人格和风骨让我深深为之感动。先生以自身的人格和学风一点一滴地影响着我的人生态度。得列先生门下,蒙受先生教诲,幸之乃甚。其次要衷心感谢赵家祥先生。自认识先生以来,我便深刻感受到先生的严慈和关爱。先生以其丰富的人生经验指引着我前行,化解我心中的困惑。无论何时、何事求教,先生总是春风化雨,中情中理,先生的慈祥和治学的严谨我将铭记终生。感谢李士坤教授、王东教授和郭建宁教授对我学业上的指点,和对我的论文提出的中肯的修改意见;感谢所有曾经无私地帮助过我的老师、同学和朋友!最后,我怀着深深的尊敬和爱意感谢默默支持我的父母和始终呵护我的爱人。这是我终生的财富!